Préfa

Ce livre est né d'une pratiq   e
côté, nous avons en effet constaté les un............ .s
qu'éprouvaient la plupart des étudiants francophones à apprendre le grec
selon les méthodes qui ont formé les générations précédentes, comme la
méthode de Wenham que nous connaissons bien[1], à savoir l'apprentissage
systématique de la grammaire, avec des exercices de version et de thème
vérifiant les acquisitions, pour déboucher, de façon souvent très tardive,
sur la lecture des textes originaux. Nous avons alors tenté d'enseigner le
grec biblique non plus comme une langue morte mais comme une langue
ancienne, vivante dans les textes du Nouveau Testament. De ce fait, nous
avons choisi de rendre aux textes la première place. Ils ne sont pas
prétexte à exercices de version mais support d'étude, pour découvrir
progressivement les éléments morphologiques, les structures syntaxiques
et le vocabulaire courant. Après plusieurs années d'expérimentation à
Paris (Centre Sèvres), à Montpellier (Faculté de théologie protestante), à
Saintes (Académie de langues du CNRS) et à Toulouse (Institut
catholique), encouragées par les réactions de nos étudiants, nous avons
pris le temps de confronter nos pratiques. Nous les avons découvertes très
convergentes et avons décidé de rédiger ce livre.

Il s'adresse à des débutants et n'enseigne que ce qu'il est utile de
savoir pour lire un texte du Nouveau Testament de difficulté moyenne.
Nous avons donc, autant que faire se peut, simplifié et allégé la
grammaire. Ainsi, les formes les plus rares des verbes en -mi, ou les
subtilités des emplois de l'optatif ont-elles été laissées de côté. Parvenu
au terme de cette initiation, l'étudiant devra avoir recours, pour une étude
plus approfondie, aux excellentes grammaires anglaises ou allemandes
existantes.

Les textes proposés sont tous des textes originaux et intégraux. La
diversité des « auteurs » et des genres littéraires des textes sélectionnés
offrira au lecteur un aperçu sur la richesse et la variété de la langue. La

---

1. J. W. WENHAM, *Initiation au grec du Nouveau Testament. Grammaire, exercices,
vocabulaire,* trad. et adapt. de l'anglais par C. B. Amphoux, A. Desreumaux, J. C.
Ingelaere, sous la direction de P. Prigent et J. Duplacy (« Les Classiques bibliques »), 3e
éd. (collab. F. Fraizy), Paris, Beauchesne, 1994 (1973[1]).

progression grammaticale se fait à partir des formes et des constructions rencontrées dans les textes. Elle est conçue selon des critères de fréquence.

Dans la première partie du livre, le texte de Jean 8,12-20 permet une présentation générale de la langue : signes d'écriture, structure générale de la phrase, repérage de l'article et observation du système de la déclinaison, présentation des temps du verbe et découverte de l'aoriste. Il s'agit ici de poser, de façon rigoureuse et progressive, les bases indispensables pour comprendre le fonctionnement de la langue grecque. La méthode que nous suivons dans notre enseignement oral est celle de la découverte par l'étudiant. Nous ne pouvons ici qu'insister pour que l'étudiant ne se contente pas d'une lecture rapide et superficielle mais relise plusieurs fois le même texte et ses explications.

Les deuxième et troisième parties proposent à la lecture des textes tirés des quatre évangiles. La quatrième aborde des passages tirés des Actes des Apôtres et d'une lettre de Paul. Chaque texte est traduit de façon littérale, puis étudié dans plusieurs chapitres.

Chaque chapitre comporte deux parties :
– l'observation, dans le texte grec, d'un certain nombre d'éléments morphologiques ou syntaxiques qui sont expliqués au fur et à mesure de leur apparition ;
– une reprise systématique et synthétique de ce qui a été découvert et expérimenté, reprise visant à apporter clarté et logique dans un foisonnement de formes, au premier abord compliquées.

Chaque fois que nous abordons un nouveau passage du Nouveau Testament, nous indiquons, en gras dans le texte grec, plusieurs formes verbales ou nominales rencontrées précédemment. L'étudiant peut ainsi vérifier qu'il a acquis, de façon active, quelques automatismes d'analyse et s'exercer au maniement de la langue.

Enfin, chaque ensemble de chapitres consacrés à un texte se termine par un récapitulatif du vocabulaire rencontré. Apprendre des listes de mots est une tâche assurément rebutante. Il nous paraît à la fois plus attrayant et plus utile de mémoriser les mots dans leur contexte ; il s'agit donc, encore une fois, pour l'étudiant, de lire et relire les textes jusqu'à ce que disparaisse toute aspérité. Le récapitulatif proposé vise, de façon très modeste, à élargir l'horizon sémantique : mots de la même famille, autres emplois dans la Septante ou le Nouveau Testament, rapprochements avec des termes français.

Danielle Ellul
Odile Flichy

Apprendre
le grec biblique
par les textes

« Outils bibliques »

LES ÉDITIONS DU CERF
www.editionsducerf.fr

PARIS

2010

Imprimé en France

© Les Éditions du Cerf, 2004
www.editionsducerf.fr
(29, boulevard La Tour-Maubourg
75340 Paris Cedex 07)

ISBN 978-2-204-07272-4

Apprendre le grec biblique
par les textes

Cet ouvrage est le fruit d'un travail commun : Danielle Ellul a fourni les fiches de grammaire et le vocabulaire à partir desquelles Odile Flichy a préparé la première rédaction du livre. Ce premier état a été l'objet de nombreuses transformations, certaines pages ont été totalement refondues, d'autres complétées, l'ensemble réécrit.

Cette édition reprend et complète *Le grec du Nouveau Testament par les textes* publié à Lausanne en 1998 aux Éditions du Zèbre. Elle a été l'occasion d'une nouvelle collaboration pour réviser et enrichir la précédente. Outre la liste d'*errata* fournie par le précédent éditeur, de nombreuses corrections de détail y ont été apportées et, par ailleurs, plusieurs fiches de grammaire ont été repensées par Danielle Ellul. Un index grammatical et, à la fin de la plupart des chapitres, des exercices d'application à partir de quelques phrases du Nouveau Testament (fournis par Danielle Ellul) ont été ajoutés. On trouvera également quelques éléments d'information (souvent réclamés par les étudiants) concernant les différences entre le grec classique et le grec de la *Koinè* ainsi que la présence de sémitismes dans ce dernier. Odile Flichy s'est chargée d'intégrer ces nouveaux éléments dans le texte précédent.

Nos remerciements vont toujours à ceux qui nous ont encouragées et aidées pour la publication de ce livre, il y a cinq ans : Christian Amphoux, agrégé de grammaire et chercheur au CNRS, Albert Frey, chercheur à l'Institut romand des sciences bibliques de Lausanne (IRSB) et codirecteur des éditions du Zèbre.

Nous remercions également Yves Ellul pour ses illustrations des prépositions, Bernadette Escaffre pour le tableau synthétique des déclinaisons, et, bien sûr, nos étudiants, pour leur regard critique et leurs suggestions.

Danielle ELLUL
Odile FLICHY

Danielle Ellul est docteur de troisième cycle, pasteur de l'Église réformée de France (ERF) et enseigne l'hébreu et le grec biblique à l'Institut catholique de Toulouse. Elle est également responsable du TEB, télé-enseignement biblique par correspondance et l'auteur de Apprendre l'hébreu biblique par les textes, *Paris, Cerf, 2003.*

Odile Flichy est agrégée de grammaire, docteur de troisième cycle et enseigne le grec biblique et l'exégèse du Nouveau Testament au Centre Sèvres, Facultés jésuites de Paris.

Abréviations des livres du Nouveau Testament

Ac	Actes des Apôtres
Ap	Apocalypse
1 Co	1ère Épître aux Corinthiens
2 Co	2e Épître aux Corinthiens
Col	Épître aux Colossiens
Ep	Épître aux Éphésiens
Ga	Épître aux Galates
He	Épître aux Hébreux
Jc	Épître de Jacques
Jn	Évangile selon saint Jean
1 Jn	1ère Épître de Jean
2 Jn	2e Épître de Jean
3 Jn	3e Épître de Jean
Jude	Épître de Jude
Lc	Évangile selon saint Luc
Mc	Évangile selon saint Marc
Mt	Évangile selon saint Matthieu
1 P	1ère Épître de Pierre
2 P	2e Épître de Pierre
Ph	Épître aux Philippiens
Phm	Épître à Philémon
Rm	Épître aux Romains
1 Th	1re Épître aux Thessaloniciens
2 Th	2e Épître aux Thessaloniciens
1 Tm	1re Épître à Timothée
2 Tm	2e Épître à Timothée
Tt	Épître à Tite

Autres abréviations

A., acc.	accusatif	litt.	littéralement
act.	actif	masc., M.	masculin
adj.	adjectif	moy.	moyen

adv.	adverbe	N, nom.	nominatif
aor.	aoriste	N. T.	Nouveau Testament
cf.	confer = voir	opt.	optatif
comp.	comparatif	part.	participe
conj.	conjugaison	pass.	passif
D., dat.	datif	pers.	personne, personnel
dém.	démonstratif	pf.	parfait
encl.	enclitique	P. plur	pluriel
ex.	exemple	plqpf.	plus-que-parfait
fém., f .	féminin	poss.	possessif
fut.	futur	prép.	préposition
G., gén.	génitif	prés.	présent
imp.	impératif	pron.	pronom
impers.	impersonnel	rad.	radical
ind.	indicatif	sing., S.	singulier
inf.	infinitif	subj.	subjonctif
int.	interrogatif	subst.	substantif
intr.	intransitif	V., voc.	vocatif

Introduction

1. Origine : une langue indo-européenne

Comme le latin et le sanscrit, le grec est une langue indo-européenne. Toutes les langues européennes d'aujourd'hui, sauf le basque, le hongrois et le finnois sont, elles aussi, des langues issues de l'indo-européen. Leur structure grammaticale est proche et de nombreuses correspondances lexicales peuvent être établies.

2. Le grec de la *Koinè* dans l'histoire de la langue grecque

Le grec est une langue encore vivante qui a connu une longue histoire.

Les premiers documents que nous avons sont des tablettes mycéniennes venant des palais de Cnossos, de Mycènes, de Pylos. Ce sont des documents d'archives, écrits en dialecte mycénien. Ce grec est noté à l'aide d'une écriture syllabique, dite *linéaire B*, qui fut déchiffrée en 1953 par Ventris et Chadwick.

Aux IXe–VIIIe siècles av. J.-C., le grec archaïque de l'*Iliade* et de l'*Odyssée*, poèmes épiques attribués à Homère, est écrit avec l'alphabet phénicien. Cet alphabet ne comportant que des consonnes, les Grecs utilisent certaines consonnes inemployées pour noter les voyelles. De cet alphabet sont issus les alphabets latin et russe. La langue d'Homère est une langue littéraire, mais composite : elle mélange plusieurs dialectes.

Ces dialectes sont liés au morcellement géographique et politique de la Grèce. Ils se maintiennent jusqu'au IVe siècle. Ce sont en particulier :

– l'ionien, parlé en Asie Mineure, dans les Îles de la mer Égée, en Attique (la langue d'Athènes en est un sous-groupe). Hérodote, par exemple, écrit en ionien.

– l'éolien, parlé en Thessalie et en Béotie.

– le dorien, parlé à Sparte et dans le Péloponnèse, en Crète et en Grande Grèce. Pindare, par exemple, écrit en dorien.

Aux Ve–IVe siècles, à l'époque « classique », le dialecte attique tend à supplanter les autres. C'est la langue des grands prosateurs : Thucydide, Platon, Xénophon, Démosthène...

À la fin du IVe siècle, s'opère un tournant. À partir de 338, la Grèce est sous le pouvoir de Philippe de Macédoine, et, entre 334 et 324, son fils Alexandre conquiert un immense empire qu'il s'efforce d'unifier. Le dialecte attique se généralise dans tout le Proche-Orient. Cette langue commune, ou *Koinè*, sera utilisée tout au long de l'époque hellénistique et de l'époque romaine. Elle comporte un fonds primitif tiré du dialecte attique auquel se mêlent des éléments ioniens, de nombreux néologismes et des formes simplifiées.

Depuis, du grec byzantin (parlé jusqu'en 1453), jusqu'au grec moderne encore parlé aujourd'hui, cette histoire de la langue grecque s'est poursuivie, sans rupture mais dans une constante évolution.

L'alphabet et la prononciation

Noms des lettres	Minuscules	Majuscules	Prononciation scolaire
alpha	α	A	a (bref ou long)
bêta	β	B	b
gamma	γ	Γ	g(u) (n devant γ, κ, χ)
delta	δ	Δ	d
épsilonn	ε	E	é bref
dzêta	ζ	Z	dz
êta	η	H	è long
thêta	θ	Θ	th
iota	ι	I	i bref ou long
kappa	κ	K	k
lambda	λ	Λ	l
mu	μ	M	m
nu	ν	N	n
xi	ξ	Ξ	ks
omicronn	ο	O	o
pi	π	Π	p
rhô	ρ	P	r
sigma	σ ς (final)	Σ	s
tau	τ	T	t
upsilonn	υ	Υ	u bref ou long
phi	φ	Φ	ph (f)
khi	χ	X	kh
psi	ψ	Ψ	ps
ôméga	ω	Ω	ô long

Les voyelles

Cet alphabet comporte cinq voyelles : a, e, i, o, u. En se référant à la prononciation théorique du dialecte attique qui reste à la base de la formation des mots (la *Koinè* adoptera une autre prononciation), on distingue :
– un e bref et fermé : ∈
– un e long et ouvert: η
– un o bref et ouvert : o
– un o long et fermé : ω

Deux voyelles prononcées en une seule émission de voix forment une diphtongue : αι ∈ι οι αυ ∈υ ηυ ου (cf. ci-dessous, p. 17 les remarques sur la prononciation).

Les consonnes

Il y a **dix-sept consonnes** :
– onze simples : β, δ, γ, κ, λ, μ, ν, π, ρ, σ, τ ;
– trois doubles : ζ, ξ, ψ ;
– trois aspirées : θ, φ, χ

dont **la classification** est la suivante :

a. les occlusives

	sonores	*sourdes*	*aspirées*
Labiales	β	π	φ
Dentales	δ	τ	θ
Palatales	γ	κ	χ

b. les continues

Liquides	*nasales*	*sifflantes*
μ		
λ	ν	σ
ρ	γγ γκ γξ	

Remarques sur la prononciation

La prononciation ancienne du grec faisait sentir l'aspiration, distinguait les longues et les brèves, marquait l'accent tonique (accent de hauteur à caractère musical et non accent d'intensité comme en français). La prononciation moderne du grec en France suit des usages conventionnels qui remontent à la Renaissance (Érasme, 1528), et réagissent contre les usages liturgiques des Églises d'Orient.

Prononciation des diphtongues

δίκαιος :	αι se prononce	comme dans le français	portail
εἰρήνη :	ει		soleil
οἰκία :	οι	comme dans l'anglais	boy
θαυμάζω :	αυ	comme dans le français	côté
βασιλεύς :	ευ		demeurer
ηὕρηκα :	ηυ		"
οὐρανός :	ου		foule

Les consonnes μ et ν se font entendre distinctement : ἀμπελών se lit [ammpelonn].

Le γ se prononce /ν/ devant γ κ χ ξ : ἄγγελος se lit [anngelos], ἀνάγκη se lit [anannkè].

Quelques mots à lire

Πέτρος   Σίμων   Ἰσραήλ   Ἰάκωβος   Χριστός

Γαλιλαία   Ἰουδαία   Σατανᾶς   διάβολος   κόσμος

θεός   Παῦλος   Ἰερουσαλήμ   οἱ Φαρισαῖοι

Ἰησοῦς   εὕρηκα   πνεῦμα   Δελφοί   Ἀθῆναι.

Première partie

Lecture de Jean 8,12-20
Présentation générale de la langue

1

La phrase et les invariants

Le texte : Jean 8, 12-20

12 Πάλιν οὖν αὐτοῖς ἐλάλησεν ὁ Ἰησοῦς λέγων· Ἐγώ εἰμι τὸ φῶς τοῦ κόσμου· ὁ ἀκολουθῶν ἐμοὶ οὐ μὴ περιπατήσῃ ἐν τῇ σκοτίᾳ, ἀλλ' ἕξει τὸ φῶς τῆς ζωῆς. 13 εἶπον οὖν αὐτῷ οἱ Φαρισαῖοι· Σὺ περὶ σεαυτοῦ μαρτυρεῖς· ἡ μαρτυρία σου οὐκ ἔστιν ἀληθής. 14 ἀπεκρίθη Ἰησοῦς καὶ εἶπεν αὐτοῖς· Κἂν ἐγὼ μαρτυρῶ περὶ ἐμαυτοῦ, ἀληθής ἐστιν ἡ μαρτυρία μου, ὅτι οἶδα πόθεν ἦλθον καὶ ποῦ ὑπάγω· ὑμεῖς δὲ οὐκ οἴδατε πόθεν ἔρχομαι ἢ ποῦ ὑπάγω. 15 ὑμεῖς κατὰ τὴν σάρκα κρίνετε, ἐγὼ οὐ κρίνω οὐδένα. 16 καὶ ἐὰν κρίνω δὲ ἐγώ, ἡ κρίσις ἡ ἐμὴ ἀληθινή ἐστιν, ὅτι μόνος οὐκ εἰμί, ἀλλ' ἐγὼ καὶ ὁ πέμψας με πατήρ. 17 καὶ ἐν τῷ νόμῳ δὲ τῷ ὑμετέρῳ γέγραπται ὅτι δύο ἀνθρώπων ἡ μαρτυρία ἀληθής ἐστιν. 18 ἐγώ εἰμι ὁ μαρτυρῶν περὶ ἐμαυτοῦ καὶ μαρτυρεῖ περὶ ἐμοῦ ὁ πέμψας με πατήρ. 19 ἔλεγον οὖν αὐτῷ· Ποῦ ἐστιν ὁ πατήρ σου ; ἀπεκρίθη Ἰησοῦς· Οὔτε ἐμὲ οἴδατε οὔτε τὸν πατέρα μου· εἰ ἐμὲ ᾔδειτε, καὶ τὸν πατέρα μου ἂν ᾔδειτε. 20 Ταῦτα τὰ ῥήματα ἐλάλησεν ἐν τῷ γαζοφυλακίῳ διδάσκων ἐν τῷ ἱερῷ· καὶ οὐδεὶς ἐπίασεν αὐτόν, ὅτι οὔπω ἐληλύθει ἡ ὥρα αὐτοῦ.

Remarques d'écriture

Signes de ponctuation

	en grec		en français
v. 12 :	point en haut	λέγων·	deux points
	point en haut	κόσμου·	point-virgule
	virgule	σκοτία,	virgule
	point	ζωῆς.	point
v. 19 :	point-virgule	σου ;	point d'interrogation

Signes sur les lettres

Esprit doux, esprit rude

'Εγώ εἰμι τὸ φῶς τοῦ κόσμου·
ὁ ἀκολουθῶν ἐμοὶ οὐ μὴ...

Si on compare les mots commençant par une voyelle et les mots commençant par une consonne, on voit que tout mot commençant par une voyelle reçoit un esprit, signe d'une aspiration :
– un esprit doux si l'aspiration est faible,
– un esprit rude si l'aspiration est forte.
ex. : εἰμί   ὁ.

La même règle s'applique pour tout mot commençant par ρ. L'esprit est toujours rude sur υ et ρ.
ex. :   v. 20   τὰ ῥήματα
        v. 14   ὑπάγω.

Il se place :
– sur la minuscule : ὁ ἀκολουθῶν,
– sur la 2ᵉ voyelle d'une diphtongue : εἰμί,
– en haut et à gauche d'une majuscule : 'Ιησοῦς, 'Εγώ.

Élision et crase

– Au v. 12 : ἀλλ' ἕξει...
Le petit signe entre les deux mots qui ressemble à un esprit doux est en fait le signe d'une élision. Il y avait deux voyelles consécutives, la première est tombée : ἀλλὰ ἕξει.

– Au v. 14 : κἄν.

Au milieu d'un mot commençant par une consonne, le signe qui ressemble à un esprit doux indique une contraction ou crase : καὶ ἐάν.

Accents

L'accent est aigu : κόσμου ou circonflexe : τοῦ.

L'accent aigu devient **grave** lorsque le mot, accentué sur la finale, est suivi d'un autre mot : σὺ περὶ σεαυτοῦ (v. 13). Dans ἀληθής (v. 13), l'accent reste aigu à cause du signe de ponctuation qui suit et, au v.14, à cause du mot non accentué qui suit (cf. l'annexe sur l'accentuation p. 299).

Signe sous les lettres : iota souscrit

Quand la première voyelle d'une diphtongue est longue, le iota qui suit est écrit sous la voyelle : τῇ, αὐτῷ ; il est dit *iota souscrit* et ne se prononce pas. Il doit cependant s'écrire. On le trouve avec η, ω et certains α, souvent en fin de mot, mais parfois en début ou milieu de mot : σκοτίᾳ (v. 12), ᾔδειτε (v. 19).

Lecture et traduction littérale de Jean 8, 12-20

12 Πάλιν οὖν αὐτοῖς ἐλάλησεν ὁ Ἰησοῦς λέγων·
    1   2   4   5   3   6
De nouveau, donc,   Jésus leur parla   disant :

Ἐγώ εἰμι τὸ φῶς τοῦ κόσμου·
« Moi je suis la lumière du   monde ;

ὁ ἀκολουθῶν ἐμοὶ οὐ μὴ περιπατήσῃ ἐν τῇ σκοτίᾳ,
      2   1
celui qui me   suit,   non,   ne marchera pas   dans l'obscurité,

ἀλλ' ἕξει τὸ φῶς τῆς ζωῆς.
mais il aura la lumière de la vie. »

13 εἶπον οὖν αὐτῷ οἱ Φαρισαῖοι·
   3   4   2   1
Les Pharisiens lui dirent donc :

Σὺ περὶ σεαυτοῦ μαρτυρεῖς·
« Toi, au sujet de toi-même tu témoignes ;

ἡ μαρτυρία σου οὐκ ἔστιν ἀληθής.
le témoignage de toi n'est pas vrai. »

14 ἀπεκρίθη Ἰησοῦς καὶ εἶπεν αὐτοῖς·
   2 1 2 5   4
Jésus répondit et leur dit :

Κἂν ἐγὼ μαρτυρῶ περὶ ἐμαυτοῦ,
« Même si moi je témoigne au sujet de moi-même,

ἀληθής ἐστιν ἡ μαρτυρία μου,
vrai est le témoignage de moi,

ὅτι οἶδα πόθεν ἦλθον καὶ ποῦ ὑπάγω·
parce que je sais d'où je suis venu et où je vais ;

ὑμεῖς δὲ οὐκ οἴδατε πόθεν ἔρχομαι ἢ ποῦ ὑπάγω.
2   1
Mais vous, vous ne savez pas d'où je viens ni où je vais.

15 ὑμεῖς κατὰ τὴν σάρκα κρίνετε, ἐγὼ οὐ κρίνω οὐδένα.
Vous selon la chair vous jugez, moi je ne juge personne.

16 καὶ ἐὰν κρίνω δὲ ἐγώ, ἡ κρίσις ἡ ἐμὴ ἀληθινή ἐστιν,
et même si je juge moi, le jugement le mien est véritable

ὅτι μόνος οὐκ εἰμί, ἀλλ' ἐγὼ καὶ ὁ πέμψας με πατήρ.
        1 4   3 2
parce que seul je ne suis pas, mais (il y a) moi et le père (qui) m'a envoyé.

17 καὶ ἐν τῷ νόμῳ δὲ τῷ ὑμετέρῳ γέγραπται ὅτι
Et dans la loi la vôtre il est écrit que

δύο ἀνθρώπων ἡ μαρτυρία ἀληθής ἐστιν.
de deux hommes le témoignage est vrai.

18 ἐγώ εἰμι ὁ μαρτυρῶν περὶ ἐμαυτοῦ
Moi je suis celui qui témoigne au sujet de moi-même

καὶ μαρτυρεῖ περὶ ἐμοῦ ὁ πέμψας με πατήρ.
et   il témoigne   au sujet de moi, le père qui m'a envoyé. »

19 ἔλεγον οὖν αὐτῷ· Ποῦ ἐστιν ὁ πατήρ σου ;
Ils lui disaient donc :   « Où   est   le père   de toi ? »

ἀπεκρίθη Ἰησοῦς·
Jésus répondit :

Οὔτε ἐμὲ οἴδατε   οὔτε τὸν πατέρα μου·
« ni   moi   vous ne connaissez   ni   le père   de moi ;

εἰ ἐμὲ ἤδειτε, καὶ τὸν πατέρα μου ἂν ἤδειτε.
si vous me connaissiez, aussi   mon père   vous connaîtriez. »

20 Ταῦτα τὰ ῥήματα ἐλάλησεν ἐν τῷ γαζοφυλακίῳ
Ces propos   il parla   dans   le trésor

διδάσκων ἐν τῷ ἱερῷ· καὶ οὐδεὶς ἐπίασεν αὐτόν,
enseignant   dans le temple ; et   personne   ne s'empara de lui

ὅτι   οὔπω   ἐληλύθει ἡ ὥρα αὐτοῦ.
parce que   pas encore   n'était venue l'heure   de lui.

Grammaire

La phrase grecque

La phrase grecque peut être simple :
Ἐγώ εἰμι τὸ φῶς τοῦ κόσμου,
Moi je suis la lumière du monde (v. 12).

Elle peut être composée et coordonner deux phrases simples à l'aide, par exemple, de la conjonction de coordination **καί** :
ἀπεκρίθη Ἰησοῦς καὶ εἶπεν αὐτοῖς,
Jésus répondit et leur dit (v. 14).

Elle peut être complexe, articulant une proposition principale et une (ou plusieurs) proposition subordonnée à l'aide de conjonctions de subordination : par exemple au v. 17 :

καὶ ἐν τῷ νόμῳ δὲ τῷ ὑμετέρῳ γέγραπται ὅτι δύο ἀνθρώπων ἡ μαρτυρία ἀληθής ἐστιν,

*Et dans votre loi il est écrit **que** le témoignage de deux hommes est vrai.*

Par ailleurs, la phrase grecque présente une grande souplesse dans l'ordre des mots.

v. 13 : ἡ μαρτυρία σου οὐκ ἔστιν ἀληθής,

Ton témoignage   n'est pas   vrai.
sujet   verbe   attribut

v. 14 : ἀλήθης   ἔστιν   ἡ μαρτυρία μου,

vrai   est   mon témoignage.
attribut verbe   sujet

Ce n'est pas l'ordre des mots qui fait le sens de la phrase mais la forme même des mots : les formes verbales, comme en français, sont conjuguées mais les formes nominales (articles, noms, pronoms et adjectifs) se déclinent ; voir plus loin le système des déclinaisons, p. 36.

Les invariants

Repérage dans le texte
On peut relever dans le texte de Jean 8,12-20 la quasi-totalité des invariants du grec.

Dans la relecture du texte qui suit :
 – les mots de coordination sont indiqués en gras,
 – les mots de subordination sont en italique gras,
 – les adverbes sont en italique,
 – les prépositions sont soulignées.

12 *Πάλιν* **οὖν** αὐτοῖς ἐλάλησεν ὁ Ἰησοῦς λέγων· Ἐγώ εἰμι τὸ φῶς τοῦ κόσμου· ὁ ἀκολουθῶν ἐμοὶ *οὐ μὴ* περιπατήσῃ <u>ἐν</u> τῇ σκοτίᾳ, **ἀλλ'** ἕξει τὸ φῶς τῆς ζωῆς. 13 εἶπον **οὖν** αὐτῷ οἱ Φαρισαῖοι· Σὺ <u>περὶ</u> σεαυτοῦ μαρτυρεῖς· ἡ μαρτυρία σου *οὐκ* ἔστιν ἀληθής. 14 ἀπεκρίθη Ἰησοῦς **καὶ** εἶπεν αὐτοῖς· ***Κἂν*** ἐγὼ μαρτυρῶ

περὶ ἐμαυτοῦ, ἀληθής ἐστιν ἡ μαρτυρία μου, ὅτι οἶδα πόθεν ἦλθον καὶ ποῦ ὑπάγω· ὑμεῖς δὲ οὐκ οἴδατε πόθεν ἔρχομαι ἢ ποῦ ὑπάγω. 15 ὑμεῖς κατὰ τὴν σάρκα κρίνετε, ἐγὼ οὐ κρίνω οὐδένα. 16 καὶ ἐὰν κρίνω δὲ ἐγώ, ἡ κρίσις ἡ ἐμὴ ἀληθινή ἐστιν, ὅτι μόνος οὐκ εἰμί, ἀλλ' ἐγὼ καὶ ὁ πέμψας με πατήρ. 17 καὶ ἐν τῷ νόμῳ δὲ τῷ ὑμετέρῳ γέγραπται ὅτι δύο ἀνθρώπων ἡ μαρτυρία ἀληθής ἐστιν. 18 ἐγώ εἰμι ὁ μαρτυρῶν περὶ ἐμαυτοῦ καὶ μαρτυρεῖ περὶ ἐμοῦ ὁ πέμψας με πατήρ. 19 ἔλεγον οὖν αὐτῷ· Ποῦ ἐστιν ὁ πατήρ σου; ἀπεκρίθη Ἰησοῦς· Οὔτε ἐμὲ οἴδατε οὔτε τὸν πατέρα μου· εἰ ἐμὲ ᾔδειτε, καὶ τὸν πατέρα μου ἂν ᾔδειτε. 20 Ταῦτα τὰ ῥήματα ἐλάλησεν ἐν τῷ γαζοφυλακίῳ διδάσκων ἐν τῷ ἱερῷ· καὶ οὐδεὶς ἐπίασεν αὐτόν, ὅτι οὔπω ἐληλύθει ἡ ὥρα αὐτοῦ.

La partie grammaticale est en principe limitée à une explication de ce que l'on a rencontré dans le texte qui vient d'être étudié ; mais il peut être utile de proposer une systématisation plus large : les prépositions en sont le premier exemple.

Tableau des prépositions

Il existe en grec deux sortes de prépositions : dix-huit d'entre elles servent de préverbes et sont utilisées pour former des verbes composés ; employées comme prépositions, elles sont suivies d'un groupe nominal qui peut être à l'accusatif, au génitif ou au datif ; d'autres prépositions qui existent également comme adverbes sont toujours suivies du génitif. Voici les dix-huit prépositions de la première catégorie, avec leurs sens généraux.

préposition	+ accusatif	+ génitif	datif
ἀμφί (employée seulement comme préverbe : autour)			
ἀνά	en remontant		
ἀντί		au lieu de	
ἀπό		venant de	
διά	à cause de	à travers	

préposition	+ accusatif	+ génitif	+ datif
εἰς	dans (mvt)		
ἐκ (ἐξ)		hors de	
ἐν			dans
ἐπί	sur (mvt)	sur, du temps de	sur
κατά	en descendant, selon	contre	
μετά	après	avec	
παρά	près de (mvt)	d'auprès de	près de
περί	autour de	au sujet de	
πρό		devant, avant	
πρός	vers (mvt)		près de
σύν			avec
ὑπέρ	au-dessus de	en faveur de	
ὑπό	sous	par	sous

Vocabulaire

Les conjonctions de coordination (mais, ou, et, donc, or, ni, car).

- opposition	ἀλλά	mais
	μέν...δέ	d'une part... d'autre part...
- alternative	ἤ	ou bien
- liaison	καί	et
	δέ	or, mais (dans la plupart des cas, ne se traduit pas)
- conséquence	οὖν	donc
- liaison négative	οὔτε... οὔτε	ni... ni
- cause	γάρ	en effet, car

Noter que **μέν, δέ, γάρ, οὖν,** sont toujours en deuxième position dans la phrase.

Les conjonctions de subordination introduisant une proposition subordonnée

– complétive (après les verbes signifiant « dire ») :

	ὅτι	que
– causale :	ὅτι	parce que
– concessive :	κἄν (+ subj.)	même si
– conditionnelle :	εἰ (+ indic.)	si (s'il est vrai que)
	ἐάν (+ subj.)	si (éventuellement)

Les adverbes

– de temps	πάλιν	de nouveau
– interrogatifs	πόθεν ;	d'où ?
	ποῦ ;	où ?

– de négation

simples	οὐ (devant consonne)	avec le nom et
	οὐκ (devant esprit doux)	avec le verbe au mode
	οὐχ (devant esprit rude)	indicatif
	μή avec le verbe à tous les autres modes	
composées	οὐ μή	non, ne... pas,
(négation emphatique généralement + subjonctif)	assurément... ne... pas	
	οὔτε... οὔτε	ni... ni
	οὔπω	ne pas encore

Les prépositions (voir plus haut, p. 27-28, le tableau des dix-huit prépositions).

ἐν	(+ dat.)	dans
περί	(+ gén.)	au sujet de
κατά	(+ acc.)	selon

τό τεῖχος
τό τεῖχος?
τοῦ τείχους
τῷ τείχει

Des prépositions en images

visite des remparts et de la forteresse
(τὸ τεῖχος) avec mon âne

πρὸς τὸ τεῖχος
παρὰ

towards + accusative

ἐπὶ τὸ τεῖχος

onto + accusative

εἰς τὸ τεῖχος

into

ἀνὰ τὸ τεῖχος

up to

πρὸς τῷ τείχει
παρὰ

near + dative

περὶ τὸ τεῖχος

around

ἐν τῷ τείχει

in + dative

ἐπὶ τοῦ τείχους
on + genetive

ἐκ τοῦ τείχους
out of + genetive

ὑπὲρ τοῦ τείχους
over + genetive

ὑπὸ τῷ τείχει
under + dative

ἀπὸ τοῦ τείχους
παρὰ
coming from + genetive
near

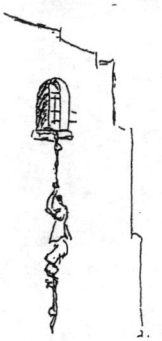

μετὰ τοῦ ὄνου
with + gen.

κατὰ τοῦ τείχους
against + genetive

2
L'article
les pronoms personnels

Le texte : Jean 8,12-20

Repérage de l'article

12 Πάλιν οὖν αὐτοῖς ἐλάλησεν ὁ Ἰησοῦς λέγων· Ἐγώ εἰμι **τὸ** φῶς **τοῦ** κόσμου· ὁ ἀκολουθῶν ἐμοὶ οὐ μὴ περιπατήσῃ ἐν **τῇ** σκοτίᾳ, ἀλλ' ἕξει **τὸ** φῶς **τῆς** ζωῆς. 13 εἶπον οὖν αὐτῷ **οἱ** Φαρισαῖοι· Σὺ περὶ σεαυτοῦ μαρτυρεῖς· **ἡ** μαρτυρία σου οὐκ ἔστιν ἀληθής. 14 ἀπεκρίθη Ἰησοῦς καὶ εἶπεν αὐτοῖς· Κἂν ἐγὼ μαρτυρῶ περὶ ἐμαυτοῦ, ἀληθής ἐστιν **ἡ** μαρτυρία μου, ὅτι οἶδα πόθεν ἦλθον καὶ ποῦ ὑπάγω· ὑμεῖς δὲ οὐκ οἴδατε πόθεν ἔρχομαι ἢ ποῦ ὑπάγω. 15 ὑμεῖς κατὰ **τὴν** σάρκα κρίνετε, ἐγὼ οὐ κρίνω οὐδένα. 16 καὶ ἐὰν κρίνω δὲ ἐγώ, **ἡ** κρίσις **ἡ** ἐμὴ ἀληθινή ἐστιν, ὅτι μόνος οὐκ εἰμί, ἀλλ' ἐγὼ καὶ **ὁ** πέμψας με πατήρ. 17 καὶ ἐν **τῷ** νόμῳ δὲ **τῷ** ὑμετέρῳ γέγραπται ὅτι δύο ἀνθρώπων **ἡ** μαρτυρία ἀληθής ἐστιν. 18 ἐγώ εἰμι **ὁ** μαρτυρῶν περὶ ἐμαυτοῦ καὶ μαρτυρεῖ περὶ ἐμοῦ **ὁ** πέμψας με πατήρ. 19 ἔλεγον οὖν αὐτῷ· Ποῦ ἐστιν **ὁ** πατήρ σου ; ἀπεκρίθη Ἰησοῦς· Οὔτε ἐμὲ οἴδατε οὔτε **τὸν** πατέρα μου· εἰ ἐμὲ ᾔδειτε, καὶ **τὸν** πατέρα μου ἂν ᾔδειτε. 20 Ταῦτα **τὰ** ῥήματα ἐλάλησεν ἐν **τῷ** γαζοφυλακίῳ διδάσκων ἐν **τῷ** ἱερῷ· καὶ οὐδεὶς ἐπίασεν αὐτόν, ὅτι οὔπω ἐληλύθει **ἡ** ὥρα αὐτοῦ.

Si on relève tous les noms qui sont dans le texte avec l'article défini qui les précède, on voit que l'article lui aussi se décline :

v. 12 : ὁ Ἰησοῦς,   τὸ φῶς,   τοῦ κόσμου,
τῇ σκοτίᾳ,   τῆς ζωῆς,

v. 13 : οἱ φαρισαῖοι,   ἡ μαρτυρία,

v. 15 : τὴν σάρκα,

v. 17 : τῷ νόμῳ.

L'article indique le genre du nom : masculin, féminin ou neutre.

Il s'accorde en genre, en nombre et en cas avec le nom qu'il détermine, mais il ne suit pas nécessairement la même déclinaison que le nom.

Le grec n'a pas, comme le français, d'article indéfini. L'absence d'article devant le nom donne à celui-ci une valeur indéfinie :
ex. :   τὸ φῶς : la lumière,
φῶς : une lumière.

Repérage des pronoms personnels

12 Πάλιν οὖν **αὐτοῖς** ἐλάλησεν ὁ Ἰησοῦς λέγων· Ἐγώ εἰμι τὸ φῶς τοῦ κόσμου· ὁ ἀκολουθῶν **ἐμοὶ** οὐ μὴ περιπατήσῃ ἐν τῇ σκοτίᾳ, ἀλλ' ἕξει τὸ φῶς τῆς ζωῆς. 13 εἶπον οὖν **αὐτῷ** οἱ Φαρισαῖοι· Σὺ περὶ **σεαυτοῦ** μαρτυρεῖς· ἡ μαρτυρία **σου** οὐκ ἔστιν ἀληθής. 14 ἀπεκρίθη Ἰησοῦς καὶ εἶπεν **αὐτοῖς**· Κἂν **ἐγὼ** μαρτυρῶ περὶ **ἐμαυτοῦ**, ἀληθής ἐστιν ἡ μαρτυρία **μου**, ὅτι οἶδα πόθεν ἦλθον καὶ ποῦ ὑπάγω· **ὑμεῖς** δὲ οὐκ οἴδατε πόθεν ἔρχομαι ἢ ποῦ ὑπάγω. 15 **ὑμεῖς** κατὰ τὴν σάρκα κρίνετε, **ἐγὼ** οὐ κρίνω οὐδένα. 16 καὶ ἐὰν κρίνω δὲ **ἐγὼ**, ἡ κρίσις ἡ ἐμὴ ἀληθινή ἐστιν, ὅτι μόνος οὐκ εἰμί, ἀλλ' **ἐγὼ** καὶ ὁ πέμψας **με** πατήρ. 17 καὶ ἐν τῷ νόμῳ δὲ τῷ ὑμετέρῳ γέγραπται ὅτι δύο ἀνθρώπων ἡ μαρτυρία ἀληθής ἐστιν.

18 **ἐγώ** εἰμι ὁ μαρτυρῶν περὶ **ἐμαυτοῦ** καὶ μαρτυρεῖ περὶ **ἐμοῦ** ὁ πέμψας **με** πατήρ.   19 ἔλεγον οὖν **αὐτῷ**· Ποῦ ἐστιν ὁ πατήρ **σου** ; ἀπεκρίθη Ἰησοῦς, Οὔτε **ἐμὲ** οἴδατε οὔτε τὸν πατέρα **μου**· εἰ **ἐμὲ** ᾔδειτε, καὶ τὸν πατέρα **μου** ἂν ᾔδειτε.   20 Ταῦτα τὰ ῥήματα ἐλάλησεν ἐν τῷ γαζοφυλακίῳ διδάσκων ἐν τῷ ἱερῷ· καὶ οὐδεὶς ἐπίασεν **αὐτόν**, ὅτι οὔπω ἐληλύθει ἡ ὥρα **αὐτοῦ**.

On constate que l'on peut également relever dans le texte des pronoms personnels qui se déclinent. Eux toutefois ne sont pas précédés de l'article. On rencontre successivement :

αὐτοῖς	ἐγώ	ἐμοί	αὐτῷ	σύ
à eux	moi	à moi	à lui	toi
σεαυτοῦ	σου	ἐμαυτοῦ	μου	ὑμεῖς
de toi-même	de toi	de moi-même	de moi	vous
με	ἐμοῦ	ἐμέ	αὐτοῦ	
me	de moi	me	de lui	

Les pronoms personnels marquent la personne et le nombre : ils existent aux trois personnes du singulier et du pluriel. Ils se déclinent pour marquer la fonction du pronom dans la phrase.

On distingue un pronom personnel réfléchi (devenu rare dans le grec de la *Koinè*) et un non réfléchi : ainsi, ἐμαυτοῦ et σεαυτοῦ sont des pronoms réfléchis qui renvoient au sujet du verbe.

Σύ et σου, ἐμέ et με, ἐμοῦ et μου représentent respectivement les formes accentuées et non accentuées des pronoms personnels de la 1re et 2e personne du singulier (cf. p. 38) :
     ex. : v. 18   ἐγώ εἰμι ὁ μαρτυρῶν περὶ ἐμαυτοῦ
– ἐγώ : moi (sujet du verbe),
– ἐμαυτοῦ (pronom réfléchi) : moi-même,
          καὶ μαρτυρεῖ περὶ ἐμοῦ ὁ πατήρ
– ἐμοῦ (pronom réfléchi) : moi,

– ὁ πατήρ : le père (le sujet du verbe est une personne différente).

Observation du système de la déclinaison

Certains termes apparaissent plusieurs fois, mais avec une terminaison différente :

πατήρ — πατέρα (v. 19)   αὐτόν — αὐτοῦ (v. 20)

Le grec est une langue « flexionnelle » : c'est la forme des noms qui indique leur fonction dans la phrase[1]. Ainsi pouvons-nous repérer, à partir du français, quelques exemples de noms et de pronoms.

Fonctions	Exemples		Cas
Sujet	*Jésus* leur parla	ὁ Ἰησοῦς	Nominatif
	Les Pharisiens lui dirent	οἱ Φαρισαῖοι	Nominatif
Attribut	Je suis *la lumière*	τὸ φῶς	Nominatif
Compl. d'objet	il aura *la lumière*	τὸ φῶς	Accusatif
	vous ne connaissez ni *le père*	τὸν πατέρα	Accusatif
	ni *moi*	ἐμέ	Accusatif
Compl. du nom	la lumière *du monde*	τοῦ κόσμου	Génitif
	la lumière *de la vie*	τῆς ζωῆς	Génitif
Compl. d'attribution	Jésus *leur* parla	αὐτοῖς	Datif
Compl. Circonstanciel (Avec préposition)	*selon la chair*	κατὰ τὴν σάρκα	Accusatif
	au sujet de toi-même	περὶ σεαυτοῦ	Génitif
	dans l'obscurité	ἐν τῇ σκοτίᾳ	Datif

---

1 . De la même façon, en français, le pronom personnel se décline encore : **il** voit, il **le** voit, il **lui** parle.

Grammaire

La valeur des cas

Nominatif	sujet attribut du sujet
Vocatif	interpellation (pas d'exemple dans le texte)
Accusatif	complément d'objet du verbe certains compléments circonstanciels dont le complément du lieu où l'on va
Génitif	complément du nom *ownership, association, origin* certains compléments circonstanciels dont le complément du lieu d'où l'on vient
Datif	compléments d'attribution certains compléments circonstanciels dont le complément du lieu où l'on est

Aux différentes fonctions correspondent les différents cas de la déclinaison.

Déclinaison de l'article défini

	Singulier			Pluriel		
	masc.	fém.	neutre	masc.	fém.	neutre
N	ὁ	ἡ	τό	οἱ	αἱ	τά
A	τόν	τήν	τό	τούς	τάς	τά
G	τοῦ	τῆς	τοῦ	τῶν	τῶν	τῶν
D	τῷ	τῇ	τῷ	τοῖς	ταῖς	τοῖς

Déclinaison des pronoms personnels

1re personne

	Singulier	Pluriel
N	ἐγώ	ἡμεῖς
A	με, ἐμέ	ἡμᾶς
G	μου, ἐμοῦ	ἡμῶν
D	μοι, ἐμοί	ἡμῖν

2e personne

	Singulier	Pluriel
N	σύ	ὑμεῖς
A	σε, σέ	ὑμᾶς
G	σου, σοῦ	ὑμῶν
D	σοι, σοί	ὑμῖν

3e personne

	Singulier			Pluriel		
	masc.	*fém.*	*neutre*	*masc.*	*fém.*	*neutre*
N	αὐτός	αὐτή	αὐτό	αὐτοί	αὐταί	αὐτά
A	αὐτόν	αὐτήν	αὐτό	αὐτούς	αὐτάς	αὐτά
G	αὐτοῦ	αὐτῆς	αὐτοῦ	αὐτῶν	αὐτῶν	αὐτῶν
D	αὐτῷ	αὐτῇ	αὐτῷ	αὐτοῖς	αὐταῖς	αὐτοῖς

Les emplois de αὐτός

Le pronom-adjectif αὐτός a plusieurs fonctions. Selon le contexte, il est employé comme :

Pronom personnel de la 3ᵉ personne
– après un verbe : ἔλεγον αὐτῷ, ils lui disaient
– après un nom pour exprimer la possession :
            ἡ ὥρα αὐτοῦ, son heure,
            (litt. : l'heure de lui).

Pronom ou adjectif intensif
        Dans cet emploi, il n'est pas précédé de l'article
– pronom : αὐτὸς λέγω, moi-même je dis,
– adjectif : ὁ πατὴρ αὐτός – αὐτὸς ὁ πατήρ
            le père lui-même.

Pronom ou adjectif d'identité
        Dans cet usage, au sens de « le même », il est toujours précédé de l'article :
– pronom : ὁ αὐτός, le même,
– adjectif : ὁ αὐτός πατήρ, le même père.

3

La deuxième déclinaison

Le texte : Jean 8, 12-20

Repérage des noms

12 Πάλιν οὖν αὐτοῖς ἐλάλησεν ὁ **Ἰησοῦς** λέγων· Ἐγώ εἰμι **τὸ φῶς τοῦ κόσμου**· ὁ ἀκολουθῶν ἐμοὶ οὐ μὴ περιπατήσῃ **ἐν τῇ σκοτίᾳ**, ἀλλ᾽ ἕξει **τὸ φῶς τῆς ζωῆς**. 13 εἶπον οὖν αὐτῷ **οἱ Φαρισαῖοι**· Σὺ περὶ σεαυτοῦ μαρτυρεῖς· **ἡ μαρτυρία** σου οὐκ ἔστιν ἀληθής. 14 ἀπεκρίθη **Ἰησοῦς** καὶ εἶπεν αὐτοῖς· Κἂν ἐγὼ μαρτυρῶ περὶ ἐμαυτοῦ, ἀληθής ἐστιν **ἡ μαρτυρία** μου, ὅτι οἶδα πόθεν ἦλθον καὶ ποῦ ὑπάγω· ὑμεῖς δὲ οὐκ οἴδατε πόθεν ἔρχομαι ἢ ποῦ ὑπάγω. 15 ὑμεῖς κατὰ **τὴν σάρκα** κρίνετε, ἐγὼ οὐ κρίνω οὐδένα. 16 καὶ ἐὰν κρίνω δὲ ἐγώ, **ἡ κρίσις** ἡ ἐμὴ ἀληθινή ἐστιν, ὅτι μόνος οὐκ εἰμί, ἀλλ᾽ ἐγὼ καὶ ὁ πέμψας με **πατήρ**. 17 καὶ ἐν **τῷ νόμῳ** δὲ τῷ ὑμετέρῳ γέγραπται ὅτι δύο **ἀνθρώπων ἡ μαρτυρία** ἀληθής ἐστιν. 18 ἐγώ εἰμι ὁ μαρτυρῶν περὶ ἐμαυτοῦ καὶ μαρτυρεῖ περὶ ἐμοῦ ὁ πέμψας με **πατήρ**. 19 ἔλεγον οὖν αὐτῷ· Ποῦ ἐστιν **ὁ πατήρ** σου ; ἀπεκρίθη **Ἰησοῦς**· Οὔτε ἐμὲ οἴδατε οὔτε **τὸν πατέρα** μου· εἰ ἐμὲ ᾔδειτε, καὶ **τὸν πατέρα** μου ἂν ᾔδειτε. 20 Ταῦτα **τὰ ῥήματα** ἐλάλησεν ἐν **τῷ γαζοφυλακίῳ** διδάσκων ἐν **τῷ ἱερῷ**· καὶ οὐδεὶς ἐπίασεν αὐτόν, ὅτι οὔπω ἐληλύθει **ἡ ὥρα** αὐτοῦ.

Classification

La première colonne contient les noms féminins, la deuxième les noms masculins ou neutres qui ont une terminaison parallèle à celle de l'article et la troisième tous les autres.

τῇ σκοτίᾳ	τοῦ κόσμου	τὸ φῶς
τῆς ζωῆς	οἱ Φαρισαῖοι	τὴν σάρκα
ἡ μαρτυρία	τῷ νόμῳ	ἡ κρίσις
ἡ ὥρα	(τῶν) ἀνθρώπων	ὁ πατήρ
	τῷ γαζοφυλακίῳ	τὸν πατέρα
	τῷ ἱερῷ	τὰ ῥήματα

Remarques

On constate que les noms féminins de la première colonne se terminent :
– soit par un -α si la lettre précédente est un ι ou un ρ,
– soit par un -η.
Dans la deuxième colonne, se trouvent des mots masculins (et neutres). Sauf au nominatif, qui n'est pas utilisé dans ce texte, les terminaisons sont parallèles à celles de l'article.
Dans la troisième colonne, il y a des mots masculins, féminins et neutres et une grande variété de terminaisons. On notera au nominatif singulier deux noms en -ς et deux accusatifs singuliers en -α, l'un masculin, l'autre féminin.
Ces colonnes, qui regroupent les mots selon leur terminaison, correspondent aux trois déclinaisons du grec.
1re déclinaison : le radical des noms se termine par une voyelle α ou η.
2e déclinaison : le radical des noms se termine par une voyelle ο.
3e déclinaison : le radical des noms se termine par une consonne, ou par une voyelle autre que α, η et ο. = tout ce qui n'est pas en α, η, et ο !

Grammaire

Les trois déclinaisons

C'est la terminaison du génitif singulier qui permet d'identifier la déclinaison à laquelle appartient le mot. En ôtant la terminaison du génitif singulier, on trouve le radical :

– la première déclinaison est caractérisée par un génitif singulier en - ης
(ou en - ας si le radical du nom se termine par ρ, ε, ι) :
ex. : τῆς ζωῆς, τῆς ὥρας ;

– la deuxième par un génitif singulier en -ου :
ex. : τοῦ κόσμου ;

– et la troisième par un génitif singulier en -ος :
ex. : τοῦ φωτός, τῆς σαρκός.

Les dictionnaires donnent les noms avec l'article au nominatif
singulier et juxtaposent la terminaison du génitif singulier. C'est ainsi
qu'il faut les retenir.

ἡ σκοτία, -ας,
ὁ νόμος, -ου,
ἡ σάρξ, -κός.

Certaines désinences sont propres à une déclinaison ou au
contraire communes à plusieurs :
– l'accusatif singulier, masculin et féminin, en –α, caractérise la
troisième déclinaison :
ex. : τὸν πατέρα ;
– le nominatif et l'accusatif neutres pluriels sont toujours en -α :
ex. : τὰ ῥήματα ;
– le génitif pluriel est toujours en -ων :
ex. : τῶν ἀνθρώπων (2ᵉ déclinaison)
τῶν σκοτιῶν (1ʳᵉ déclinaison)
τῶν σαρκῶν (3ᵉ déclinaison).

La deuxième déclinaison

La deuxième déclinaison regroupe des mots des trois genres
caractérisés par la présence d'une voyelle de liaison -ο- (appelée aussi
voyelle thématique) qui lie le radical et la désinence.

ex. :   ὁ ἄνθρωπος, l'homme
              radical ἀνθρωπ-
              voyelle de liaison ou thématique -ο-
              désinence -ς.

        τὸ ἱερόν, le temple
              radical ἱερ-
              voyelle de liaison ou thématique -ο-
              désinence –ν.

Déclinaison
(le mot ἡ ὁδός, le chemin, n'est pas dans le texte) :

S N	ὁ	ἄνθρωπος	ἡ	ὁδός	τὸ	ἱερόν
V		ἄνθρωπε		ὁδέ		ἱερόν
A	τὸν	ἄνθρωπον	τὴν	ὁδόν	τὸ	ἱερόν
G	τοῦ	ἀνθρώπου	τῆς	ὁδοῦ	τοῦ	ἱεροῦ
D	τῷ	ἀνθρώπῳ	τῇ	ὁδῷ	τῷ	ἱερῷ

P N	οἱ	ἄνθρωποι	αἱ	ὁδοί	τὰ	ἱερά
V		ἄνθρωποι		ὁδοί		ἱερά
A	τοὺς	ἀνθρώπους	τὰς	ὁδούς	τὰ	ἱερά
G	τῶν	ἀνθρώπων	τῶν	ὁδῶν	τῶν	ἱερῶν
D	τοῖς	ἀνθρώποις	ταῖς	ὁδοῖς	τοῖς	ἱεροῖς

Le nom de Jésus a une déclinaison un peu particulière :

N	Ἰησοῦς
V	Ἰησοῦ
A	Ἰησοῦν
G	Ἰησοῦ
D	Ἰησοῦ

Vocabulaire

Les noms de la 1ʳᵉ déclinaison (gén. sing. en -ας ou -ης).

ἡ σκοτία, ας   l'obscurité.

absence de lumière

Mot rare en dehors de la Septante (LXX, la première traduction grecque de la Bible hébraïque, faite à Alexandrie, aux IIIᵉ et IIᵉ siècles av. J.-C.) et du N.T. Le mot usuel, dès Homère, est τὸ σκότος, οῦς, qui peut désigner l'ombre qui envahit l'homme qui va mourir.

ἡ ζωή, ῆς   la vie, par opposition à la mort, le fait d'être vivant ; dans le vocabulaire chrétien, peut signifier la vie éternelle.

τὸ ζῷον, ου   l'animal (par opposition à ce qui est inanimé).

ὁ βίος, ου   la vie, la durée de la vie, la manière de vivre.

ἡ μαρτυρία, ας   le témoignage.

ἡ ὥρα, ας   l'heure.

Période précise de temps envisagée dans son retour cyclique : début de l'année, saison, heure. Dans un sens plus spécifique : le moment propice.

Les noms de la 2ᵉ déclinaison (gén. sing. en ου).

ὁ κόσμος, ου   le monde.

Sens premier : l'ordre, l'organisation, l'ornement. Du sens d'ordre du monde (cf. Gn 2, 1 : « l'ordonnance du ciel et de la terre »), on glisse rapidement à celui d'univers, en tant que monde habité.

Le verbe κοσμέω a gardé le sens d'orner, décorer (Mt 23, 29 : « vous qui décorez (κοσμεῖτε) les tombeaux des justes »).

ὁ νόμος, ου   la loi,
ce qui est conforme à la règle, les lois écrites.
Dans la Septante, sert à traduire l'hébreu *tôrah* : la loi de Dieu, envisagée dans son ensemble, l'alliance.

ὁ ἄνθρωπος, ου   l'homme, l'être humain, par opposition à :
ὁ θεός, οῦ   le dieu.
ὁ Ἰησοῦς, ου   Jésus.
οἱ Φαρισαῖοι, ων   les Pharisiens.

τὸ ἱερόν, ου   le sanctuaire, le temple.
Vient de :

     ἱερός, ά, όν   sacré, qui appartient aux dieux, qui est rempli d'une puissance divine ;
de ce mot, le grec a également tiré :

     ὁ ἱερεύς   le prêtre, l'officiant attaché à un culte.

Les noms de la 3ᵉ déclinaison (Gén. sing. en -ος)

ἡ σάρξ, σαρκός   la chair,
ce qui donne sa forme à un être humain. À la faiblesse de la vie humaine, à son caractère transitoire, s'ajoute dans certains textes (Qumran, Paul) une notion de fragilité éthique. Ce mot est souvent utilisé en opposition à πνεῦμα (voir p. 132).
Cf. le mot « sarcophage », littéralement « qui mange la chair » : on utilisait, pour faire des cercueils, une sorte de chaux qui faisait disparaître (φαγεῖν, manger) la chair des cadavres.

ἡ κρίσις, εως   le jugement.
   κρίνω   juger (p. 172).
   τὸ κρίμα, ατος   le jugement (grec hellénistique).

ὁ πατήρ, πατρός   le père.

ὁ μάρτυς, υρος	le témoin.
	Le sens premier est juridique : c'est celui qui a vu et qui peut donc témoigner. En grec chrétien : celui qui témoigne de Jésus-Christ, en particulier par son sacrifice, d'où le martyr.
ἡ μαρτυρία, ας	le témoignage.
μαρτυρέω	témoigner.
τὸ μαρτύριον	le témoignage.
τὸ φῶς, φωτός	la lumière.
	En français, la photo-graphie, litt. : l'art d'écrire avec de la lumière.

Exercice 1

Dans le texte ci-dessous, souligner :
1.   en vert les invariants connus. Donner leur sens.
2.   en noir les pronoms personnels. Préciser cas, genre, nombre.
3.   en rouge les articles. Préciser cas, genre, nombre.
Essayer de repérer et d'analyser les mots de la 2e déclinaison.

Jn 1,1 Ἐν ἀρχῇ ἦν ὁ λόγος, καὶ ὁ λόγος ἦν πρὸς τὸν θεόν, καὶ θεὸς ἦν ὁ λόγος. 2 οὗτος ἦν ἐν ἀρχῇ πρὸς τὸν θεόν. 3 πάντα δι' αὐτοῦ ἐγένετο, καὶ χωρὶς αὐτοῦ ἐγένετο οὐδὲ ἓν ὃ γέγονεν. 4 ἐν αὐτῷ ζωὴ ἦν, καὶ ἡ ζωὴ ἦν τὸ φῶς τῶν ἀνθρώπων· 5 καὶ τὸ φῶς ἐν τῇ σκοτίᾳ φαίνει, καὶ ἡ σκοτία αὐτὸ οὐ κατέλαβεν.

4

L'indicatif aoriste

Le texte : Jean 8, 12-20

Repérage des formes verbales[1]

12 Πάλιν οὖν αὐτοῖς **ἐλάλησεν** ὁ Ἰησοῦς λέγων, Ἐγώ **εἰμι** τὸ φῶς τοῦ κόσμου· ὁ ἀκολουθῶν ἐμοὶ οὐ μὴ **περιπατήσῃ** ἐν τῇ σκοτίᾳ, ἀλλ' **ἕξει** τὸ φῶς τῆς ζωῆς. 13 **εἶπον** οὖν αὐτῷ οἱ Φαρισαῖοι, Σὺ περὶ σεαυτοῦ **μαρτυρεῖς·** ἡ μαρτυρία σου οὐκ **ἔστιν** ἀληθής. 14 **ἀπεκρίθη** Ἰησοῦς καὶ **εἶπεν** αὐτοῖς, Κἂν ἐγὼ **μαρτυρῶ** περὶ ἐμαυτοῦ, ἀληθής **ἐστιν** ἡ μαρτυρία μου, ὅτι **οἶδα** πόθεν **ἦλθον** καὶ ποῦ **ὑπάγω·** ὑμεῖς δὲ οὐκ **οἴδατε** πόθεν **ἔρχομαι** ἢ ποῦ **ὑπάγω.** 15 ὑμεῖς κατὰ τὴν σάρκα **κρίνετε,** ἐγὼ οὐ **κρίνω** οὐδένα. 16 καὶ ἐὰν **κρίνω** δὲ ἐγώ, ἡ κρίσις ἡ ἐμὴ ἀληθινή **ἐστιν,** ὅτι μόνος οὐκ **εἰμί,** ἀλλ' ἐγὼ καὶ ὁ πέμψας με πατήρ. 17 καὶ ἐν τῷ νόμῳ δὲ τῷ ὑμετέρῳ **γέγραπται** ὅτι δύο ἀνθρώπων ἡ μαρτυρία ἀληθής **ἐστιν.** 18 ἐγώ **εἰμι** ὁ μαρτυρῶν περὶ ἐμαυτοῦ καὶ **μαρτυρεῖ** περὶ ἐμοῦ ὁ πέμψας με πατήρ. 19 **ἔλεγον** οὖν αὐτῷ, Ποῦ **ἐστιν** ὁ πατήρ σου ; **ἀπεκρίθη** Ἰησοῦς, Οὔτε ἐμὲ **οἴδατε** οὔτε τὸν πατέρα μου· εἰ ἐμὲ **ᾔδειτε,** καὶ τὸν πατέρα μου ἂν **ᾔδειτε.** 20 Ταῦτα τὰ ῥήματα **ἐλάλησεν** ἐν τῷ γαζοφυλακίῳ διδάσκων ἐν τῷ ἱερῷ· καὶ οὐδεὶς **ἐπίασεν** αὐτόν, ὅτι οὔπω **ἐληλύθει** ἡ ὥρα αὐτοῦ.

---

1. À l'exception des participes qui seront étudiés ultérieurement (cf. p. 79).

Analyse des formes verbales

v. 12 ἐλάλησεν : *il parla* ;

indicatif aoriste, 3ᵉ sing. de λαλέω, parler.

ἐ- « augment », marque d'un temps du passé,
ici l'aoriste (équivalent de notre passé simple) ;

-λαλη- radical du verbe λαλέω, parler.
La voyelle du radical s'allonge à l'aoriste ;

-σε- caractéristique de l'aoriste et voyelle de liaison ;

-ν consonne « euphonique » : le grec classique l'employait
quand le mot suivant commençait par une voyelle. Le
grec de la *Koinè* en a généralisé l'emploi.

εἰμί : *je suis* ;

indicatif présent, 1ʳᵉ sing. de εἰμί, être ;
verbe en -μι. Il y a deux types de verbes en grec :
— les verbes en -ω (la plupart) : λέγ-ω ;
— les verbes en -μι : εἰ-μί.

περιπατήσῃ : *(il n'y a pas de danger) qu'il marche* ;

subjonctif aoriste,
3ᵉ sing. ; de περιπατέω, aller et venir.

περι- préverbe ;

-πατη- radical à l'aoriste du verbe περιπατέω
(le ε est devenu η) ;

-σ- caractéristique de l'aoriste ;

-ῃ voyelle de liaison longue (subj.)
et iota souscrit (3ᵉ sing.).

ἕξει : *il aura* ;

indicatif futur, 3ᵉ sing. de ἔχω, avoir.
Noter l'esprit rude.

v. 13 εἶπον : *ils dirent* ;

indicatif aoriste, 3ᵉ plur. de λέγω, dire.

εἰπ- radical utilisé pour former l'aoriste de λέγω ;
la racine est différente de celle du présent ;
ce verbe fait partie des verbes irréguliers (p. 295).

-ον voyelle de liaison et désinence de 3ᵉ plur.

μαρτυρεῖς : *tu témoignes* ;

indicatif présent, 2ᵉ sing. de μαρτυρέω, témoigner ; verbe contracte en -εω.

μαρτυρε-   radical de μαρτυρέω ;

-εις   voyelle de liaison et désinence de 2ᵉ sing. ;

μαρτυρέ-εις se contracte en μαρτυρεῖς.

ἐστιν : *il est* ;

indicatif présent, 3ᵉ sing. de εἰμί, être.

ἐσ-   radical du verbe εἰμί ;

-τι-   désinence de 3ᵉ sing. ;

-ν   ν euphonique.

v. 14   **ἀπεκρίθη** : *il répondit* ;

indicatif aoriste, 3ᵉ sing. de ἀποκρίνομαι, répondre ; la forme est passive bien que le sens soit actif.

ἀπ(ο)-   préverbe ; le ο tombe devant une autre voyelle brève, ici devant l'augment ;

-ε-   augment qui indique un temps du passé ;

-κρι-   radical du verbe ;

-θη   caractéristique de l'aoriste passif, la 3ᵉ sing. n'a plus de désinence.

εἶπεν : *il dit* ;

indicatif aoriste, actif, 3ᵉ sing. de λέγω, dire (cf. plus haut εἶπον).

εἰπ-   radical d'aoriste ;

-ε-   voyelle de liaison (3ᵉ sing.) ;

-ν   ν euphonique.

μαρτυρῶ : *je témoigne* ;

verbe μαρτυρέω au subjonctif présent à cause de κἄν (καὶ ἐάν) qui introduit une éventualité. Le subjonctif présent, à la 1ʳᵉ sing. ne se distingue pas de l'indicatif présent. Μαρτυρέω se contracte en μαρτυρῶ.

οἶδα : *je sais* ;

    verbe irrégulier dont le parfait a un sens de présent. Dans le même verset, on trouve la 2e plur. : οἴδατε, *vous savez*.

ἔρχομαι : *je viens* ;

    indicatif présent, voix moyenne (cf. p. 74), 1ère sing.

ἦλθον : *je suis venu, je vins* ;

    indicatif aoriste, 1re sing. du verbe ἔρχομαι, venir.

ἦλθ-   radical d'aoriste ἐλθ- avec augment, qui marque le passé : celui-ci allonge la voyelle initiale du radical ;

-ο-   voyelle de liaison ;

-ν   désinence de 1re sing. (ou 3e plur.).

ὑπάγω : *je m'en vais* ;

    indicatif présent, 1ère sing. de ὑπάγω, s'en aller.

ὑπ(ο)   préverbe ;

ἀγ-   radical ;

-ω   voyelle de liaison longue (1re sing., à l'indicatif).

v. 15 κρίνετε : *vous jugez* ;

    indicatif présent, actif, 2e plur. de κρίνω, juger.

κρίν-   radical

-ε-   voyelle de liaison

-τε   désinence de 2e plur.

κρίνω : même verbe à la 1re sing., d'abord à l'indicatif (v. 15), puis au subjonctif présent (v. 16), précédé de ἐάν qui introduit une éventualité.

γέγραπται : *il est écrit*,

    litt. : « *il a été écrit et c'est toujours écrit* » ;

    parfait passif de γράφω, écrire.

γε-   « redoublement » caractéristique du parfait (la première consonne est répétée, suivie de la voyelle ε) ;

-γραπ-   radical du verbe (γραφ-) devant τ ;

-ται   désinence de 3ᵉ sing. à la voix moyenne ou passive.

μαρτυρεῖ : *il témoigne,*
              indicatif présent, 3ᵉ sing. de μαρτυρέω ;
              μαρτυρέ-ει se contracte en μαρτυρεῖ.

v. 19 ἔλεγον : *ils disaient ;*
              indicatif imparfait actif, 3ᵉ plur. de λέγω, dire.

ἐ-   l'augment, qui marque le passé, se met devant le
              radical à l'indicatif ;

-λεγ-   radical au présent (l'aoriste utilise une autre
              racine) ;

-ον   voyelle de liaison
              et désinence 3ᵉ plur. pour les temps du passé.
              L'imparfait se forme sur le radical du présent.

ᾔδειτε : *vous saviez ;*
              plus-que-parfait à sens d'imparfait,
              2ᵉ plur. de οἶδα, savoir.

ἐπίασεν : *il s'empara ;*
              indicatif aoriste actif, 3ᵉ sing. de πιάζω, s'emparer
              de.

ἐ-   augment ;

-πία-   radical ;

-σε-   marque d'aoriste et voyelle de liaison (3ᵉ sing.) ;

-ν   ν euphonique.
              Le radical comporte une dentale : πιαδ-, qui est
              combinée dans le ζ du présent, et tombe devant le ς
              de l'aoriste.

ἐληλύθει : *elle (son heure) était venue ;*
              plus-que-parfait de ἔρχομαι, venir.

Classement des formes verbales

Dans le texte, nous avons rencontré les six temps qui existent en grec : présent, imparfait, futur, aoriste, parfait, plus-que-parfait.

	Présent	imparfait	Futur	Aoriste	Parfait	Plus-que-parfait
S1 **2** **3**	εἰμί μαρτυρῶ ὑπάγω κρίνω ἔρχομαι μαρτυρεῖς ἐστίν μαρτυρεῖ		ἕξει	ἦλθον ἐλάλησεν περιπατήσῃ ἀπεκρίθη εἶπεν ἐπίασεν	οἶδα γέγραπται	ἐληλύθει
P1 **2** **3**	κρίνετε	ἔλεγον		εἶπον	οἴδατε	ᾔδειτε

Grammaire

la valeur des temps

Seul, **le futur** a une valeur purement temporelle et renvoie à l'avenir. Les autres temps indiquent à la fois le temps et l'aspect, c'est-à-dire la manière dont l'action est envisagée dans son déroulement (durée ou instantanéité, répétition, etc.).

Le présent désigne une action située dans le temps présent, envisagée au moment où l'on parle, mais il indique aussi que l'action est en train de s'accomplir. À cet aspect de durée se rattache l'idée de répétition, ou celle d'une vérité d'ordre général.

Le présent de narration correspond à un passé mais vise à donner plus de vivacité au récit.

L'imparfait a les mêmes valeurs que le présent mais dans le passé : description d'une action dans son déroulement, action qui se répète ou action habituelle. Il correspond à peu près à notre imparfait français.

L'aoriste, à l'indicatif, désigne un événement ponctuel situé dans le passé. Il pourrait se traduire par le passé simple français[2] qui exclut, lui aussi, toute idée de durée ou de répétition.

Au participe, l'aoriste garde parfois sa valeur temporelle, mais, comme pour les autres modes (impératif, subjonctif, infinitif), l'aspect est prédominant : l'action est envisagée pour elle-même dans sa particularité.

Le parfait peut avoir la valeur d'un simple intensif (ex. : οἶδα, je sais), mais, habituellement, il exprime le résultat présent d'une action achevée : l'action est passée mais le résultat dure encore. C'est pourquoi, on le traduit en français soit par un passé composé, soit par un présent.

L'opposition entre l'aoriste et le parfait se voit particulièrement dans l'expression :

« Christ mourut (aoriste) / Christ est ressuscité » (parfait),

ἀπέθανεν   ἐγήγερται

– aoriste = événement datable dans l'histoire ;
– parfait = événement qui a eu lieu dans le passé et dure encore.

Le plus-que-parfait (plus rare) donne une valeur d'imparfait au parfait (voir l'analyse des formes, p. 53-54).

L'indicatif aoriste

Formation

L'analyse des formes d'indicatif aoriste rencontrées dans ce texte a fait apparaître des caractéristiques communes et, pour l'actif, deux types de formation.

L'aoriste de l'indicatif servant à exprimer une action passée, sa formation comporte la présence d'éléments caractéristiques des temps du passé :

---

2. Le passé simple tendant à disparaître en français, on traduit souvent l'aoriste grec par un passé composé français : « Christ est mort. » Toutefois, une nuance fondamentale de l'aoriste est oblitérée en ce cas.

– d'une part, l'augment qui précède le radical du verbe et n'apparaît qu'à l'indicatif ;
– d'autre part, des désinences particulières, dites « désinences secondaires », propres aux temps du passé (par opposition aux désinences dites « primaires », propres aux temps du présent).

L'augment : devant une forme verbale commençant par une consonne, il a la forme d'un préfixe ϵ-.
Il est dit « syllabique », car il ajoute une syllabe à la forme :
ἐ λάλη σεν.
Quand le verbe commence par une voyelle, cette voyelle initiale du radical s'allonge, change de quantité (en latin : *tempus, oris*), d'où le nom d'augment « temporel » :

	Radical	Aoriste
ϵ ⇒ η	ἐλθ-	ἦλθον
α ⇒ η	ἄκουω	ἤκουσα
ο ⇒ ω	ἀπ-ολλύω	ἀπ-ώλεσα
αι ⇒ η	αἰτέω	ἤτεσα
οι ⇒ ῳ	οἰκοδομέω	ᾠκοδόμησα

Si le verbe est composé, comme ἀπο-κρίνω, l'augment se met entre le préverbe et le verbe : ἀπ-ϵ-κρίθη.

À l'actif, les formes ἐλάλησεν et ἐπίασεν présentent le sigma caractéristique de l'aoriste : on parle en ce cas d'aoriste sigmatique. La syllabe -σα de la 1re personne s'est étendue au reste de la conjugaison, sauf à la 3e personne du singulier.

La forme ἦλθον représente un autre type de formation, dit aoriste second en -ον, ou aoriste thématique car on y trouve une voyelle de liaison entre le radical et la désinence. Ce type de formation correspond à des verbes dits irréguliers, dans lesquels le radical d'aoriste est différent de celui du présent.

La forme ἀπεκρίθη est une forme passive avec la syllabe caractéristique -θη-.

Conjugaison

– L'aoriste sigmatique à l'actif

À côté d'un verbe du texte figure, comme modèle, λύω, délier.

Les caractères gras permettent de repérer l'augment et la syllabe -σα caractéristique de l'aoriste ; le radical est identique à celui du présent et on a les désinences secondaires actives.

		Verbe type Il délia	Verbe du texte Il parla
	3ᵉ S.		
S 1		ἔλυσα	ἐλάλησα
2		ἔλυσας	ἐλάλησας
3		ἔλυσε(ν)	ἐλάλησε(ν)
P 1		ἐλύσαμεν	ἐλαλήσαμεν
2		ἐλύσατε	ἐλαλήσατε
3		ἔλυσαν	ἐλάλησαν

Remarque : les verbes en -έω allongent la voyelle du radical :
λαλέω ⇒ ἐλάλησα.

– L'aoriste second actif en -ov- (dit aussi aoriste thématique)

On distingue ici : l'augment, le radical, la voyelle de liaison o/ε (en gras), et les désinences secondaires actives.

3ᵉ S.	Il vint	Il dit
	ἦλθον	εἶπον
	ἦλθες	εἶπες
	ἦλθε(ν)	εἶπε(ν)
	ἤλθομεν	εἴπομεν
	ἤλθετε	εἴπετε
	ἦλθον	εἶπον

Remarque : aoriste ἦλθον, εἶπον   présent ἔρχομαι, λέγω.

Les aoristes seconds se rencontrent le plus souvent dans des verbes qui n'ont pas d'aoriste premier (sigmatique).

– L'aoriste passif

On distingue l'augment (en gras), le radical du verbe, la syllabe -θη caractéristique de l'aoriste (et du futur) passif (également en gras), et les désinences secondaires de l'actif.

		Verbe type Il fut délié	Verbe du texte Il répondit
	3ᵉ S.		
S 1		ἐλύθην	ἀπεκρίθην
2		ἐλύθης	ἀπεκρίθης
3		ἐλύθη	ἀπεκρίθη
P 1		ἐλύθημεν	ἀπεκρίθημεν
2		ἐλύθητε	ἀπεκρίθητε
3		ἐλύθησαν	ἀπεκρίθησαν

Exercice 2

Dans les phrases suivantes :
  – souligner les formes verbales à l'aoriste,
  – préciser quelle personne est utilisée,
  – donner le verbe à l'indicatif présent, 1ʳᵉ sing.

1.   ἦλθεν Ἰωάννης πρὸς ὑμᾶς καὶ οὐκ ἐπιστεύσατε

     αὐτῷ.

2.   ἐθεραπεύθη ὁ παῖς ἀπὸ τῆς ὥρας ἐκείνης.

3.   μεθ' ὅρκου ὡμολόγησεν.

4.   Πέτρος περιεπάτησεν ἐπὶ τὰ ὕδατα.

5

Le présent de l'indicatif à l'actif

Le texte : Jean 8, 12-20

Repérage des formes verbales au présent de l'indicatif

12 Πάλιν οὖν αὐτοῖς ἐλάλησεν ὁ Ἰησοῦς λέγων, Ἐγώ **εἰμι** τὸ φῶς τοῦ κόσμου· ὁ ἀκολουθῶν ἐμοὶ οὐ μὴ περιπατήσῃ ἐν τῇ σκοτίᾳ, ἀλλ' ἕξει τὸ φῶς τῆς ζωῆς. 13 εἶπον οὖν αὐτῷ οἱ Φαρισαῖοι, Σὺ περὶ σεαυτοῦ **μαρτυρεῖς**· ἡ μαρτυρία σου οὐκ **ἔστιν** ἀληθής. 14 ἀπεκρίθη Ἰησοῦς καὶ εἶπεν αὐτοῖς, Κἂν ἐγὼ μαρτυρῶ περὶ ἐμαυτοῦ, ἀληθής **ἐστιν** ἡ μαρτυρία μου, ὅτι οἶδα πόθεν ἦλθον καὶ ποῦ **ὑπάγω**· ὑμεῖς δὲ οὐκ οἴδατε πόθεν ἔρχομαι ἢ ποῦ **ὑπάγω**. 15 ὑμεῖς κατὰ τὴν σάρκα **κρίνετε**, ἐγὼ οὐ **κρίνω** οὐδένα. 16 καὶ ἐὰν κρίνω δὲ ἐγώ, ἡ κρίσις ἡ ἐμὴ ἀληθινή **ἐστιν**, ὅτι μόνος οὐκ **εἰμί**, ἀλλ' ἐγὼ καὶ ὁ πέμψας με πατήρ. 17 καὶ ἐν τῷ νόμῳ δὲ τῷ ὑμετέρῳ γέγραπται ὅτι δύο ἀνθρώπων ἡ μαρτυρία ἀληθής **ἐστιν**. 18 ἐγώ **εἰμι** ὁ μαρτυρῶν περὶ ἐμαυτοῦ καὶ **μαρτυρεῖ** περὶ ἐμοῦ ὁ πέμψας με πατήρ. 19 ἔλεγον οὖν αὐτῷ, Ποῦ **ἐστιν** ὁ πατήρ σου ; ἀπεκρίθη Ἰησοῦς, Οὔτε ἐμὲ οἴδατε οὔτε τὸν πατέρα μου· εἰ ἐμὲ ᾔδειτε, καὶ τὸν πατέρα μου ἂν ᾔδειτε. 20 Ταῦτα τὰ ῥήματα ἐλάλησεν ἐν τῷ γαζοφυλακίῳ διδάσκων ἐν τῷ ἱερῷ· καὶ οὐδεὶς ἐπίασεν αὐτόν, ὅτι οὔπω ἐληλύθει ἡ ὥρα αὐτοῦ.

Classement selon le type de verbe

Verbes en -μι	Verbes en -ω	Verbes contractes en -έω
εἰμι	ὑπάγω	μαρτυρεῖς
ἐστιν	κρίνετε	μαρτυρεῖ
	κρίνω	

Grammaire

Conjugaison des verbes en -ω et -έω

	Verbes en -ω _Je juge_	Verbes en -έω _Je témoigne_	
S 1	κρίνω	μαρτυρέω	⇒ μαρτυρῶ
2	κρίνεις	μαρτυρέεις	⇒ μαρτυρεῖς
3	κρίνει	μαρτυρέει	⇒ μαρτυρεῖ
P 1	κρίνομεν	μαρτυρέομεν	⇒ μαρτυροῦμεν
2	κρίνετε	μαρτυρέετε	⇒ μαρτυρεῖτε
3	κρίνουσι(ν)	μαρτυρέουσιν	⇒ μαρτυροῦσιν

Dans le cas des verbes contractes en -έω, comme μαρτυρέω, on peut observer les règles de contraction suivantes entre deux voyelles :

$$\epsilon + \epsilon \Rightarrow \epsilon\iota$$
$$\epsilon + o \Rightarrow o\upsilon$$

ε tombe devant voyelle longue et diphtongue.

Lorsque, dans la forme non contractée, l'accent frappe la première des deux voyelles contractées, comme c'est le cas de toutes les formes de μαρτυρέω ici, l'accent devient circonflexe sur la voyelle longue ou la diphtongue résultant de la contraction (voir, pour l'accentuation, p. 300).

Conjugaison du verbe « être »

S.	1	εἰμι
	2	εἶ
	3	ἐστι (ν)
P.	1	ἐσμεν
	2	ἐστε
	3	εἰσι (ν)

Vocabulaire

ἀκολουθέω	suivre, faire route avec.
ἀποκρίνομαι	répondre.
aoriste : ἀπεκρίθην	
γράφω	écrire.
διδάσκω	enseigner.
ὁ διδάσκαλος, ου	le maître.
ἡ διδαχή, ῆς	l'enseignement (cf. fr. autodidacte : qui s'instruit par lui-même).
εἰμι	être.
ἔρχομαι	venir.
aoriste : ἦλθον	
parfait : ἐλήλυθα	

ἔχω   avoir.
                                       futur : ἕξω

κρίνω   séparer, d'où trier, faire passer en jugement.
                                       Dans le N.T. : juger.
                                       Nombreux dérivés et composés :

  ἡ κρίσις, εως   la décision, le jugement (p. 00).
  τὸ κρίμα, ατος   la décision, le jugement (grec hellénistique).
  ἀποκρίνομαι   répondre.
                                       Dans la *Koinè*, se substitue à :
  ὑποκρίνομαι   répondre,
                                       mais aussi jouer un rôle dans une pièce de
                                       théâtre.
  ὁ ὑποκριτής, οῦ   l'hypocrite (on est passé du sens de l'acteur
                                       qui joue derrière son masque à celui de
                                       simulateur).
  ἡ ἀπόκρισις, εως   la réponse.

λαλέω   parler.
                                       Sens premier parfois attesté dans le
                                       NT : bavarder.

λέγω   dire.
                                       aoriste : εἶπον

μαρτυρέω   témoigner.

οἶδα   savoir.

πέμπω   envoyer.

περιπατέω   marcher de long en large, discuter en se
                                       promenant sous un portique (les
                                       péripatéticiens étaient les disciples
                                       d'Aristote).

πιάζω   saisir, s'emparer de.

ὑπάγω   s'en aller.

Remarque

Il est conseillé dès maintenant d'acquérir un lexique ou un petit dictionnaire pour s'exercer à trouver les différentes formes ; par exemple :

– J. C. INGELAERE, P. MARAVAL, P. PRIGENT, *Dictionnaire grec-français du Nouveau Testament*, Stuttgart, Alliance biblique universelle, 1988 (traduction et adaptation de *A Concise Greek-English Dictionary of the New Testament* prepared by Barclay M. NEWMAN, Jr., London, 1971).

– M. CARREZ, F. MOREL, *Dictionnaire grec-français du Nouveau Testament,* Genève, Labor et Fides, Pierrefitte, Société biblique française, 1988[4].

Exercice 3

Analyser les formes verbales en gras (temps, personne) et préciser de quel verbe il s'agit.

1.   Ἐγώ **εἰμι** ὁ ποιμὴν ὁ καλός, καὶ **γινώσκω** τὰ ἐμὰ

      καὶ **γινώσκουσί** με τὰ ἐμά, καθὼς **γινώσκει** με ὁ

      πατήρ.

2.   Σὺ **εἶ** ὁ Χριστός ;

      εἶπον ὑμῖν καὶ οὐ πιστεύετε.

3.   ἡμεῖς **εὐχαριστοῦμεν** τῷ θεῷ.

Deuxième partie

Lecture de quelques textes
de l'évangile de Jean
1, 1-5 ; 10, 1-18 ; 3, 1-21

6

La première déclinaison (noms féminins)

Le texte : Jean 1,1-5

1 Ἐν ἀρχῇ ἦν ὁ λόγος, καὶ ὁ λόγος ἦν πρὸς τὸν θεόν, καὶ θεὸς ἦν ὁ λόγος. 2 οὗτος ἦν ἐν ἀρχῇ πρὸς τὸν θεόν. 3 πάντα δι' αὐτοῦ ἐγένετο, καὶ χωρὶς αὐτοῦ ἐγένετο οὐδὲ ἕν ὃ γέγονεν. 4 ἐν αὐτῷ ζωὴ ἦν, καὶ ἡ ζωὴ ἦν τὸ φῶς τῶν ἀνθρώπων· 5 καὶ τὸ φῶς ἐν τῇ σκοτίᾳ φαίνει, καὶ ἡ σκοτία αὐτὸ οὐ κατέλαβεν.

Exercice de préparation

Le texte contient quatre prépositions :
ἐν (4 fois)   πρός (2 fois)   διά (δι'αυτοῦ)   χωρίς
– Quel cas commandent-elles ?
– Quel est le sens de ἐν ?

Analyser les quatre mots suivants (cas, genre, nombre) et donner leur sens (au nominatif singulier) :
ἡ ζωή, τῶν ανθρώπων, τὸ φῶς, τῇ σκοτίᾳ.

Décomposer et analyser la forme verbale κατέλαβεν, puis la conjuguer aux autres personnes.

Lecture et traduction littérale du texte

1 Ἐν ἀρχῇ   ἦν ὁ λόγος, καὶ ὁ λόγος ἦν πρὸς τὸν θεόν,
Dans un commencement était la Parole, et   la Parole   était vers   Dieu

καὶ θεὸς ἦν ὁ λόγος.
          2   1
et   la Parole était Dieu.

2 οὖτος ἦν ἐν ἀρχῇ   πρὸς τὸν θεόν.
Celle-ci   était au commencement   vers Dieu.

3 πάντα   δι' αὐτοῦ ἐγένετο
Toutes choses   par elle   furent

καὶ χωρὶς αὐτοῦ ἐγένετο οὐδὲ ἕν   ὃ γέγονεν.
et   sans elle   ne fut rien (pas même une seule chose) de ce qui est advenu.

4 ἐν αὐτῷ ζωὴ ἦν,
En elle   la vie était

καὶ ἡ ζωὴ ἦν τὸ φῶς τῶν ἀνθρώπων·
et   la vie était la lumière des hommes ;

5 καὶ τὸ φῶς ἐν τῇ σκοτίᾳ φαίνει,
et   la lumière dans l'obscurité   brille

καὶ ἡ σκοτία αὐτὸ οὐ κατέλαβεν.
et l'obscurité   ne l'a point saisie.

Remarques

1. ἐν ἀρχῇ : reprend le premier mot de Gn 1, 1. Le grec traduit
littéralement l'hébreu *bᵉreshît*, dans un commencement.
2. ἦν πρός : noter la tension inattendue de ces deux mots. Le verbe *être*
exprime le caractère stable et permanent de la Parole ; la préposition, au
contraire, indique une mise en mouvement vers…

Repérage et classement des noms du texte

1 Ἐν ἀρχῇ ἦν ὁ λόγος, καὶ ὁ λόγος ἦν πρὸς τὸν θεόν,
καὶ θεὸς ἦν ὁ λόγος. 2 οὗτος ἦν ἐν ἀρχῇ πρὸς τὸν
θεόν. 3 πάντα δι' αὐτοῦ ἐγένετο, καὶ χωρὶς αὐτοῦ
ἐγένετο οὐδὲ ἕν ὃ γέγονεν. 4 ἐν αὐτῷ ζωὴ ἦν, καὶ ἡ ζωὴ
ἦν τὸ φῶς τῶν ἀνθρώπων· 5 καὶ τὸ φῶς ἐν τῇ σκοτίᾳ
φαίνει, καὶ ἡ σκοτία αὐτὸ οὐ κατέλαβεν.

	1ʳᵉ déclinaison	2ᵉ déclinaison	3ᵉ déclinaison
S N	ἡ ζωή, ἡ σκοτία	ὁ λόγος, θεός	τὸ φῶς
A		τὸν θεόν	
D	ἀρχῇ, τῇ σκοτίᾳ		
P G		τῶν ἀνθρώπων	

Grammaire

Les noms féminins de la première déclinaison

Nous avons vu (p. 43) que la première déclinaison comporte des radicaux en -η et en -α. Ces deux types sont représentés ici par ἀρχή, ζωή, d'une part, et par σκοτία, d'autre part. La différence entre les deux est due à une évolution phonétique de la langue. À l'origine, en effet, ces deux catégories de mots se terminaient par un α long. Mais, à date ancienne, cet α long a subi une transformation : il est devenu η, sauf après ρ, ε, ι.

S N	ἡ	ἀρχή	ἡ	σκοτία
V		ἀρχή		σκοτία
A	τὴν	ἀρχήν	τὴν	σκοτίαν
G	τῆς	ἀρχῆς	τῆς	σκοτίας
D	τῇ	ἀρχῇ	τῇ	σκοτίᾳ
P N	αἱ	ἀρχαί	αἱ	σκοτίαι
V		ἀρχαί		σκοτίαι
A	τὰς	ἀρχάς	τὰς	σκοτίας
G	τῶν	ἀρχῶν	τῶν	σκοτιῶν
D	ταῖς	ἀρχαῖς	ταῖς	σκοτίαις

La première déclinaison comporte encore quelques noms féminins caractérisés par une alternance brève-longue au singulier :
— finale du radical brève, aux nominatif, vocatif et accusatif ;
— finale du radical longue, aux génitif et datif.
ex. : ἡ δόξα (-α bref), τῆς δόξης (ancien -α long), la gloire.
Le pluriel est le même que celui des modèles ἀρχή ou σκοτία.

	singulier	pluriel
N	ἡ δόξα	αἱ δόξαι
A	τὴν δόξαν	τὰς δόξας
G	τῆς δόξης	τῶν δοξῶν
D	τῇ δόξῃ	ταῖς δόξαις

L'accord du verbe

Si le verbe a un seul sujet, il s'accorde en genre et en nombre avec ce sujet :

ex. :   Jn 1, 5   τὸ φῶς φαίνει,
                        la lumière brille.

        Jn 8, 13   εἶπον οὖν οἱ φαρισαῖοι,
                        les pharisiens dirent donc.

Si le verbe a plusieurs sujets, il peut s'accorder avec le plus proche :

ex. : Jn 2, 2

        ἐκλήθη δὲ καὶ ὁ Ἰησοῦς καὶ οἱ μαθηταὶ αὐτοῦ,
        fut invité (3ᵉ sing.)   Jésus   et ses disciples.
        Jésus et ses disciples furent invités.

Si le verbe a un sujet collectif (ex. : τὸ πλῆθος, la multitude ; ὁ ὄχλος, la foule), il peut se mettre au singulier (accord selon la grammaire) ou au pluriel (accord selon le sens) :

ex. :   Mc 3, 7   πολὺ πλῆθος ἠκολούθησεν (aor. 3ᵉ sing.),
                        Une multitude nombreuse suivit.
        Mc 3, 8   πλῆθος πολὺ ἦλθον (3ᵉ pluriel),
                        Une multitude nombreuse vint.

Si le verbe a un sujet pluriel neutre, il peut se mettre à la 3ᵉ sing. :

ex. :   Jn 1, 3   πάντα (nom. pluriel neutre) ἐγένετο (3ᵉ sing.),
                        Tout (toutes choses)   fut.

Cette règle, impérative en grec classique, est connue par l'exemple τὰ ζῷα τρέχει (les animaux courent), mais n'est pas employée de façon très stricte dans le NT.

L'article avec l'adjectif

L'adjectif attribut du sujet n'est pas précédé de l'article, à la différence de l'adjectif épithète.

En Jn 8, 14, les deux cas se présentent dans l'expression :
ἡ κρίσις **ἡ ἐμή** (**mon** jugement) **ἀληθινή** ἐστιν (est véritable)
       épithète   attribut

La règle du grec classique : *l'attribut ne prend pas d'article*
s'applique également au nom attribut :
ex. :   Jn 1, 1   θεὸς ἦν ὁ λόγος, la parole était Dieu.

Mais cette règle n'est pas toujours suivie dans le grec de *Jean* :
ex. :   Jn 1, 4   ἡ ζωὴ ἦν τὸ φῶς τῶν ἀνθρώπων.

On pourrait alors traduire :
                              « la vie était la lumière des hommes »,
                  ou   « la lumière des hommes était la vie ».
Ce n'est pas la grammaire mais le contexte qui permet de choisir.

L'adjectif seul précédé de l'article peut être substantivé :
                  τὸ καλόν, le bien ;
Jn 3, 12   τὰ ἐπίγεια / τὰ ἐπουράνια,
                  les réalités (litt. les choses) terrestres / les réalités célestes.

Vocabulaire

Invariants
διά + gén.   par l'intermédiaire de, à travers.
πρός + acc.   vers.
χωρίς + gén.   sans.

Noms
ὁ λόγος, ου   la parole.
                                  Pour le sens de ce mot dans la philosophie
                                  grecque, voir les commentaires spécialisés.
                                  Dans le NT, il n'est employé au sens
                                  personnel et de façon absolue que dans le
                                  Prologue de l'Évangile de Jean. Ailleurs,
                                  employé seul, il désigne la prédication du
                                  Christ, le message évangélique.

Le français comporte de nombreux composés en -logue et -logie. Par exemple, la théo-logie ou discours sur Dieu.

ὁ θεός, οῦ	(le) dieu.
ἡ ἀρχή, ῆς	le commencement, cf. Gn 1,1 et les remarques sur le verbe ἄρχω p. 179.
ἡ ζωή, ῆς	la vie (cf. p. 45)
ἡ σκοτία, ας	l'obscurité (cf. p. 45).

Verbes

φαίνω   luire, briller, faire paraître ;
transitif (qui peut avoir un COD) : montrer,
intransitif (qui ne peut pas avoir de complément
d'objet) : devenir visible, venir à la lumière,
se montrer, apparaître, briller ; cf. théo-
phanie, ou apparition de Dieu.

Deux dérivés à signaler :

φανερόω   rendre clair, évident, manifeste ;
φανερῶς   ouvertement, publiquement.

γίνομαι   être, arriver.
aoriste : ἐγενόμην
parfait : γέγονα

καταλαμβάνω   saisir, comprendre, arrêter.
aoriste : κατέλαβον

δύναμαι   pouvoir.
De la même famille :
δυνατός   puissant ou possible,
ἡ δύναμις, εως   la force, la puissance ;
(souvent, dans le NT) le miracle.

7
La voix moyenne
l'aoriste

Le texte : Jean 1, 1-5

Repérage des formes verbales

1 Ἐν ἀρχῇ **ἦν** ὁ λόγος, καὶ ὁ λόγος **ἦν** πρὸς τὸν θεόν, καὶ θεὸς **ἦν** ὁ λόγος. 2 οὗτος **ἦν** ἐν ἀρχῇ πρὸς τὸν θεόν. 3 πάντα δι' αὐτοῦ ἐγένετο, καὶ χωρὶς αὐτοῦ **ἐγένετο** οὐδὲ ἕν ὃ **γέγονεν.** 4 ἐν αὐτῷ ζωὴ **ἦν**, καὶ ἡ ζωὴ **ἦν** τὸ φῶς τῶν ἀνθρώπων· 5 καὶ τὸ φῶς ἐν τῇ σκοτίᾳ **φαίνει**, καὶ ἡ σκοτία αὐτὸ οὐ **κατέλαβεν.**

Analyse des formes verbales

v. 1, 2, 4	**ἦν**	imparfait, 3ᵉ sing. de εἰμί, être.
v. 3	**ἐγένετο**	indicatif aoriste, 3ᵉsing. de γίνομαι, être.
	ε-	augment, signe d'un temps passé à l'indicatif,
	-γεν-	radical à l'aoriste du verbe γίνομαι,
	-ε-	voyelle de liaison,
	-το	désinence de 3ᵉ sing. à la voix moyenne (cf. plus bas).
	γέγονεν	parfait actif, 3ᵉ sing. de γίνομαι, être.
	γε-	redoublement,
	-γον-	radical au parfait,
	-ε(ν)	voyelle de liaison et -ν euphonique.
v. 5	**φαίνει**	indicatif présent actif, 3ᵉ sing. de φαίνω, luire.

κατέλαβε(ν)   aoriste second actif de καταλαμβάνω, saisir.

κατ-   préverbe κατα, élidé devant voyelle brève

-ε-   augment,

-λαβ-   radical du verbe λαμβάνω,

-ε(ν)   voyelle de liaison et -ν euphonique.

Grammaire

Les voix dans la conjugaison grecque

Le grec possède des verbes **à la voix active** :

ex. :   κρίνω, je juge (présent, 1ʳᵉ sing.),

εἶπεν, il dit (aoriste second, 3ᵉ sing.).

Il possède également une **voix** dite « **moyenne** », caractérisée par des désinences différentes de celles de la voix active :

ex. :   ἔρχομαι, je vais (présent, 1ʳᵉ sing.),

ἐγένετο, il fut (aoriste second, 3ᵉ sing.).

Certains verbes n'existent qu'à la voix moyenne. Ils ont alors un sens actif :

ex. :   ἔρχομαι, je vais,

δύναμαι, je peux.

Certains verbes existant à l'actif peuvent se mettre à la voix moyenne. Ils changent alors partiellement de sens ; ils marquent que le sujet est particulièrement concerné par l'action du verbe :

ex. :	actif	λαμβάνω	je prends,
	moyen	λαμβάνομαι	je prends pour moi, je choisis,
	actif	λούω	je lave,
	moyen	λούομαι	je me lave.

Certains verbes prennent un sens spécialisé :

ex. :	racine	ἀρχ-	marcher le premier,
	actif	ἄρχω	je commande,
	moyen	ἄρχομαι	je commence.

Le grec possède encore une **voix passive** :

ex. :   actif   κρίνω   je juge,

passif   κρίνομαι   je suis jugé.

Remarques

– dans le NT, le sens du moyen est souvent affaibli. Il est variable selon les verbes[1].

– Certains verbes utilisent des formes actives à certains temps et des formes moyennes à d'autres :

ex. :   ἔρχομαι, je vais   ἦλθον,

présent moyen   aoriste actif ;

ἀποκρίνομαι, je réponds   ἀπεκρίθην,

présent moyen   aoriste passif.

La conjugaison du moyen

Au présent et au parfait, les formes du moyen sont identiques à celles du passif. Au futur et à l'aoriste, le moyen a des formes qui lui sont propres.

L'aoriste moyen

Comme à l'actif, il existe au moyen deux types de formation d'aoriste : un aoriste sigmatique et un aoriste second qui utilisent, comme l'imparfait et le plus-que-parfait, des désinences dites « secondaires », par opposition aux désinences « primaires » utilisées par le présent, le parfait et le futur (cf. chapitre suivant).

- μην
- σο
- το
- μεθα
- σθε
- ντο

---

1. Consulter un lexique ou un dictionnaire.

ex. :   ἐλυσάμην (aoriste sigmatique)

     ἐ-   augment,

     -λυ-   radical du présent,

     -σά-   syllabe caractéristique aoriste actif et moyen,

     -μην désinence secondaire du moyen.

ἐγενόμην (aoriste second)

     ἐ-   augment,

     -γεν- radical d'aoriste (différent du radical du présent),

     -ο-   voyelle de liaison,

     -μην désinence secondaire du moyen.

	aoriste sigmatique Modèle λύω 3ᵉ S. Il délia (pour lui)	aoriste second Modèle ἐγενόμην Il fut
S 1	ἐλυσάμην	ἐγενόμην
2	*ἐλύσασο> ἐλύσω	*ἐγένεσο> ἐγένου
3	ἐλύσατο	ἐγένετο
P 1	ἐλυσάμεθα	ἐγενόμεθα
2	ἐλύσασθε	ἐγένεσθε
3	ἐλύσαντο	ἐγένοντο

    * Le σ entre deux voyelles brèves tombe et les voyelles se contractent : on trouve dans les textes les formes contractées ci-dessus.

Exercice 4

Analyser les formes verbales et traduire.

1.   Γάμος ἐγένετο ἐν Κανὰ τῆς Γαλιλαίας.

2.   Καὶ ἐνέδυσαν αὐτὸν τὰ ἱμάτια αὐτοῦ.

3.   Καὶ χρόνῳ ἱκανῷ οὐκ ἐνεδύσατο ἱμάτιον.

8

Le participe présent
le présent de l'indicatif moyen-passif

Le texte : Jean 10, 1-6

1 Ἀμὴν ἀμὴν λέγω ὑμῖν, ὁ μὴ εἰσερχόμενος διὰ τῆς θύρας εἰς τὴν αὐλὴν τῶν προβάτων ἀλλὰ ἀναβαίνων ἀλλαχόθεν ἐκεῖνος κλέπτης ἐστὶν καὶ λῃστής· 2 ὁ δὲ εἰσερχόμενος διὰ τῆς θύρας ποιμήν ἐστιν τῶν προβάτων. 3 τούτῳ ὁ θυρωρὸς ἀνοίγει, καὶ τὰ πρόβατα τῆς φωνῆς αὐτοῦ ἀκούει καὶ τὰ ἴδια πρόβατα φωνεῖ κατ' ὄνομα καὶ ἐξάγει αὐτά. 4 ὅταν τὰ ἴδια πάντα ἐκβάλῃ, ἔμπροσθεν αὐτῶν πορεύεται, καὶ τὰ πρόβατα αὐτῷ ἀκολουθεῖ, ὅτι οἴδασιν τὴν φωνὴν αὐτοῦ· 5 ἀλλοτρίῳ δὲ οὐ μὴ ἀκολουθήσουσιν, ἀλλὰ φεύξονται ἀπ' αὐτοῦ, ὅτι οὐκ οἴδασιν τῶν ἀλλοτρίων τὴν φωνήν. 6 Ταύτην τὴν παροιμίαν εἶπεν αὐτοῖς ὁ Ἰησοῦς, ἐκεῖνοι δὲ οὐκ ἔγνωσαν τίνα ἦν ἃ ἐλάλει αὐτοῖς.

Exercice de préparation
1. Souligner, d'une part, les invariants connus, d'autre part, les articles et les noms. Noter le cas, le genre et le nombre.
2. Entourer les verbes et analyser les formes repérables.

Traduction littérale
1 Ἀμὴν ἀμὴν λέγω ὑμῖν,
    Amen, Amen,   je vous dis,

ὁ μὴ εἰσερχόμενος διὰ τῆς θύρας
celui qui n'entre pas   par la porte

εἰς τὴν αὐλὴν τῶν προβάτων ἀλλὰ ἀναβαίνων ἀλλαχόθεν
dans la cour   des brebis   mais qui monte à partir d'un autre endroit,

ἐκεῖνος κλέπτης ἐστὶν καὶ λῃστής·
celui-là   est un voleur   et   un brigand.

2 ὁ δὲ εἰσερχόμενος διὰ τῆς θύρας
Celui qui entre   par   la   porte

ποιμήν ἐστιν τῶν προβάτων.
est le berger   des   brebis.

3 τούτῳ   ὁ θυρωρὸς ἀνοίγει,
À celui-ci   le portier   ouvre

καὶ τὰ πρόβατα τῆς φωνῆς αὐτοῦ ἀκούει
et   les brebis   entendent sa voix

καὶ τὰ ἴδια πρόβατα φωνεῖ κατ' ὄνομα
et   il appelle ses propres brebis   par leur nom

καὶ ἐξάγει αὐτά. 4 ὅταν τὰ ἴδια πάντα ἐκβάλῃ,
et   il les fait sortir.   Lorsqu'il a poussé dehors toutes ses propres (brebis)

ἔμπροσθεν αὐτῶν πορεύεται,
il marche au-devant d'elles

καὶ τὰ πρόβατα αὐτῷ ἀκολουθεῖ,
et   les brebis   le   suivent

ὅτι οἴδασιν   τὴν φωνὴν αὐτοῦ·
parce qu'elles connaissent   sa voix.

5 ἀλλοτρίῳ δὲ οὐ   μὴ ἀκολουθήσουσιν,
Un étranger,   non, assurément, elles ne (le) suivront pas,

ἀλλὰ φεύξονται ἀπ' αὐτοῦ, ὅτι οὐκ οἴδασιν
mais   elles fuiront   loin de lui   parce qu'elles ne connaissent pas

τῶν ἀλλοτρίων τὴν φωνήν.
la voix des étrangers.

6 Ταύτην τὴν παροιμίαν εἶπεν αὐτοῖς ὁ ᾽Ιησοῦς,
Jésus leur dit   cette comparaison

ἐκεῖνοι δὲ οὐκ ἔγνωσαν τίνα ἦν ἃ ἐλάλει αὐτοῖς.
mais ceux-ci   ne reconnurent pas   de quoi   il leur parlait.
(= quoi était ce dont il)

Grammaire

Repérage des participes présents
1 ᾽Αμὴν ἀμὴν λέγω ὑμῖν, ὁ μὴ **εἰσερχόμενος** διὰ τῆς θύρας εἰς τὴν αὐλὴν τῶν προβάτων ἀλλὰ **ἀναβαίνων** ἀλλαχόθεν ἐκεῖνος κλέπτης ἐστὶν καὶ λῃστής· 2 ὁ δὲ **εἰσερχόμενος** διὰ τῆς θύρας ποιμήν ἐστιν τῶν προβάτων.

Analyse
v. 1   **εἰσερχόμενος** :
        participe présent moyen au nominatif masculin singulier.

εἰσ-	préverbe (employé aussi comme préposition) qui a gardé ici le sens de la préposition et indique un mouvement « vers »,
-ερχ-	radical au présent du verbe ἔρχομαι, aller,
-ο-	voyelle de liaison,
-μενος	suffixe caractéristique de tous les participes moyen-passif, sauf à l'aoriste passif.

ἀναβαίνων : participe présent actif au nominatif masc. sing.

ἀνα-	préverbe qui a lui aussi gardé ici le sens de la préposition de même forme et indique un mouvement « vers le haut »,

-βαίν-	radical au présent du verbe βαίνω, marcher,
	à l'origine * βαν-y-ω. La vocalisation de l'ancienne consonne Yod, qui servait de suffixe de présent, a entraîné une métathèse :
	*βαν-ι-ω ⇒ βαίνω.
-ων(τ)	voyelle de liaison -ω-, normalement -ο-, allongée ici pour marquer le nominatif ;
	un -ν-, seul reste du suffixe,
-ντ-	caractéristique du participe actif. La consonne finale de ce suffixe est tombée lorsqu'elle était en position de finale absolue, mais elle réapparaît dans la déclinaison lorsqu'elle est suivie de la désinence (cf. la déclinaison ci-dessous).

Déclinaison

La déclinaison de εἰσερχόμενος sert de modèle à tous les participes moyens ou passifs sauf au participe aoriste passif ; elle suit au masculin et au neutre le modèle de la deuxième déclinaison, et au féminin celui de la première (type ἀρχή, ῆς).

		Masculin	Féminin	Neutre
S	N	εἰσερχόμενος	εἰσερχομένη	εἰσερχόμενον
	A	εἰσερχόμενον	εἰσερχομένην	εἰσερχόμενον
	G	εἰσερχομένου	εἰσερχομένης	εἰσερχομένου
	D	εἰσερχομένῳ	εἰσερχομένῃ	εἰσερχομένῳ
P	N	εἰσερχόμενοι	εἰσερχόμεναι	εἰσερχόμενα
	A	εἰσερχομένους	εἰσερχομένας	εἰσερχόμενα
	G	εἰσερχομένων	εἰσερχομένων	εἰσερχομένων
	D	εἰσερχομένοις	εἰσερχομέναις	εἰσερχομένοις

Le participe ἀναβαίνων, comme tous les participes actifs masculins et neutres et comme les participes aoristes passifs, se décline sur le modèle de la troisième déclinaison (étudiée plus loin, au chap. 15, p. 152).

Au masculin, il se décline ainsi :

	Singulier	Pluriel
N	ἀναβαίνων	ἀναβαίνοντες
A	ἀναβαίνοντα	ἀναβαίνοντας
G	ἀναβαίνοντος	ἀναβαινόντων
D	ἀναβαίνοντι	ἀναβαίνουσι(ν)

Pour les verbes dont le radical se termine par une voyelle brève, il se produit une contraction entre la voyelle du radical et la voyelle de liaison.

ex. : Jn 8,18   *μαρτυρέων → μαρτυρῶν

La déclinaison suit celle d'ἀναβαίνω, avec contraction de la voyelle de liaison.

Repérage du présent moyen-passif et analyse

Jn 10,4   **πορεύεται**

πορευ-   radical au présent du verbe πορεύομαι, aller,

-ε-   voyelle de liaison (thématique)

-ται   désinence primaire de 3ᵉ personne sing. au moyen-passif.

Rappel

Les temps primaires (présent, futur et parfait) sont caractérisés au moyen et au passif par des désinences particulières, dites « désinences primaires », tandis que l'imparfait, l'aoriste et le plus que parfait ont des désinences « secondaires » (p. 75).

Les désinences primaires moyennes et passives sont les suivantes :

-μαι	-μεθα
-σαι	-σθε
-ται	-νται

La conjugaison du présent au moyen et au passif est identique. Elle se présente ainsi :

Type en -ω

Moyen : je marche Passif : –	je délie (pour moi) je suis délié
S 1 πορεύομαι	λύομαι
2 *πορεύεσαι>πορεύῃ	*λύεσαι>λύῃ[1]
3 πορεύεται	λύεται
P 1 πορευόμεθα	λυόμεθα
2 πορεύεσθε	λύεσθε
3 πορεύονται	λύονται

*Ici encore, le -σ- entre deux voyelles tombe et les deux voyelles mises en contact se contractent.

Type en -έω

Dans le cas du verbe μαρτυρέω, comme partout au présent (et à l'imparfait), la voyelle du radical se contracte avec la voyelle thématique :

$$\epsilon + o = ou$$
$$\epsilon + \epsilon = \epsilon\iota$$
ε + voyelle longue ou diphtongue disparaît.

S 1	μαρτυρέομαι	⇒	μαρτυρούμαι
2	μαρτυρέῃ	⇒	μαρτυρῇ
3	μαρτυρέεται	⇒	μαρτυρεῖται
P 1	μαρτυρεόμεθα	⇒	μαρτυρούμεθα
2	μαρτυρέεσθε	⇒	μαρτυρεῖσθε
3	μαρτυρέονται	⇒	μαρτυροῦνται

---

1. On trouve encore quelquefois la forme en –ει du grec classique : πορεύει, λύει.

Exercice 5

Analyser les formes verbales et traduire :

1. Ὁ Ἰησοῦς τῷ ἀκολουθοῦντι αὐτῷ ὄχλῳ εἶπεν.
2. Σὺ εἶ ὁ ἐρχόμενος ;
3. Ὁ δεχόμενος ὑμᾶς ἐμέ δέχεται.
4. Σύ ἔρχῃ πρὸς με ;

9

La première déclinaison (noms masculins)

Le texte : Jean 10, 1-6

Repérage des noms de la première déclinaison

1 Ἀμὴν ἀμὴν λέγω ὑμῖν, ὁ μὴ εἰσερχόμενος διὰ **τῆς θύρας** εἰς **τὴν αὐλὴν** τῶν προβάτων ἀλλὰ ἀναβαίνων ἀλλαχόθεν ἐκεῖνος **κλέπτης** ἐστὶν καὶ **λῃστής·** 2 ὁ δὲ εἰσερχόμενος διὰ **τῆς θύρας** ποιμήν ἐστιν τῶν προβάτων. 3 τούτῳ ὁ θυρωρὸς ἀνοίγει, καὶ τὰ πρόβατα **τῆς φωνῆς** αὐτοῦ ἀκούει καὶ τὰ ἴδια πρόβατα φωνεῖ κατ' ὄνομα καὶ ἐξάγει αὐτά. 4 ὅταν τὰ ἴδια πάντα ἐκβάλῃ, ἔμπροσθεν αὐτῶν πορεύεται, καὶ τὰ πρόβατα αὐτῷ ἀκολουθεῖ, ὅτι οἴδασιν **τὴν φωνὴν** αὐτοῦ· 5 ἀλλοτρίῳ δὲ οὐ μὴ ἀκολουθήσουσιν, ἀλλὰ φεύξονται ἀπ' αὐτοῦ, ὅτι οὐκ οἴδασιν τῶν ἀλλοτρίων **τὴν φωνήν.** 6 Ταύτην **τὴν παροιμίαν** εἶπεν αὐτοῖς ὁ Ἰησοῦς, ἐκεῖνοι δὲ οὐκ ἔγνωσαν τίνα ἦν ἃ ἐλάλει αὐτοῖς.

Classement de ces noms

On constate la présence de noms féminins et masculins. Les noms féminins correspondent aux deux modèles décrits (p. 69) :

- noms en -η :   ἡ αὐλή, ῆς
                                                    ἡ φωνή, ῆς
- noms en -α pur (α précédé de ρ, ε, ι)   ἡ παροιμία, ας
                                                    ἡ θύρα, ας

Les noms masculins n'ont pas tout à fait la même déclinaison au singulier ; ils empruntent quelques formes à la seconde déclinaison :

- noms en -η :   ὁ κλέπτης, ου
                                                    ὁ λῃστής, οῦ
- noms en -α pur (plus rares) :   ὁ Ἀνδρέας, ου, André

Grammaire

Déclinaison des noms masculins

	noms en -ης	noms en -ας
S N	ὁ κλέπτης	Ἀνδρέας
V	κλέπτα	Ἀνδρέα
A	τὸν κλέπτην	Ἀνδρέαν
G	τοῦ κλέπτου	Ἀνδρέου
D	τῷ κλέπτῃ	Ἀνδρέᾳ

Le pluriel est identique à celui des noms féminins.

Il existe quelques noms en -ας dont le radical est terminé par une consonne autre que ρ. Il s'agit souvent de mots transcrits de l'hébreu.

Ex : ὁ Σατανᾶς, Satan ; ὁ Ἰούδας, Judas.

Ils ont en génitif singulier en -α, génitif dit « dorien ».

Déclinaison dite « dorienne »

N	Σατανᾶς
V	Σατανᾶ
A	Σατανᾶν
G	Σατανᾶ
D	Σατανᾷ

Vocabulaire

Conjonctions de subordination de temps

ὅτε	quand, lorsque.
ὅταν + subj.	quand, toutes les fois que (= ὅτε + ἄν).

Prépositions

ἔμπροσθεν (+ gén.)	en avant de.
ἀπό (+ gén.)	loin de avec le génitif, ἀπό marque l'éloignement, la séparation.
διά (+ gén.)	à travers. En français : dia-gonale, droite qui va d'un angle (γωνία) à un autre, à travers une surface plane ou un volume.
κατά (+ acc.)	selon.

Noms
1ʳᵉ déclinaison

ἡ θύρα, ας	la porte.
ἡ αὐλή, ῆς	la cour.
ἡ φωνή, ῆς	la voix. En français, par exemple, a-phone : qui n'a plus de voix (le préfixe α marque la privation) ; cacophonie : ensemble de sons désagréables (κακός = mauvais, méchant).
ἡ παροιμία, ας	la comparaison, la remarque qui accompagne le propos principal, d'où comparaison, proverbe.
ὁ κλέπτης, ου	le voleur. En français : klepto-mane (ἡ μανία, la folie).
ὁ λῃστής, οῦ	le brigand.

2ᵉ déclinaison
ὁ θυρωρός, οῦ   le portier (litt. celui qui regarde à la porte).
τὰ πρόβατα, ων   les moutons.

3ᵉ déclinaison
τὸ ὄνομα, ατος   le nom.
                                           En français : an-onyme, (litt. sans nom).

Adjectifs
ἴδιος, α, ον   qui appartient en propre.
                                           En français : idiotisme ou locution propre à
                                           une langue.

ἀλλότριος, α, ον   autre, étranger.

Adjectifs ou pronoms
Démonstratifs
ἐκεῖνος, η, ο   celui-là.
αὐτός, ή, ό   lui, elle.

Interrogatifs
τίς   qui ?
τί   quoi ?
                                           (τίνα est le nominatif et l'accusatif pluriel
                                           neutre ou l'accusatif sing. masc. ou fém.).

Relatif
ὅς   qui, ἅ est le nominatif et l'accusatif pl. neutre.

Verbes en –ω
εἰσέρχομαι   entrer.
ἀναβαίνω   monter.
ἀνοίγω   ouvrir.

ἀκούω   écouter,
                                           + gén. quand le complément est une personne
                                           + acc. quand le complément est une chose.
                                           En français : acoustique.

            Composé fréquent :
            ὑπακούω   obéir.

ἄγω	conduire.
Composé fréquent :	
ἐξάγω	faire sortir (verbe employé dans la Septante pour la sortie d'Égypte).
βάλλω	jeter, lancer.
aoriste ἔβαλον	
ἐκβάλλω	jeter dehors, faire sortir.
φεύγω	fuir
futur φεύξομαι	
γινώσκω	connaître
aoriste ἔγνων	

Verbe en -εω

φωνέω	appeler.

Exercice 6

— Souligner les mots masculins de la première déclinaison.
— Analyser les formes verbales.
—Traduire.

1. Οἱ δὲ ἔνδεκα μαθηταὶ ἐπορεύθησαν εἰς τὴν Γαλιλαίαν.

2. Ἐν ἐκείνῃ τῇ ὥρᾳ εἶπεν ὁ Ἰησοῦς τοῖς ὄχλοις· Ὡς ἐπὶ λῃστὴν ἐξήλθετε μετὰ μαχαιρῶν καὶ ξύλων.

3. Καὶ ἦν ἐκεῖ ἕως τῆς τελευτῆς Ἡρῴδου.

10

Le futur de l'indicatif
le subjonctif

Le texte : Jean 10, 7-18

7 Εἶπεν οὖν πάλιν ὁ Ἰησοῦς, Ἀμὴν ἀμὴν λέγω ὑμῖν ὅτι ἐγώ **εἰμι** ἡ θύρα τῶν προβάτων. 8 πάντες ὅσοι **ἦλθον** πρὸ ἐμοῦ κλέπται εἰσὶν καὶ λησταί, ἀλλ' οὐκ **ἤκουσαν** αὐτῶν τὰ πρόβατα. 9 ἐγώ εἰμι ἡ θύρα· δι' ἐμοῦ ἐάν τις εἰσέλθῃ **σωθήσεται** καὶ **εἰσελεύσεται** καὶ ἐξελεύσεται καὶ νομὴν **εὑρήσει**. 10 ὁ κλέπτης οὐκ ἔρχεται εἰ μὴ ἵνα κλέψῃ καὶ θύσῃ καὶ ἀπολέσῃ· ἐγὼ ἦλθον ἵνα ζωὴν ἔχωσιν καὶ περισσὸν ἔχωσιν. 11 Ἐγώ εἰμι ὁ ποιμὴν ὁ καλός· ὁ ποιμὴν ὁ καλὸς τὴν ψυχὴν αὐτοῦ τίθησιν ὑπὲρ τῶν προβάτων·12 ὁ μισθωτὸς καὶ οὐκ ὢν ποιμήν, οὗ οὐκ ἔστιν τὰ πρόβατα ἴδια, θεωρεῖ τὸν λύκον ἐρχόμενον καὶ ἀφίησιν τὰ πρόβατα καὶ φεύγει - καὶ ὁ λύκος ἁρπάζει αὐτὰ καὶ σκορπίζει 13 ὅτι μισθωτὸς ἐστιν καὶ οὐ μέλει αὐτῷ περὶ τῶν προβάτων. 14 Ἐγώ εἰμι ὁ ποιμὴν ὁ καλός καὶ γινώσκω τὰ ἐμὰ καὶ γινώσκουσί με τὰ ἐμά, 15 καθὼς γινώσκει με ὁ πατὴρ κἀγὼ γινώσκω τὸν πατέρα, καὶ τὴν ψυχήν μου τίθημι ὑπὲρ τῶν προβάτων. 16 καὶ ἄλλα πρόβατα ἔχω ἃ οὐκ ἔστιν ἐκ τῆς αὐλῆς ταύτης· κἀκεῖνα δεῖ με ἀγαγεῖν καὶ τῆς φωνῆς μου ἀκούσουσιν, καὶ γενήσονται μία ποίμνη, εἷς ποιμήν. 17 διὰ τοῦτό με ὁ πατὴρ ἀγαπᾷ ὅτι ἐγὼ τίθημι τὴν ψυχήν μου, ἵνα πάλιν λάβω αὐτήν. 18 οὐδεὶς αἴρει αὐτὴν ἀπ' ἐμοῦ, ἀλλ' ἐγὼ τίθημι αὐτὴν ἀπ' ἐμαυτοῦ. ἐξουσίαν ἔχω θεῖναι αὐτήν, καὶ ἐξουσίαν ἔχω πάλιν λαβεῖν αὐτήν· ταύτην τὴν ἐντολὴν ἔλαβον παρὰ τοῦ πατρός μου.

Exercice de préparation

(a) Verset 7 :   analyser les deux verbes en gras dans le texte et traduire le verset.

(b) Verset 8 :   analyser les deux verbes en gras,
préciser le cas, genre et nombre des noms et pronoms (sauf πάντες).

(c) Verset 9 :   quelles hypothèses pouvez-vous faire pour identifier les trois verbes en gras ?

Traduction littérale

7 Εἶπεν οὖν πάλιν ὁ ᾽Ιησοῦς, ᾽Αμὴν ἀμὴν λέγω ὑμῖν
Jésus dit donc de nouveau :   « Amen, Amen, je vous dis

ὅτι ἐγώ εἰμι ἡ θύρα τῶν προβάτων.
que moi je suis la porte   des brebis.

8 πάντες ὅσοι ἦλθον πρὸ ἐμοῦ
Tous ceux qui   sont venus avant moi

κλέπται εἰσὶν καὶ λησταί,
sont des voleurs   et des brigands,

ἀλλ᾽ οὐκ ἤκουσαν αὐτῶν τὰ πρόβατα.
mais   les brebis ne les ont pas écoutés.

9 ἐγώ εἰμι ἡ θύρα· δι᾽ ἐμοῦ ἐάν τις εἰσέλθη
                     4   1   2   3
     Moi, je suis la porte ;   si quelqu'un entre par moi,

σωθήσεται καὶ εἰσελεύσεται καὶ ἐξελεύσεται
il sera sauvé   et   il entrera   et   il sortira

καὶ νομὴν εὑρήσει. 10 ὁ κλέπτης οὐκ ἔρχεται
et il trouvera un pâturage.   Le voleur   ne   vient pas

εἰ μὴ ἵνα κλέψη καὶ θύση καὶ ἀπολέση· ἐγὼ ἦλθον
sinon pour voler   et   sacrifier et   faire périr ;   moi, je suis venu

ἵνα ζωὴν ἔχωσιν   καὶ περισσὸν ἔχωσιν.
afin qu'elles aient la vie et qu'elles l'aient en abondance.

11 ᾽Εγώ εἰμι ὁ ποιμὴν ὁ καλός· ὁ ποιμὴν ὁ καλὸς
Moi je suis le bon berger.   Le bon   berger

τὴν ψυχὴν αὐτοῦ τίθησιν ὑπὲρ τῶν προβάτων·
dépose sa vie   en faveur des brebis.

12 ὁ μισθωτὸς καὶ   οὐκ ὢν ποιμήν,
Le salarié   c'est-à-dire[1]   celui qui n'est pas berger,

οὗ οὐκ ἔστιν τὰ πρόβατα ἴδια,
dont les brebis ne sont pas les siennes
(= à qui les brebis n'appartiennent pas en propre)

θεωρεῖ τὸν λύκον ἐρχόμενον
voit   le loup   en train de venir

καὶ ἀφίησιν τὰ πρόβατα καὶ φεύγει
et   il laisse   les brebis   et   il fuit,

– καὶ ὁ λύκος ἁρπάζει αὐτὰ καὶ σκορπίζει –
et   le loup   s'empare   d'elles   et   (les) disperse,

13 ὅτι μισθωτὸς ἐστιν καὶ οὐ μέλει αὐτῷ
parce qu'il est salarié et qu' il n'y a pas de souci pour lui

περὶ τῶν προβάτων. 14 Ἐγώ εἰμι ὁ ποιμὴν ὁ καλός
au sujet des brebis.   Moi, je suis   le bon berger

καὶ γινώσκω τὰ ἐμὰ καὶ γινώσκουσί με τὰ ἐμά,
et   je connais les miennes et   les miennes me connaissent,

15 καθὼς γινώσκει με ὁ πατὴρ
de même que mon père me connaît

κἀγὼ γινώσκω τὸν πατέρα, καὶ τὴν ψυχήν μου τίθημι
et que moi je connais mon père   et   je dépose ma vie

ὑπὲρ τῶν προβάτων. 16 καὶ ἄλλα πρόβατα ἔχω
en faveur des brebis.   Et j'ai d'autres brebis,

ἃ οὐκ ἔστιν ἐκ τῆς αὐλῆς ταύτης·
qui ne sont pas   de cette cour.

κἀκεῖνα   δεῖ με ἀγαγεῖν
Celles-là aussi, il faut que je les conduise

καὶ τῆς φωνῆς μου ἀκούσουσιν,
et elles écouteront ma voix

---

1. Remarque : καί a ici une valeur explicative.

καὶ γενήσονται μία ποίμνη, εἰς ποιμήν.
et   seront   un seul troupeau, un seul berger.

17 διὰ τοῦτό με ὁ πατὴρ ἀγαπᾷ
   À cause de cela,   le père   m'aime,

ὅτι ἐγὼ τίθημι   τὴν ψυχήν μου,
parce que moi je dépose   ma vie

ἵνα πάλιν λάβω αὐτήν.
afin que je la reçoive de nouveau.

18 οὐδεὶς αἴρει αὐτὴν ἀπ' ἐμοῦ, ἀλλ'
   Personne   ne l'enlève   loin de moi,   mais

ἐγὼ τίθημι αὐτὴν   ἀπ' ἐμαυτοῦ.
moi   je la dépose   (à partir de) moi-même.

ἐξουσίαν ἔχω θεῖναι αὐτήν, καὶ
J'ai pouvoir   de la déposer   et

ἐξουσίαν ἔχω πάλιν λαβεῖν αὐτήν·
j'ai pouvoir   de la recevoir de nouveau.

ταύτην τὴν ἐντολὴν ἔλαβον παρὰ τοῦ πατρός μου.
J'ai reçu ce commandement   de la part de mon père. »

Repérage des formes verbales au futur de l'indicatif
9 ἐγώ εἰμι ἡ θύρα· δι' ἐμοῦ ἐάν τις εἰσέλθῃ **σωθήσεται**
καὶ **εἰσελεύσεται** καὶ **ἐξελεύσεται** καὶ νομὴν **εὑρήσει**.
16 καὶ ἄλλα πρόβατα ἔχω ἃ οὐκ ἔστιν ἐκ τῆς αὐλῆς
ταύτης· κἀκεῖνα δεῖ με ἀγαγεῖν καὶ τῆς φωνῆς μου
ἀκούσουσιν, καὶ **γενήσονται** μία ποίμνη, εἰς ποιμήν.

Analyse
v. 9   **σωθήσεται** : futur passif 3ᵉ sing. de σῴζω, sauver

   σω-   radical,

   -θή-   syllabe caractéristique de l'aoriste et du futur
     passifs,

   -σ-   infixe de futur,

-ε-   voyelle de liaison

-ται   désinence primaire moyenne ou passive 3ᵉ sing.

εἰσελεύσεται : futur moyen, 3ᵉ sing. de εἰσέρχομαι, entrer

ἐξελεύσεται : futur moyen de ἐξέρχομαι, sortir.

εἰσ- ἐξ   préverbes

-ελευ-   radical utilisé pour le futur d'ἔρχομαι

-σ-   infixe de futur

-ε-   voyelle de liaison

-ται   désinence primaire du moyen et du passif
                              3ᵉ sing.

εὑρήσει : futur actif, 3ᵉ sing. de εὑρίσκω, trouver.

εὑρη-   radical du futur

-σ-   infixe de futur

-ει   même terminaison qu'au présent,
                              indicatif actif, 3ᵉ sing.

v. 16 **ἀκούσουσι(ν)** : futur actif, 3ᵉ pluriel de ἀκούω, entendre.

ἀκου-   radical du verbe ἀκούω

-σ-   infixe du futur

-ουσιν   même terminaison qu'au présent,
                              indicatif actif, 3ᵉ pluriel.

γενήσονται : futur moyen, 3ᵉ pluriel de γίνομαι, devenir.

γενη-   radical du verbe γίνομαι au futur

-σ-   infixe de futur

-ο-   voyelle de liaison

-νται   désinence primaire du moyen et du passif, 3ᵉ pl.

Repérage des formes verbales au subjonctif

9 ἐγώ εἰμι ἡ θύρα· δι'ἐμοῦ ἐάν τις **εἰσέλθη** σωθήσεται καὶ εἰσελεύσεται καὶ ἐξελεύσεται καὶ νομὴν εὑρήσει.
10 ὁ κλέπτης οὐκ ἔρχεται εἰ μὴ ἵνα **κλέψη** καὶ **θύση** καὶ **ἀπολέση**·

ἐγὼ ἦλθον ἵνα ζωὴν **ἔχωσιν** καὶ περισσὸν **ἔχωσιν**.
17 διὰ τοῦτό με ὁ πατὴρ ἀγαπᾷ ὅτι ἐγὼ τίθημι τὴν ψυχήν
μου, ἵνα πάλιν **λάβω** αὐτήν.

Analyse

v. 9 **εἰσέλθη** : subjonctif aoriste actif, 3ᵉ sing. de εἰσέρχομαι.

εἰς	préverbe
-ελθ-	radical d'aoriste du verbe ἔρχομαι, sans augment au subjonctif.
-η-	voyelle de liaison et désinence de 3ᵉ du singulier au subjonctif actif. La voyelle longue est caractéristique du subjonctif. Elle correspond à un allongement de la voyelle -ε- du présent de l'indicatif actif.

v. 10 **κλέψη** : subjonctif aoriste actif, 3ᵉ sing. de κλέπτω, voler.

κλεψ-	combinaison du radical κλεπ- et du -σ- caractéristique de l'aoriste (π + σ s'écrit ψ)
-η-	voyelle de liaison longue (subj.) et désinence de 3ᵉ sing. actif.

θύση : subjonctif aoriste, 3ᵉ sing. de θύω, sacrifier.

θυ-	radical
-σ-	caractéristique de l'aoriste sigmatique
-η	voyelle de liaison longue (subj.) et désinence de 3ᵉ sing. actif.

ἀπολέση : subjonctif aoriste du verbe ἀπόλλυμι.

ἀπ(ο)-	préverbe ἀπο élidé devant voyelle
-ολε-	radical du verbe ὄλλυμι à l'aoriste, sans augment,
-σ-	caractéristique de l'aoriste sigmatique
-η	voyelle de liaison longue (subj.) et désinence de 3ᵉ sing. actif.

ἔχωσι(ν) : subjonctif présent, 3ᵉ plur. de ἔχω, avoir.

ἐχ-	radical de présent,
-ω-	voyelle de liaison longue (subjonctif),
-σι(ν)	désinence 3ᵉ plur. (avec ν euphonique).

v. 17 λάβω : subjonctif aoriste actif, 1ʳᵉ sing. de λαμβάνω.

λαβ-	radical de λαμβάνω, sans augment,
-ω	voyelle de liaison longue (subj.).

Grammaire

Le futur de l'indicatif

Il est caractérisé par un suffixe -σ- qui se place entre le radical du verbe et la voyelle de liaison ο/ε. Les désinences sont les mêmes que celles du présent de l'indicatif, à l'actif comme au moyen et au passif.

Le futur passif est formé sur le radical de l'aoriste passif. Le suffixe -θη- précède le -σ- caractéristique du futur.

	Actif Je délierai	Moyen Je délierai (pour moi)	Passif Je serai délié
S1	λύσω	λύσομαι	λυθήσομαι
2	λύσεις	λύσῃ	λυθήσῃ
3	λύσει	λύσεται	λυθήσεται
P1	λύσομεν	λυσόμεθα	λυθησόμεθα
2	λύσετε	λύσεσθε	λυθήσεσθε
3	λύσουσι(ν)	λύσονται	λυθήσονται

Remarques complémentaires

– Pour les verbes contractes, la voyelle du radical s'allonge devant le -σ- du futur :

Jn 10, 5 : ἀκολουθήσουσιν, futur actif, 3ᵉ plur. de ἀκολουθέω

- au présent : ἀκολουθέω ;
- au futur : ἀκολουθήσω.

– Pour les verbes dont le radical se termine par une palatale (γ, κ, χ), le -σ- se combine à cette consonne :

$$\gamma \; \kappa \; \chi + \sigma \Rightarrow \xi$$

ex. :   Jn 10, 5 φεύξεται, futur de φεύγω, fuir (= φευγ - σε - ται).

– Pour les verbes dont le radical se termine par une labiale (β, π, φ), le sigma se combine à cette consonne :

$$\beta \; \pi \; \phi + \sigma \Rightarrow \psi$$

ex. :   γράφω (radical γραπ-), écrire ⇒ γράψω ;
          κλέπτω (radical κλεπ-), voler ⇒ κλέψω.

La plupart des verbes terminés par -σσω au présent de l'indicatif suivent cette règle :

ex. :   πράσσω (radical πρακ-), faire ⇒ πραξω (= πρακ-σω).

– Pour les verbes dont le radical se termine par une dentale (δ,τ,θ), celle-ci tombe devant σ- :

$$\delta, \; \tau, \; \theta + \sigma \Rightarrow \sigma$$

ex. :   πείθω, persuader ⇒ πείσω (πειθ-σω).

Il en est de même pour la plupart des verbes en -ίζω et -άζω :

ex. :   βαπτίζω, baptiser ⇒ βαπτίσω.

Le subjonctif

Le subjonctif se caractérise par la présence d'une voyelle thématique longue : ω / η. Il existe au présent et à l'aoriste.
Le subjonctif présent se forme sur le radical du présent de l'indicatif :
ex. : λύω

          subjonctif actif : λύω
          moyen et passif : λύωμαι

Le subjonctif aoriste se forme sur le radical de l'aoriste de l'indicatif :

ex. :   aoriste actif   ἔλυσα   subjonctif   λύσω
          aoriste moyen ἐλυσάμην subjonctif   λύσωμαι
          aoriste passif ἐλύθην   subjonctif   λύθω

Conjugaison

	Présent actif	Aoriste actif		Aoriste passif
		Sigmatique	Second	
	Que je délie	Que je délie	Que je vienne	Que je sois délié
S 1	λύω	λύσω	ἔλθω	λυθῶ
2	λύῃς	λύσῃς	ἔλθῃς	λυθῇς
3	λύῃ	λύσῃ	ἔλθῃ	λυθῇ
P 1	λύωμεν	λύσωμεν	ἔλθωμεν	λυθῶμεν
2	λύητε	λύσητε	ἔλθητε	λυθῆτε
3	λύωσι(ν)	λύσωσι(ν)	ἔλθωσι(ν)	λυθῶσι(ν)

	Présent Moyen et passif	Aoriste moyen Sigmatique	Second
	Que je délie (pour moi) Que je sois délié	Que je délie (pour moi)	Que j'advienne
S 1	λύωμαι	λύσωμαι	γένωμαι
2	λύῃ	λύσῃ	γένῃ
3	λύηται	λύσηται	γένηται
P 1	λυώμεθα	λυσώμεθα	γενώμεθα
2	λύησθε	λύσησθε	γένησθε
3	λύωνται	λύσωνται	γένωνται

La valeur du subjonctif

Alors que l'indicatif présente l'action (ou l'état) en elle-même, sans autre nuance que de dire la réalité du fait, le subjonctif ajoute des nuances subjectives : par exemple la délibération, la volonté ou l'éventualité.

Dans le texte de Jn 10,7-19, on trouve plusieurs propositions circonstancielles de but dans lesquelles, après la conjonction finale ἵνα, le verbe se trouve au subjonctif.

Il est, en particulier, employé après :

– ἐάν qui introduit une proposition circonstancielle de condition à nuance d'éventualité :

ex. :   Jn 10,9   ἐάν τις εἰσέλθῃ, si quelqu'un entre.

– ἵνα qui introduit une proposition circonstancielle de but :

ex. :   Jn 10,10   ἔρχεται... ἵνα κλέψῃ καὶ θύσῃ,
                         Il vient pour voler et sacrifier.

Les verbes irréguliers rencontrés

Présent	Futur	Aoriste
βάλλω		ἔβαλον
λέγω		εἶπον
γινώσκω		ἔγνων
ἔρχομαι	ἐλεύσομαι	ἦλθον
σῴζω		ἐσώθην (passif)
φεύγω	φεύξομαι	
εὑρίσκω	εὑρήσω	
ἀπόλλυμι		ἀπώλεσα
ἄγω		ἤγαγον
γίνομαι	γενήσομαι	ἐγενόμην
λαμβάνω		ἔλαβον

Exercice 7

Analyser les formes verbales et traduire.

1.   Ἐὰν ἐπικαλέσηται τὸ ὄνομα κυρίου σωθήσεται.
2.   Ὁ δὲ Ἰησοῦς εἶπεν· οὐ φονεύσεις, οὐ κλέψεις, οὐ ψευδομαρτυρήσεις.

11

Le pronom relatif
les adjectifs de la première classe

Le texte : Jean 10, 7-18

Repérage des pronoms
(le pronom relatif est en gras, son antécédent souligné)

8 <u>πάντες</u> **ὅσοι** ἦλθον πρὸ ἐμοῦ κλέπται εἰσὶν καὶ λησταί, ἀλλ' οὐκ ἤκουσαν αὐτῶν τὰ πρόβατα.

12 <u>ὁ μισθωτὸς</u> καὶ οὐκ ὢν ποιμήν, **οὗ** οὐκ ἔστιν τὰ πρόβατα ἴδια, θεωρεῖ τὸν λύκον ἐρχόμενον καὶ ἀφίησιν τὰ πρόβατα καὶ φεύγει – καὶ ὁ λύκος ἁρπάζει αὐτὰ καὶ σκορπίζει.

16 καὶ <u>ἄλλα πρόβατα</u> ἔχω **ἃ** οὐκ ἔστιν ἐκ τῆς αὐλῆς ταύτης· κἀκεῖνα δεῖ με ἀγαγεῖν καὶ τῆς φωνῆς μου ἀκούσουσιν, καὶ γενήσονται μία ποίμνη, εἷς ποιμήν.

Le pronom relatif s'accorde en genre et en nombre avec son antécédent, et il se met au cas voulu par sa fonction dans la subordonnée relative.

v. 8 : πάντες ὅσοι ἦλθον κλέπται εἰσιν
tous ceux qui sont venus sont des voleurs

ὅσοι : – nominatif parce que sujet de εἰσιν
– masculin pluriel à cause de son antécédent πάντες
(3e déclinaison, masc. pl.).

v. 16 : ἄλλα πρόβατα ἔχω ἃ οὐκ ἐστιν ἐκ τῆς αὐλῆς ταύτης,

| mais | j'ai des brebis | qui ne sont pas | de cette cour. |

ἅ   – neutre pluriel à cause de l'antécédent πρόβατα lui-même au neutre pluriel
         – nominatif, parce que sujet de ἐστιν.

v. 12 : ὁ μισθωτὸς οὗ οὐκ ἐστιν τὰ πρόβατα ἴδια θεωρεῖ τὸν λύκον
l'ouvrier salarié auquel les brebis n'appartiennent pas en propre voit le loup...

οὗ :   – masculin singulier à cause de l'antécédent μισθωτός lui-même au masculin singulier
         – génitif, parce que le relatif est complément du nom τὰ πρόβατα.

Repérage des adjectifs de la première classe
   – Jn 10, 1-18 :
             v. 3 : τὰ **ἴδια** πρόβατα.
             v. 11 : ὁ ποιμὴν ὁ **καλός**.
   – Jn 8, 12-20 :
             v. 16 : ἡ κρίσις ἡ **ἐμὴ ἀληθινή**.
                      μόνος οὐκ εἰμι.
             v. 17 : ἐν τῷ νόμῳ δὲ τῷ **ὑμετέρῳ**.
   On retrouve, avec les adjectifs, les terminaisons de la première et de la deuxième déclinaison.

Grammaire

La déclinaison du pronom relatif

	Singulier			Pluriel		
	Masc.	Fém.	Neutre	Masc.	Fém.	Neutre
N	ὅς	ἥ	ὅ	οἵ	αἵ	ἅ
A	ὅν	ἥν	ὅ	οὕς	ἅς	ἅ
G	οὗ	ἧς	οὗ	ὧν	ὧν	ὧν
D	ᾧ	ᾗ	ᾧ	οἷς	αἷς	οἷς

Remarques
– Ne pas confondre :
  – les articles : ὁ, ἡ, οἱ, αἱ
  – les relatifs : ὅ, ἥ, οἵ, αἵ
– Le pronom relatif ὅσος, η, ον, « celui qui », (au pluriel : « tous ceux qui »), se décline comme καλός, ή, όν (cf. p. 104).

Note sur l'attraction du pronom relatif
À côté des règles habituelles d'accord (cf. ci-dessus, p. 101), il peut y avoir *attraction* du pronom relatif (le pronom relatif est « attiré » au cas de son antécédent).

Le relatif complément d'objet se met assez souvent au génitif ou au datif quand son antécédent est lui-même au génitif ou au datif :
ex. :   Ac 24, 21 :
    περὶ μιᾶς ταύτης φωνῆς **ἧς** ἐκέκραξα ἐν αὐτοῖς,
    au sujet de cette seule phrase   que je leur ai criée...
    (**ἧς** au lieu de **ἥν**, complément d'objet du verbe crier)

L'attraction se produit parfois avec le relatif complément circonstanciel :
ex. :   Ac 1, 22
    ἕως τῆς ἡμέρας **ἧς** ἀνελήμφθη ἀφ' ἡμῶν,
    jusqu'au jour   où il fut enlevé loin de nous.
    (**ἧς** au lieu de **ᾗ** au datif pour marquer la date)[1]

La première classe d'adjectifs
Les adjectifs de la première classe ont leur masculin en -ος et leur neutre en -ον (2ᵉ déclinaison) ; le féminin suit la 1ᵉʳᵉ déclinaison :
-η : ex. : καλή
-α après ρ, ε, ι : ὑμετέρα, ἴδια
-ος (identique au masculin) : αἰώνιος.

---

1. L'attraction se fait quelquefois pour des raisons stylistiques en sens inverse ; c'est alors l'antécédent qui est attiré au cas du relatif. Par exemple, 1 Co 10, 16 : τὸν ἄρτον ὃν κλῶμεν οὐχὶ κοινωνία τοῦ σώματος τοῦ Χριστοῦ ἐστιν ; le pain que nous rompons n'est-il pas communion du corps du Christ ? (Le mot « pain », l'antécédent, est à l'accusatif comme le relatif ; en tant que sujet de ἐστιν, il devrait être au nominatif).

	Masc.	Fém.	Neutre	Fém.
S N	καλός	καλή	καλόν	ὑμετέρα
V	καλέ	καλή	καλόν	ὑμετέρα
A	καλόν	καλήν	καλόν	ὑμετέραν
G	καλοῦ	καλῆς	καλοῦ	ὑμετέρας
D	καλῷ	καλῇ	καλῷ	ὑμετέρᾳ
P N	καλοί	καλαί	καλά	ὑμέτεραι
V	καλοί	καλαί	καλά	ὑμέτεραι
A	καλούς	καλάς	καλά	ὑμετέρας
G	καλῶν	καλῶν	καλῶν	ὑμετέρων
D	καλοῖς	καλαῖς	καλοῖς	ὑμετέραις

Vocabulaire

Conjonctions de subordination

καθώς	de même que, comme.
ἵνα + subjonctif	afin que.

Prépositions

πρό + gén.   avant.
                 En français : pro-nostic (litt. : ce que l'on
                 connaît (γινώσκω) à l'avance).

ὑπέρ + gén.   en faveur de, pour.

διά + acc.   à cause de.

παρά + gén.   d'auprès de.
                 En français : para-phrase (litt. : phrase à
                 côté, discours parallèle).

ἐκ + gén.   venant de, hors de.

Noms
1re déclinaison

ἡ νομή, ης	le pâturage.
ἡ ψυχή, ῆς	la vie, l'âme.

Dans la Septante, ce terme traduit 600 fois sur 755 l'hébreu *néfesh*, c'est-à-dire la personne vivante, l'homme vivant et désireux de vivre, la vie elle-même. Les traductions anciennes ont souvent choisi le mot « âme », organe des besoins vitaux.

ἡ αὐλή, ῆς — la cour.

ἡ ἐξουσία, ας — le pouvoir, le pouvoir de faire quelque chose, d'où : la liberté, faculté de, l'autorité.

ἡ ἐντολή, ῆς — le commandement.
Au pluriel, traduit presque toujours l'hébreu *mitsvot* dans la Septante.

2e déclinaison
ὁ λύκος, ου — le loup.

3e déclinaison
ὁ ποιμήν, ένος — le berger.

Adjectifs et pronoms
καλός, ή, όν — beau, bon,
au sens de : qui répond pleinement à sa fonction (« un bon arbre porte de bons fruits »)

ἐμός, ή, όν — mon, ma.
ἄλλος, η, ο — autre.
εἷς, μία, ἕν — un seul, une seule.
τις, τινός — quelqu'un (3e décl.).
πάντες — tous (nominatif masc. pl.).
ὅσος — celui qui.
οὐδείς, οὐδεμία, οὐδέν — personne, rien.

Verbes
δεῖ — il faut.
αἴρω — lever, enlever.

θεωρέω

regarder.
Sens premier : assister à une fête religieuse, d'où contempler, observer, regarder.

ἀγαπάω

aimer.
Utilisé dans le vocabulaire chrétien pour l'amour de Dieu envers les hommes et l'amour des hommes envers Dieu. Le nom ἡ ἀγάπη, ης, prend le sens de « charité », d'amour fraternel. Au pluriel, ἀγάπαι désigne le repas communautaire des premiers chrétiens (d'où le français « agapes »).

εὑρίσκω

trouver, découvrir, inventer.

κλέπτω

voler.

θύω

sacrifier.
(a) étymologiquement : produire de la fumée, d'où : faire des offrandes aux dieux par combustion (en général de la graisse).
(b) dans le grec postérieur : offrir un sacrifice, sanglant ou non.
(c) dans la Septante : sacrifier, égorger, immoler (d'où la lecture traditionnelle de 1 Co 5, 7 : « Le Christ notre Pâque a été immolé »).

ἡ θυσία

le sacrifice.

ἐξέρχομαι

sortir.

τίθημι

poser, déposer, mettre à disposition.

ἀφίημι

laisser, laisser aller, pardonner (composé de ἵημι). Dans la Septante, au passif : être laissé libre, être absous.

ἡ ἄφεσις

le pardon.

συνίημι

réunir, d'où comprendre (composé de ἵημι).

σῴζω

sauver.

ἀπόλλυμι   faire périr.

   ἡ ἀπώλεια   sens usuel : destruction, perte
(cf. Mt 26, 8),
dans la littérature chrétienne : perdition.

λαμβάνω   prendre, recevoir.

κράζω   crier.

Exercice 8

Traduire les phrases suivantes après avoir expliqué l'accord du pronom relatif (genre, nombre et cas).

1.   Ἰδοὺ ἐγώ εἰμι ὃν ζητεῖτε.

2.   Ποιοῦσιν ὃ οὐκ ἔξεστί ποιεῖν ἐν σαββάτῳ.

3.   Ἐστιν μάρτυς ὧν βλέπει καὶ ἀκούει.

12
Le parfait, l'infinitif

Le texte : Jean 3,1-15

1 ᾽Ην δὲ ἄνθρωπος ἐκ τῶν Φαρισαίων, Νικόδημος ὄνομα αὐτῷ, ἄρχων τῶν ᾽Ιουδαίων· 2 οὗτος **ἦλθεν** πρὸς αὐτὸν νυκτὸς καὶ **εἶπεν** αὐτῷ· ῥαββί, οἴδαμεν ὅτι ἀπὸ θεοῦ ἐλήλυθας διδάσκαλος· οὐδεὶς γὰρ **δύναται** ταῦτα τὰ σημεῖα ποιεῖν ἃ σὺ **ποιεῖς**, ἐὰν μὴ **ᾖ** ὁ θεὸς μετ᾽ αὐτοῦ. 3 **ἀπεκρίθη** ᾽Ιησοῦς καὶ **εἶπεν** αὐτῷ· ἀμὴν ἀμὴν **λέγω** σοι, ἐὰν μή τις **γεννηθῇ** ἄνωθεν, οὐ **δύναται** ἰδεῖν τὴν βασιλείαν τοῦ θεοῦ. 4 **λέγει** πρὸς αὐτὸν ὁ Νικόδημος· πῶς **δύναται** ἄνθρωπος γεννηθῆναι γέρων **ὢν** ; μὴ **δύναται** εἰς τὴν κοιλίαν τῆς μητρὸς αὐτοῦ δεύτερον εἰσελθεῖν καὶ γεννηθῆναι ; 5 **ἀπεκρίθη** ᾽Ιησοῦς· ἀμὴν ἀμὴν **λέγω** σοι, ἐὰν μή τις **γεννηθῇ** ἐξ ὕδατος καὶ πνεύματος, οὐ **δύναται** εἰσελθεῖν εἰς τὴν βασιλείαν τοῦ θεοῦ. 6 τὸ γεγεννημένον ἐκ τῆς σαρκὸς σάρξ **ἐστιν**, καὶ τὸ γεγεννημένον ἐκ τοῦ πνεύματος πνεῦμά **ἐστιν**. 7 μὴ **θαυμάσῃς** ὅτι εἶπόν σοι· **δεῖ** ὑμᾶς γεννηθῆναι ἄνωθεν. 8 τὸ πνεῦμα ὅπου **θέλει** **πνεῖ** καὶ τὴν φωνὴν αὐτοῦ **ἀκούεις**, ἀλλ᾽ οὐκ οἶδας πόθεν **ἔρχεται** καὶ ποῦ **ὑπάγει**· οὕτως **ἐστὶν** πᾶς ὁ γεγεννημένος ἐκ τοῦ πνεύματος.

9 **ἀπεκρίθη** Νικόδημος καὶ **εἶπεν** αὐτῷ· πῶς **δύναται** ταῦτα γενέσθαι ; 10 **ἀπεκρίθη** Ἰησοῦς καὶ **εἶπεν** αὐτῷ· σὺ **εἶ** ὁ διδάσκαλος τοῦ Ἰσραὴλ καὶ ταῦτα οὐ **γινώσκεις** ; 11 ἀμὴν ἀμὴν **λέγω** σοι ὅτι ὃ οἴδαμεν **λαλοῦμεν** καὶ ὃ ἑωράκαμεν **μαρτυροῦμεν**, καὶ τὴν μαρτυρίαν ἡμῶν οὐ **λαμβάνετε**. 12 εἰ τὰ ἐπίγεια **εἶπον** καὶ οὐ **πιστεύετε**, πῶς ἐὰν εἴπω ὑμῖν τὰ ἐπουράνια **πιστεύσετε** ; 13 καὶ οὐδεὶς ἀναβέβηκεν εἰς τὸν οὐρανὸν εἰ μὴ ὁ ἐκ τοῦ οὐρανοῦ καταβάς, ὁ υἱὸς τοῦ ἀνθρώπου. 14 Καὶ καθὼς Μωϋσῆς **ὕψωσεν** τὸν ὄφιν ἐν τῇ ἐρήμῳ, οὕτως ὑψωθῆναι **δεῖ** τὸν υἱὸν τοῦ ἀνθρώπου, 15 ἵνα πᾶς ὁ **πιστεύων** ἐν αὐτῷ **ἔχῃ** ζωὴν αἰώνιον.

Exercice de préparation
Analyser les formes verbales connues (en gras dans le texte) et repérer les pronoms relatifs.

Traduction littérale
1 Ἦν δὲ ἄνθρωπος ἐκ τῶν Φαρισαίων,
    Or, était un homme (issu) des Pharisiens,
        (il y avait)

Νικόδημος ὄνομα αὐτῷ,
à lui le nom (était) Nicodème

ἄρχων τῶν Ἰουδαίων· 2 οὗτος ἦλθεν πρὸς αὐτὸν νυκτὸς
un chef des Juifs.   Celui-ci vint vers lui de nuit

καὶ εἶπεν αὐτῷ· ῥαββί,
et lui dit :   « Rabbi,

οἴδαμεν ὅτι ἀπὸ θεοῦ   ἐλήλυθας διδάσκαλος·
nous savons que, de la part de Dieu, tu es venu en maître.

οὐδεὶς γὰρ δύναται ταῦτα τὰ σημεῖα ποιεῖν
Personne en effet ne peut   faire ces signes

ἃ σὺ ποιεῖς,
que toi tu fais,

ἐὰν μὴ ᾖ ὁ θεὸς μετ' αὐτοῦ.
si   Dieu n'est pas avec lui. »

3 ἀπεκρίθη 'Ιησοῦς καὶ εἶπεν αὐτῷ·
Jésus répondit   et   lui dit :

ἀμὴν ἀμὴν λέγω σοι,
« Amen, amen,   je te dis

ἐὰν μή τις   γεννηθῇ ἄνωθεν,
si quelqu'un n'est pas engendré   d'en haut,[1]

οὐ δύναται ἰδεῖν τὴν βασιλείαν τοῦ θεοῦ.
il ne peut pas   voir   le royaume   de Dieu. »

4 λέγει πρὸς αὐτὸν ὁ Νικόδημος·
Nicodème lui dit :

πῶς δύναται ἄνθρωπος γεννηθῆναι γέρων ὤν ;
« Comment un homme peut-il   être engendré   étant vieux ?

μὴ δύναται εἰς τὴν κοιλίαν τῆς μητρὸς αὐτοῦ δεύτερον
Est-ce qu'il peut dans   le ventre   de sa mère   une deuxième fois

εἰσελθεῖν καὶ γεννηθῆναι ;
entrer   et   être engendré ? »

5 ἀπεκρίθη 'Ιησοῦς· ἀμὴν ἀμὴν λέγω σοι,
Jésus répondit :   « Amen, amen,   je te dis

ἐὰν μή τις γεννηθῇ ἐξ ὕδατος καὶ πνεύματος,
si quelqu'un n'est pas engendré à partir d'eau   et   de souffle,

---

[1] ῎Ανωθεν veut dire aussi « de nouveau », d'où la méprise de Nicodème (v. 4).

οὐ δύναται εἰσελθεῖν εἰς τὴν βασιλείαν τοῦ θεοῦ.
il ne peut pas   entrer   dans le   royaume   de Dieu.

6 τὸ γεγεννημένον ἐκ τῆς σαρκὸς σάρξ ἐστιν,
Ce qui a été engendré   à partir de la chair   est chair

καὶ τὸ γεγεννημένον ἐκ τοῦ πνεύματος πνεῦμά ἐστιν.
et   ce qui a été engendré   à partir du   souffle   est esprit.

7 μὴ θαυμάσῃς
Ne t'étonne pas

ὅτι εἶπον σοι· δεῖ ὑμᾶς γεννηθῆναι ἄνωθεν.
de ce que je t'ai dit :   « Il faut que vous soyez engendrés d'en haut.

8 τὸ πνεῦμα ὅπου θέλει πνεῖ
L'esprit   souffle où il veut

καὶ τὴν φωνὴν αὐτοῦ ἀκούεις, ἀλλ' οὐκ οἶδας
et   tu entends sa voix,   mais tu ne sais pas

πόθεν ἔρχεται καὶ ποῦ ὑπάγει·
d'où   il vient   ni   où   il va ;

οὕτως ἐστὶν πᾶς ὁ γεγεννημένος ἐκ τοῦ πνεύματος.
ainsi   est   tout (homme) (qui a été) engendré à partir de l'esprit. »

9 ἀπεκρίθη Νικόδημος καὶ εἶπεν αὐτῷ·
Nicodème répondit   et   lui dit :

πῶς δύναται ταῦτα   γενέσθαι ;
« Comment est-il possible que ces choses soient ? »

10 ἀπεκρίθη Ἰησοῦς καὶ εἶπεν αὐτῷ·
Jésus répondit   et lui dit :

σὺ εἶ ὁ διδάσκαλος τοῦ Ἰσραὴλ
« Toi, tu es le maître   d'Israël

καὶ ταῦτα οὐ γινώσκεις ; 11 ἀμὴν ἀμὴν λέγω σοι
et ces choses, tu ne (les) connais pas ?   Amen, amen,   je te dis

ὅτι ὃ οἴδαμεν λαλοῦμεν
que ce que nous savons, nous (le) disons

καὶ ὃ ἑωράκαμεν μαρτυροῦμεν,
et ce que nous avons vu, nous (en) témoignons,

καὶ τὴν μαρτυρίαν ἡμῶν οὐ λαμβάνετε.
et   vous ne recevez pas notre témoignage.

12 εἰ τὰ ἐπίγεια εἶπον   καὶ οὐ πιστεύετε,
Si je vous ai dit les choses terrestres   et vous ne croyez pas,

πῶς ἐὰν εἴπω ὑμῖν τὰ ἐπουράνια πιστεύσετε ;
comment, si je vous dis   les choses célestes, croirez-vous ?

13 καὶ οὐδεὶς ἀναβέβηκεν εἰς τὸν οὐρανὸν
Et   personne n'est monté   au ciel

εἰ μὴ ὁ ἐκ τοῦ οὐρανοῦ καταβάς, ὁ υἱὸς τοῦ ἀνθρώπου.
sinon   celui qui est descendu du ciel,   le fils de l'homme.

14 Καὶ καθὼς Μωϋσῆς ὕψωσεν τὸν ὄφιν ἐν τῇ ἐρήμῳ,
Et de même que Moïse   éleva en l'air le serpent   dans le désert,

οὕτως ὑψωθῆναι δεῖ τὸν υἱὸν τοῦ ἀνθρώπου,
de même, il faut que soit élevé le fils de l'homme,

15 ἵνα πᾶς ὁ πιστεύων ἐν αὐτῷ ἔχῃ ζωὴν αἰώνιον.
afin que tout (homme) qui croit en lui   ait   vie éternelle. »

Les formes verbales nouvelles

Repérage des formes de parfait

1 Ἦν δὲ ἄνθρωπος ἐκ τῶν Φαρισαίων, Νικόδημος ὄνομα αὐτῷ,
ἄρχων τῶν Ἰουδαίων· 2 οὗτος ἦλθεν πρὸς αὐτὸν νυκτὸς καὶ εἶπεν
αὐτῷ· ῥαββί, **οἴδαμεν** ὅτι ἀπὸ θεοῦ **ἐλήλυθας** διδάσκαλος· οὐδεὶς
γὰρ δύναται ταῦτα τὰ σημεῖα ποιεῖν ἃ σὺ ποιεῖς, ἐὰν μὴ ᾖ ὁ θεὸς

μετ' αὐτοῦ. 3 ἀπεκρίθη Ἰησοῦς καὶ εἶπεν αὐτῷ· ἀμὴν ἀμὴν λέγω σοι, ἐὰν μή τις γεννηθῇ ἄνωθεν, οὐ δύναται ἰδεῖν τὴν βασιλείαν τοῦ θεοῦ. 4 λέγει πρὸς αὐτὸν ὁ Νικόδημος· πῶς δύναται ἄνθρωπος γεννηθῆναι γέρων ὤν; μὴ δύναται εἰς τὴν κοιλίαν τῆς μητρὸς αὐτοῦ δεύτερον εἰσελθεῖν καὶ γεννηθῆναι ; 5 ἀπεκρίθη Ἰησοῦς· ἀμὴν ἀμὴν λέγω σοι, ἐὰν μή τις γεννηθῇ ἐξ ὕδατος καὶ πνεύματος, οὐ δύναται εἰσελθεῖν εἰς τὴν βασιλείαν τοῦ θεοῦ. 6 τὸ **γεγεννημένον** ἐκ τῆς σαρκὸς σάρξ ἐστιν, καὶ τὸ **γεγεννημένον** ἐκ τοῦ πνεύματος πνεῦμά ἐστιν. 7 μὴ θαυμάσῃς ὅτι εἶπον σοι· δεῖ ὑμᾶς γεννηθῆναι ἄνωθεν. 8 τὸ πνεῦμα ὅπου θέλει πνεῖ καὶ τὴν φωνὴν αὐτοῦ ἀκούεις, ἀλλ' οὐκ οἶδας πόθεν ἔρχεται καὶ ποῦ ὑπάγει· οὕτως ἐστὶν πᾶς ὁ **γεγεννημένος** ἐκ τοῦ πνεύματος. 9 ἀπεκρίθη Νικόδημος καὶ εἶπεν αὐτῷ· πῶς δύναται ταῦτα γενέσθαι ; 10 ἀπεκρίθη Ἰησοῦς καὶ εἶπεν αὐτῷ· σὺ εἶ ὁ διδάσκαλος τοῦ Ἰσραὴλ καὶ ταῦτα οὐ γινώσκεις ; 11 ἀμὴν ἀμὴν λέγω σοι ὅτι ὃ **οἴδαμεν** λαλοῦμεν καὶ ὃ **ἑωράκαμεν** μαρτυροῦμεν, καὶ τὴν μαρτυρίαν ἡμῶν οὐ λαμβάνετε. 12 εἰ τὰ ἐπίγεια εἶπον καὶ οὐ πιστεύετε, πῶς ἐὰν εἴπω ὑμῖν τὰ ἐπουράνια πιστεύσετε ; 13 καὶ οὐδεὶς **ἀναβέβηκεν** εἰς τὸν οὐρανὸν εἰ μὴ ὁ ἐκ τοῦ οὐρανοῦ καταβάς, ὁ υἱὸς τοῦ ἀνθρώπου. 14 Καὶ καθὼς Μωϋσῆς ὕψωσεν τὸν ὄφιν ἐν τῇ ἐρήμῳ, οὕτως ὑψωθῆναι δεῖ τὸν υἱὸν τοῦ ἀνθρώπου, 15 ἵνα πᾶς ὁ πιστεύων ἐν αὐτῷ ἔχῃ ζωὴν αἰώνιον.

Analyse

v. 2	οἴδαμεν	indicatif parfait actif, 1ʳᵉ plur. de οἶδα, je sais (sens présent), employé seulement au parfait et au plus-que-parfait,
	οἰδ-	radical,
	-αμεν	voyelle α du parfait et désinence 1ʳᵉ plur.

ἐλήλυθας	indicatif parfait actif 2ᵉ sing. de ἔρχομαι, venir.
ἐλ-	redoublement (particulier) de parfait, comportant la voyelle initiale et la consonne suivante ;
-ηλυθ-	radical de parfait ελυθ- avec allongement de la voyelle initiale ;
-ας	voyelle α du parfait et désinence 2ᵉ sing.

v. 6 **γεγεννημένον**   participe parfait moyen ou passif, nominatif, sing. neutre de γεννάω, engendrer.

γε-	redoublement caractéristique du parfait, comportant la première consonne du radical et la voyelle ε ;
γεννη-	radical du verbe contracte en -α, γεννάω.
-μενον	suffixe de participe moyen et passif, nominatif neutre sing.

v. 8 **γεγεννημένος**   le même, au nominatif masc. sing.

v. 11 **ἑωράκαμεν**   indicatif parfait actif, 1ʳᵉ plur. de ὁράω, voir.

ἑ-	redoublement (particulier) de parfait, comportant la consonne initiale (réduite à l'esprit rude) et la voyelle ε ;
-ωρα-	radical du verbe : ορα avec allongement de la première voyelle ;
-κ-	suffixe caractéristique du parfait actif ;
-αμεν	voyelle α du parfait et désinence 1ʳᵉ pl.

ἀναβέβηκεν   indicatif parfait, actif, 3ᵉ sing. de βαίνω, marcher,

ἀνα-	préverbe, indiquant un mouvement vers le haut ;
-βέ-	redoublement caractéristique du parfait comportant la 1ʳᵉ consonne du radical verbal et la voyelle ε ;
βη-	radical de βαίνω au parfait ;
-κ-	suffixe caractéristique du parfait actif ;
ε(ν)	désinence 3ᵉ sing. + ν euphonique.

Repérage des formes d'infinitif

1 Ἦν δὲ ἄνθρωπος ἐκ τῶν Φαρισαίων, Νικόδημος ὄνομα αὐτῷ, ἄρχων τῶν Ἰουδαίων· 2 οὗτος ἦλθεν πρὸς αὐτὸν νυκτὸς καὶ εἶπεν αὐτῷ· ῥαββί, οἴδαμεν ὅτι ἀπὸ θεοῦ ἐλήλυθας διδάσκαλος· οὐδεὶς γὰρ δύναται ταῦτα τὰ σημεῖα **ποιεῖν** ἃ σὺ ποιεῖς, ἐὰν μὴ ᾖ ὁ θεὸς μετ' αὐτοῦ. 3 ἀπεκρίθη Ἰησοῦς καὶ εἶπεν αὐτῷ· ἀμὴν ἀμὴν λέγω σοι, ἐὰν μή τις γεννηθῇ ἄνωθεν, οὐ δύναται **ἰδεῖν** τὴν βασιλείαν τοῦ θεοῦ. 4 λέγει πρὸς αὐτὸν ὁ Νικόδημος· πῶς δύναται ἄνθρωπος **γεννηθῆναι** γέρων ὤν; μὴ δύναται εἰς τὴν κοιλίαν τῆς μητρὸς αὐτοῦ δεύτερον **εἰσελθεῖν** καὶ **γεννηθῆναι** ; 5 ἀπεκρίθη Ἰησοῦς· ἀμὴν ἀμὴν λέγω σοι, ἐὰν μή τις γεννηθῇ ἐξ ὕδατος καὶ πνεύματος, οὐ δύναται **εἰσελθεῖν** εἰς τὴν βασιλείαν τοῦ θεοῦ. 6 τὸ γεγεννημένον ἐκ τῆς σαρκὸς σάρξ ἐστιν, καὶ τὸ γεγεννημένον ἐκ τοῦ πνεύματος πνεῦμά ἐστιν. 7 μὴ θαυμάσῃς ὅτι εἶπόν σοι· δεῖ ὑμᾶς **γεννηθῆναι** ἄνωθεν. 8 τὸ πνεῦμα ὅπου θέλει πνεῖ καὶ τὴν φωνὴν αὐτοῦ ἀκούεις, ἀλλ' οὐκ οἶδας πόθεν ἔρχεται καὶ ποῦ ὑπάγει· οὕτως ἐστὶν πᾶς ὁ γεγεννημένος ἐκ τοῦ πνεύματος. 9 ἀπεκρίθη Νικόδημος καὶ εἶπεν αὐτῷ· πῶς δύναται ταῦτα **γενέσθαι** ; 10 ἀπεκρίθη Ἰησοῦς καὶ εἶπεν αὐτῷ· σὺ εἶ ὁ διδάσκαλος τοῦ Ἰσραὴλ καὶ ταῦτα οὐ γινώσκεις ; 11 ἀμὴν ἀμὴν λέγω σοι ὅτι ὃ οἴδαμεν λαλοῦμεν καὶ ὃ ἑωράκαμεν μαρτυροῦμεν, καὶ τὴν μαρτυρίαν ἡμῶν οὐ λαμβάνετε. 12 εἰ τὰ ἐπίγεια εἶπον καὶ οὐ πιστεύετε, πῶς ἐὰν εἴπω ὑμῖν τὰ ἐπουράνια πιστεύσετε ; 13 καὶ οὐδεὶς ἀναβέβηκεν εἰς τὸν οὐρανὸν εἰ μὴ ὁ ἐκ τοῦ οὐρανοῦ καταβάς, ὁ υἱὸς τοῦ ἀνθρώπου. 14 Καὶ καθὼς Μωϋσῆς ὕψωσεν τὸν ὄφιν ἐν τῇ ἐρήμῳ, οὕτως **ὑψωθῆναι** δεῖ τὸν υἱὸν τοῦ ἀνθρώπου, 15 ἵνα πᾶς ὁ πιστεύων ἐν αὐτῷ ἔχῃ ζωὴν αἰώνιον.

Analyse

v. 2 **ποιεῖν**   infinitif présent actif de ποιέω, faire.
         ποιε-   radical du présent ;
         -ειν   voyelle de liaison et désinence marquant
                              l'infinitif actif.

v. 3 **ἰδεῖν**   infinitif aoriste second de ὁράω, voir.
         ἰδ-   radical d'aoriste sans augment (à l'indicatif
                              εἶδον) ;
         -ειν   voyelle de liaison et désinence marquant
                              l'infinitif actif.

v.4   **εἰσελθεῖν**   infinitif aoriste second de εἰσέρχομαι,
                              entrer.
         εἰσ-   préverbe ;
         -ἐλθ-   radical d'aoriste sans augment, à l'indicatif
                              ἦλθον ;
         ειν-   voyelle de liaison et désinence marquant
                              l'infinitif actif.

      γεννηθῆναι   infinitif aoriste passif de γεννάω,
                              engendrer.
         γεννη-   radical du verbe γεννάω,
                              la voyelle finale s'allonge en η aux autres
                              temps que le présent ; cette voyelle indique
                              que l'on a affaire à un verbe contracte en
                              -άω ou en –έω ;
         -θη-   syllabe caractéristique de l'aoriste passif ;
         -ναι   désinence d'infinitif actif ;
                              L'aoriste passif utilise des désinences actives
                              (cf. p. 57 et 58).

v. 9 **γενέσθαι**   infinitif aoriste moyen de γίνομαι, devenir,
                              être.
         γεν-   radical d'aoriste sans augment,
                              (à l'indicatif ἐγενόμην) ;
         -ε-   voyelle de liaison ;

-σθαι	désinence d'infinitif moyen.

v. 14 **ὑψωθῆναι**   infinitif aoriste passif de ὑψόω, élever.

ὑψω-   radical. La voyelle longue ω indique qu'il
           ne s'agit pas du présent, et que l'on a affaire
           à un verbe contracte en –όω,

-θη-   syllabe caractéristique du passif,

-ναι   désinence d'infinitif actif.

Grammaire

Le parfait

Le grec possède des formes verbales de parfait et de plus-que-parfait qui insistent sur l'achèvement de l'action ou qui indiquent un état présent résultant d'un fait passé.

Le parfait se forme, le plus souvent, en redoublant la consonne initiale du verbe et en ajoutant un ε :

ex. :   λύ-ω ⇒ λελυ-

À l'actif on ajoute à ce radical redoublé le suffixe κ- puis les désinences :

-α	-αμεν
-ας	-ατε
-ε(ν)	-ασι(ν)

ex. :   λέλυκα.

Certaines formes de parfait ne comportent pas la caractéristique -κ. Ces parfaits sont dits « parfaits seconds » ; ils ont les mêmes désinences que les parfaits en -κα.

Le moyen et le passif ne présentent pas la caractéristique -κ- mais seulement le radical avec son redoublement et les désinences primaires du moyen et du passif.

La conjugaison du parfait

Actif		Moyen-passif
λύω	ἔρχομαι	λύω
	(parfait second)	
J'ai délié	Je suis venu	J'ai délié (pour moi)
		J'ai été délié
Indicatif		
S 1 λέλυκα	ἐλήλυθα	λέλυμαι
2 λέλυκας	ἐλήλυθας	λέλυσαι
3 λέλυκε(ν)	ἐλήλυθε(ν)	λέλυται
P 1 λελύκαμεν	ἐληλύθαμεν	λελύμεθα
2 λελύκατε	ἐληλύθατε	λέλυσθε
3 λελύκασι(ν)	ἐληλύθασι(ν)	λέλυνται
Infinitif		
λελυκέναι	ἐληλυθέναι	λελύσθαι
Participe		
Masc. λελυκώς, -ότος	ἐληλυθώς	λελυμένος
Fém. λελυκυῖα, -υίας	ἐληλυθυῖα	λελυμένη
Neutre λελυκός, ότος	ἐληλυθός	λελυμένον

Remarque

L'impératif et le subjonctif parfaits n'existent plus qu'à l'état de traces.
ex. : Mc 4, 49 σιώπα, **πεφίμωσο**, fais silence, reste calme !

Le plus-que-parfait

Il se forme à partir du parfait et il est précédé en principe de l'augment. En fait, dans le NT, l'augment est souvent omis.

Le plus-que-parfait utilise les désinences secondaires. À l'actif, la diphtongue ∈ι suit la caractéristique -κ-.

	Actif J'avais délié	Moyen-passif J'avais délié (pour moi) J'avais été délié
S 1	(ἐ)λελύκειν	(ἐ)λελύμην
2	(ἐ)λελύκεις	(ἐ)λέλυσο
3	(ἐ)λελύκει(ν)	(ἐ)λέλυτο
P 1	(ἐ)λελύκειμεν	(ἐ)λελύμεθα
2	(ἐ)λελύκειτε	(ἐ)λέλυσθε
3	(ἐ)λελύκεισαν	(ἐ)λέλυντο

Remarques sur le redoublement

Le redoublement du parfait subsiste à tous les modes, à la différence de l'augment, qu'on ne met qu'à l'indicatif.

La règle générale a été vue dans les exemples ci-dessus :
$$\lambda ύω \Rightarrow λέλυκα.$$

– Pour les verbes composés, le redoublement se met au début du radical, entre le préverbe et le verbe :

ex. :   ἀναβέβηκεν.

– Pour les verbes commençant par une aspirée, φ,χ,θ, le redoublement se fait avec la consonne sourde correspondante : π, κ, τ.

ex. :   φιλέω,   aimer ⇒   πεφίληκα.
        θεραπεύω, soigner ⇒ τεθεράπευκα.
        χρίω,   oindre ⇒   κέχρικα.

– Pour les verbes commençant par une consonne double, ζ, ξ, ψ, ou par un σ suivi d'une autre consonne, le redoublement ne comprend pas la première consonne du radical et a la forme ἐ- :

ex. :   σπείρω,   semer ⇒   ἔσπαρκα.
        ζητέω,   chercher ⇒ ἐζήτηκα.

– Pour les verbes commençant par une voyelle, il y a allongement de cette voyelle comme à l'imparfait, sans redoublement de consonne :

ex. :   αἰτέω, demander ⇒ ᾔτηκα.

Remarque

Dans quelques verbes, cependant, la consonne qui suit la voyelle initiale est redoublée, et la voyelle suivante s'allonge :

ex. :   ἐλυθ- (de ἔρχομαι, venir) ⇒ ἐλήλυθα.

L'infinitif

Il existe au présent, à l'aoriste et au parfait.

L'infinitif présent exprime une action en train de se dérouler, ou une action habituelle, tandis que l'infinitif aoriste, beaucoup plus largement utilisé, énonce un événement qui a lieu (ou qui aura lieu ou qui a eu lieu) à un moment précis.

Chaque infinitif se forme sur le radical que présente le verbe au temps et à la voix correspondants :

ex. :   présent moyen ἔρχομαι   radical ἐρχ-   inf. ἔρχ-ε-σθαι.
        aoriste actif ἦλθον   rad.   ἐλθ-   inf. ἐλθ-εῖν.
        parfait actif ἐλήλυθα   rad.   ἐληλυθ- inf. ἐληλυθ-έναι.

Tous les infinitifs au moyen prennent la désinence -σθαι.

Tableau des formes d'infinitif

	Actif	Moyen	Passif
Présent	λύειν ποιεῖν	λύεσθαι	λύεσθαι
Aoriste	λῦσαι	λύσασθαι	λυθῆναι γεννηθῆναι ὑψωθῆναι
Aor. second	ἰδεῖν ἐλθεῖν	γένεσθαι	γραφῆναι
Parfait	λελυκέναι ἐληλυθέναι	λελύσθαι	λελύσθαι

Emplois de l'infinitif

En Jn 3, 1-15, on trouve :

v. 2   οὐδεὶς δύναται ποιεῖν, personne ne peut faire.

v. 3   οὐ δύναται ἰδεῖν,   il ne peut pas voir.

v. 4   πῶς δύναται ἄνθρωπος γεννηθῆναι,
       comment un homme peut-il être engendré ?

v. 4   μὴ δύναται εἰσελθεῖν καὶ γεννηθῆναι,
       peut-il entrer et être engendré ?

v. 4   οὐ δύναται εἰσελθεῖν,   il ne peut pas entrer.

     L'infinitif est ici employé comme objet du verbe « pouvoir ». On le trouve ainsi après les verbes :

     δύναμαι   pouvoir ;

     βούλομαι   vouloir ;

θέλω   désirer ;
μέλλω   être sur le point de.

Remarque

Pour la construction avec infinitif du v. 7 (δεῖ ὑμᾶς γεννηθῆναι),
cf. l'étude complète des emplois de l'infinitif, p. 174s.

Exercice 9

Analyser les formes de parfait et traduire.

1. Γέγραπται, Ὁ οἶκός μου οἶκος προσευχῆς
    κληθήσεται.

2. Ὑμεῖς δὲ πεποιήκατε αὐτὸν (ma maison) σπήλαιον
    λῃστῶν.

Exercice 10

Analyser les formes d'infinitif et traduire.

1. Δύναμαι καταλῦσαι τὸν ναὸν τοῦ θεοῦ καὶ διὰ τριῶν
    ἡμερῶν οἰκοδομῆσαι.

2. Λέγω γὰρ ὑμῖν ὅτι πολλοὶ προφῆται ἠθέλησαν ἰδεῖν
    ἃ ὑμεῖς βλέπετε.

13

L'interrogation
les subordonnées conditionnelles
Le système verbal (récapitulation)

Le texte : Jean 3, 1-15

Repérage de l'interrogation simple

4 λέγει πρὸς αὐτὸν ὁ Νικόδημος· πῶς δύναται ἄνθρωπος
γεννηθῆναι γέρων ὤν ; μὴ δύναται εἰς τὴν κοιλίαν τῆς
μητρὸς αὐτοῦ δεύτερον εἰσελθεῖν καὶ γεννηθῆναι ;
9 ἀπεκρίθη Νικόδημος καὶ εἶπεν αὐτῷ· πῶς δύναται
ταῦτα γενέσθαι; 10 ἀπεκρίθη Ἰησοῦς καὶ εἶπεν αὐτῷ· σὺ
εἶ ὁ διδάσκαλος τοῦ Ἰσραὴλ καὶ ταῦτα οὐ γινώσκεις ;
12 εἰ τὰ ἐπίγεια εἶπον καὶ οὐ πιστεύετε, πῶς ἐὰν εἴπω
ὑμῖν τὰ ἐπουράνια πιστεύσετε ;

On trouve ici plusieurs phrases interrogatives. Elles peuvent être introduites ou non par un pronom ou un adverbe interrogatif :

– v. 10 : pas de mot introducteur ; la question est signalée par le signe de ponctuation [;]. Elle est induite par le contexte.

– v. 4.9.12 : πῶς, comment ?
– v. 4 : μή (ou μήτι comme en Jn 4, 12.29), est-ce que ? L'emploi de l'adverbe interrogatif μή peut suggérer que l'on attend une réponse « non ».

Ne pas confondre cet adverbe interrogatif avec la négation μή :
l'adverbe interrogatif appelle la ponctuation [;], il se met en tête de la
phrase et le verbe de la proposition est généralement à l'indicatif.

La négation μή se met au contraire devant le verbe, quand celui-ci
est employé aux autres modes que l'indicatif (ou à l'indicatif dans les
propositions conditionnelles).

Repérage des propositions conditionnelles

2 οὗτος ἦλθεν πρὸς αὐτὸν νυκτὸς καὶ εἶπεν αὐτῷ· ῥαββί,
οἴδαμεν ὅτι ἀπὸ θεοῦ ἐλήλυθας διδάσκαλος· οὐδεὶς γὰρ
δύναται ταῦτα τὰ σημεῖα ποιεῖν ἃ σὺ ποιεῖς, **ἐὰν μὴ ἦ
ὁ θεὸς μετ' αὐτοῦ.** 3 ἀπεκρίθη Ἰησοῦς καὶ εἶπεν αὐτῷ·
ἀμὴν ἀμὴν λέγω σοι, **ἐὰν μή τις γεννηθῇ ἄνωθεν,** οὐ
δύναται ἰδεῖν τὴν βασιλείαν τοῦ θεοῦ.
5 ἀπεκρίθη Ἰησοῦς· ἀμὴν ἀμὴν λέγω σοι, **ἐὰν μή τις
γεννηθῇ ἐξ ὕδατος καὶ πνεύματος,** οὐ δύναται
εἰσελθεῖν εἰς τὴν βασιλείαν τοῦ θεοῦ.
12 **εἰ τὰ ἐπίγεια εἶπον καὶ οὐ πιστεύετε, πῶς ἐὰν
εἴπω ὑμῖν τὰ ἐπουράνια** πιστεύσετε ;

La conjonction de subordination qui accompagne en grec les
conditionnelles est εἰ, si. Lorsque εἰ est accompagné de la particule ἄν,
εἰ + ἄν se contractent en ἐάν.

Grammaire

Les propositions conditionnelles

Il y a trois façons, en grec, d'envisager la condition :
– la condition est supposée réalisée,
– la condition est envisagée comme pouvant se produire (éventuelle)
– la condition n'est pas ou n'a pas été réalisée dans le présent ou dans le
passé.

Le réel

« Si » a le sens de « si réellement », « s'il est vrai que » : le verbe est à l'indicatif et la négation est οὐ.

v. 12   εἰ τὰ ἐπίγεια εἶπον καὶ οὐ πιστεύετε, πῶς (...)

Si réellement je vous ai dit les choses de la terre et si réellement vous ne croyez pas, comment croirez-vous...

L'éventuel

« Si » a le sens de « si éventuellement », « s'il arrive que » : le verbe de la subordonnée est au subjonctif et la négation est μή.

- v. 2   οὐδεὶς γὰρ δύναται ταῦτα τὰ σημεῖα ποιεῖν ἃ σὺ ποιεῖς, **ἐὰν μὴ ᾖ ὁ θεὸς μετ᾽ αὐτοῦ.**

Personne ne peut faire les signes que tu fais, **sauf si (éventuellement) Dieu est avec lui.**

- v. 3   ἀπεκρίθη Ἰησοῦς καὶ εἶπεν αὐτῷ· ἀμὴν ἀμὴν λέγω σοι, **ἐὰν μή τις γεννηθῇ ἄνωθεν**, οὐ δύναται ἰδεῖν τὴν βασιλείαν τοῦ θεοῦ.

Je te le dis, **si (éventuellement) quelqu'un n'est pas engendré d'en haut,** il ne peut voir le royaume de Dieu.

- v. 5   ἀπεκρίθη Ἰησοῦς· ἀμὴν ἀμὴν λέγω σοι, **ἐὰν μή τις γεννηθῇ ἐξ ὕδατος καὶ πνεύματος**, οὐ δύναται εἰσελθεῖν εἰς τὴν βασιλείαν τοῦ θεοῦ.

Si (éventuellement) quelqu'un n'est pas engendré de l'eau et de l'esprit, il ne peut entrer dans le royaume de Dieu.

- v. 12   πῶς **ἐὰν εἴπω ὑμῖν τὰ ἐπουράνια** πιστεύσετε ...

Comment, **si (éventuellement) je vous dis les choses du ciel,** croirez-vous ?

L'irréel

Les verbes sont à des temps secondaires de l'indicatif : imparfait, aoriste, parfois plus-que-parfait. Dans la proposition subordonnée, la négation est μή.

Jn 5, 46 :   εἰ γὰρ ἐπιστεύετε Μωϋσεῖ, ἐπιστεύετε ἄν
                ἐμοί.
                En effet, **si vous croyiez Moïse**, vous me croiriez.

    La proposition subordonnée (en gras) a son verbe à l'imparfait ; dans la proposition principale, le verbe est à l'imparfait avec ἄν.
C'est l'irréel du présent : si vous croyiez Moïse (mais vous ne le croyez pas aujourd'hui)…

1 Co 2, 8 :   εἰ γὰρ ἔγνωσαν, οὐκ ἄν τὸν κύριον τῆς
                δοξῆς ἐσταύρωσαν.
                En effet, **s'ils avaient su**, ils n'auraient pas crucifié le
                Seigneur de gloire.

    La proposition subordonnée (en gras) a son verbe à l'aoriste ; dans la proposition principale, le verbe est à l'aoriste, avec ἄν.
C'est l'irréel du passé : s'ils avaient su (mais ils n'ont pas su dans le passé)…

Remarque
    Il arrive que la particule ἄν soit absente.
ex. :   Jn 19, 11 :
οὐχ εἶχες ἐξουσίαν κατ'ἐμοῦ οὐδεμίαν εἰ μὴ ἦν
δεδομένον σοι ἄνωθεν.
Tu n'aurais aucun pouvoir sur moi, **s'il ne t'avait été donné d'en haut.**
    Jn 9, 33 :
Εἰ μὴ ἦν οὗτος παρὰ θεοῦ, οὐκ ἠδύνατο ποιεῖν οὐδέν.
Si celui-ci n'était pas de Dieu, il n'aurait rien pu faire.

Les formes verbales : récapitulation

Comment identifier une forme verbale ?

Une forme verbale est caractérisée par :

1. son appartenance à l'un des quatre thèmes verbaux :

PRÉSENT, FUTUR, AORISTE, PARFAIT.

2. la présence de divers préfixes, infixes, suffixes.

3. la présence de désinences différentes selon :

=> la voix :   ACTIVE, MOYENNE, PASSIVE.

=> le temps :

– désinences primaires : (PRÉSENT, FUTUR, PARFAIT).

– désinences secondaires : (IMPARFAIT, AORISTE, PLUS-QUE-PARFAIT).

Questions à se poser :

1. Quel thème ?

- $\lambda\upsilon(o/\epsilon)$ $\Rightarrow$ présent
- $\lambda\upsilon\sigma(o/\epsilon)$ $\Rightarrow$ futur
- $(\dot{\epsilon})\lambda\upsilon\sigma(\alpha)$ $\Rightarrow$ aoriste
- $\lambda\epsilon\lambda\upsilon(\kappa\alpha)$ $\Rightarrow$ parfait

2. Y a-t-il un augment ?

si OUI : **indicatif**

$\Rightarrow$ imparfait

$\Rightarrow$ aoriste

$\Rightarrow$ plus-que-parfait

3. Y a-t-il une voyelle longue ω ou η?   si OUI : **subjonctif**

$\Rightarrow$ présent ?

$\Rightarrow$ aoriste ?

4. Les désinences sont-elles ?

- primaires ? secondaires ?
- actives ? moyennes ou passives ?
- la marque de quelle personne ?

Tableau récapitulatif des temps principaux de l'indicatif

⊙ **verbes en** $-\omega$

PRÉSENT	FUTUR	AORISTE	PARFAIT
$\lambda\acute{\upsilon}o\mu\epsilon\nu$	$\lambda\acute{\upsilon}\sigma o\mu\epsilon\nu$	$\dot{\epsilon}\lambda\acute{\upsilon}\sigma\alpha\mu\epsilon\nu$	$\lambda\epsilon\lambda\acute{\upsilon}\kappa\alpha\mu\epsilon\nu$

⊙ **verbes en -έω, άω, -όω**

contraction	allongement du radical
voyelle du radical	α ⟹ η
+	ε ⟹ η
voyelle de liaison	ο ⟹ ω

PRÉSENT	FUTUR	AORISTE	PARFAIT
ποιοῦμεν	ποιήσομεν	ἐποιήσαμεν	πεποιήκαμεν
τιμῶμεν	τιμήσομεν	ἐτιμήσαμεν	τετιμήκαμεν
δουλοῦμεν	δουλώσομεν	ἐδουλώσαμεν	δεδουλώκαμεν

⊙ **verbes avec radical à finale consonantique**

ἄγω   ἄ**ξ**ω
               le -ξ- indique un verbe en γ-, κ-, χ- ou en -σσ.

γράφω   γρά**ψ**ω
               le -ψ- indique un verbe en β-, π-, φ- ou en -πτ (thème
               de présent).

πείθω   πεί**σ**ω
               le -σ- indique un verbe en δ-, τ-, θ-.

βαπτίζω   βαπτί**σ**ω
               -ισ indique un verbe avec un présent en -ιζω.

ἐργάζομαι   ἐργά**σ**ομαι
               -ασ indique un verbe avec un présent en -αζω.

Vocabulaire

Les invariants

μετά (+gén)   avec.
                       En français : méta-stase, litt. : qui se tient debout
                       (στάσις) avec, d'où en médecine : apparition d'un
                       foyer maladif secondaire.

Les adjectifs

ἐπίγειος, ος, ον   terrestre.

Formé sur ἡ γῆ, la terre, par opposition au ciel et à la mer ; cf. géo-graphie, ou description de la terre-planète.

ἐπουράνιος, ος, ον   céleste (mot rare),
    formé sur ὁ οὐρανός, le ciel, à la fois voûte céleste et séjour des dieux.

αἰώνιος, ος, ον   éternel,
    cf. commentaire sur αἰων, p. 197).

οὐδείς, οὐδεμία, οὐδέν personne, aucun.

οὗτος   celui-ci.

δεύτερος, α, ον   deuxième.

πᾶς   tout (nom. masc. sing.).

Les noms

ἡ γλῶσσα, ης   la langue.

ὁ κριτῆς, οῦ   le juge.

ἡ ἔρημος,ου   le désert.
    Dans la Septante, traduit majoritairement l'hébreu *midbar*. En grec chrétien, le dérivé ἐρημίτης, qui vit dans le désert, dans la solitude, l'ermite, a connu une grande extension.

ἡ βασιλεία, ας   la royauté, le royaume.

ἡ κοιλία, ας   le ventre (mot rare, dérivé d'un adjectif signifiant « creux »).

ὁ υἱός, ου   le fils.

ὁ διδάσκαλος, ου   le maître.

οἱ Ἰουδαῖοι, ων   les Juifs.

τὸ σημεῖον, ου   le signe.
    Substitut courant de τὸ σῆμα, correspond à l'hébreu *'ot*, le signe (cf. le livre de l'Exode en particulier). L'emploi de ce mot dans l'Évangile de Jean nécessite une attention particulière. Τὸ σῆμα a de nombreux composés et dérivés. Par exemple :

τὸ ἄσημον — ce qui est sans marque ; dans la Septante : l'argent non monnayé.

σημαίνω — signifier.
Cf. le français séma-phore : dispositif qui comporte (φορέω) des signaux optiques pour correspondre avec les bateaux ; poly-sémie : caractère d'un mot qui présente plusieurs (πολύς, nombreux) sens.

τὸ πνεῦμα, ατος — le souffle, l'esprit.
Nom formé sur le verbe πνέω, souffler, respirer. Il peut désigner : le souffle du vent, le vent ; le souffle de Dieu, sa respiration ; l'esprit (dans le NT, l'Esprit Saint ou les esprits mauvais).
Il est l'équivalent majoritaire de l'hébreu *ruah*, dont il conserve la polysémie : vent, énergie vitale, présence divine (cf. Gn 1, 2 ; 8, 1 ; 45, 27).

τὸ ὕδωρ, ὕδατος — l'eau.
Cf. le français hydro-céphale : qui a de l'eau dans la tête (ἡ κεφαλή) ; hydro-gène (litt. : qui produit de l'eau, τὸ γένος, naissance, origine, race).

ὁ γέρων, οντος — le vieillard.
Cf. le français gér-iatrie : médecine qui s'occupe des maladies des vieillards (ὁ ἰατρός, le médecin) ; géronto- cratie ou gouvernement (κρατέω être maître de) par des vieillards.

ὁ ὄφις, εως — le serpent.
ἡ μήτηρ, τρος — la mère.
ὁ ἄρχων, οντος — le chef.
ἡ νύξ, νυκτός — la nuit.

Les verbes

βουλόμαι — vouloir.

προφητεύω	prophétiser.
ποιέω-ῶ	faire, fabriquer, produire, créer (cf. Gn 1). À distinguer de πράσσω, faire, accomplir, achever, réaliser, et de ἐργάζομαι, faire, travailler (la terre ou une œuvre artistique), cf. τὸ ἔργον, le travail, l'œuvre.
γεννάω	engendrer. cf. commentaire de γίνομαι, p.178.
ὁράω	voir. futur : ὄψομαι, aoriste : εἶδον, parfait : ἑώρακα.
θαυμάζω	admirer, s'étonner.
θέλω	vouloir, désirer, être disposé à. S'impose dans la *Koinè* aux dépens de βούλομαι, vouloir, désirer, qui subsiste cependant.
πνέω	souffler (mot rare).
πιστεύω	croire, avoir la foi.
	En grec, biblique ou non, c'est un terme très relationnel : c'est avoir confiance en, se fier à, croire. Sur la même racine, il faut signaler :
ἡ πίστις, εως	la confiance, la foi (nom d'action) ;
πιστός, ή, όν,	en qui on a foi ; qui a foi en quelqu'un (sens ambivalent).

À noter dans le N.T., l'emploi des antonymes suivants :

ἀπιστέω	ne pas croire, être infidèle.
ἡ ἀπιστία	l'incrédulité, le manque de foi.
ἄπιστος, ος, ον	incroyant, infidèle.
καταβαίνω	descendre.
βαίνω	marcher, avec préverbes : ἀνα- : vers le haut, κατα : vers le bas.

ὑψόω   élever en l'air (mot rare).
                              Dérivé d'un adverbe qui a aussi donné
                              l'adjectif ὕψιστος, employé comme
                              qualificatif divin : le Très-Haut.

οἶδα   je sais.
                              D'une racine ιδ, voir (le digamma, ancienne
                              consonne qui a disparu, notait le son w).
                              Cette racine a donné le parfait οἶδα : j'ai
                              vu, donc « je sais » et la forme εἶδον qui
                              sert d'aoriste au verbe ὁράω. On retrouve
                              également cette racine dans le verbe latin
                              video, voir.

Exercice 11

Essayer de repérer le système conditionnel utilisé (plusieurs systèmes
peuvent se combiner) et traduire.

1.   Εἰ ἐν Τύρῳ καὶ Σιδῶνι ἐγενήθησαν αἱ δύναμεις αἱ
     γενόμεναι ἐν ὑμῖν, πάλαι ἂν ἐν σάκκῳ καὶ σποδῷ
     καθήμενοι μετενόησαν.

2.   Εἰ ἐμὲ ἐδίωξαν, καὶ ὑμᾶς διώξουσιν.

3.   Ἐὰν οὖν ὁ υἱὸς ὑμᾶς ἐλευθερώσῃ, ὄντως ἐλεύθεροι
     ἔσεσθε.

14

Les propositions subordonnées introduites par ὅτι, ἵνα, ὥστε

Le texte : Jean 3,16-21

16 οὕτως γὰρ **ἠγάπησεν** ὁ θεὸς τὸν κόσμον, ὥστε τὸν υἱὸν τὸν μονογενῆ ἔδωκεν, ἵνα πᾶς **ὁ πιστεύων** εἰς αὐτὸν μὴ ἀπόληται ἀλλ᾽ **ἔχῃ** ζωὴν αἰώνιον. 17 οὐ γὰρ ἀπέστειλεν ὁ θεὸς τὸν υἱὸν εἰς τὸν κόσμον ἵνα κρίνῃ τὸν κόσμον, ἀλλ᾽ ἵνα σωθῇ ὁ κόσμος δι᾽ αὐτοῦ. 18 ὁ πιστεύων εἰς αὐτὸν οὐ **κρίνεται**· ὁ δὲ μὴ πιστεύων ἤδη κέκριται, ὅτι μὴ **πεπίστευκεν** εἰς τὸ ὄνομα τοῦ μονογενοῦς υἱοῦ τοῦ θεοῦ. 19 αὕτη δέ ἐστιν ἡ κρίσις ὅτι τὸ φῶς **ἐλήλυθεν** εἰς τὸν κόσμον καὶ ἠγάπησαν οἱ ἄνθρωποι μᾶλλον τὸ σκότος ἢ τὸ φῶς· **ἦν** γὰρ αὐτῶν πονηρὰ τὰ ἔργα. 20 πᾶς γὰρ ὁ φαῦλα πράσσων **μισεῖ** τὸ φῶς καὶ οὐκ **ἔρχεται** πρὸς τὸ φῶς, ἵνα μὴ **ἐλεγχθῇ** τὰ ἔργα αὐτοῦ. 21 ὁ δὲ ποιῶν τὴν ἀλήθειαν ἔρχεται πρὸς τὸ φῶς, ἵνα φανερωθῇ αὐτοῦ τὰ ἔργα ὅτι ἐν θεῷ ἐστιν εἰργασμένα.

Exercice de préparation
Analyser les formes verbales en gras dans le texte, et traduire le v. 21.

Traduction littérale

16 οὕτως γὰρ ἠγάπησεν ὁ θεὸς τὸν κόσμον,
En effet,   Dieu aima tellement   le monde

ὥστε τὸν υἱὸν τὸν μονογενῆ ἔδωκεν,
que   son fils   unique   il donna

ἵνα πᾶς ὁ πιστεύων   εἰς αὐτὸν μὴ ἀπόληται
afin que tout (homme) qui croit   en lui   ne périsse pas

ἀλλ' ἔχῃ ζωὴν αἰώνιον.
mais   ait   vie éternelle.

17 οὐ γὰρ ἀπέστειλεν ὁ θεὸς τὸν υἱὸν εἰς τὸν κόσμον
En effet, Dieu n'a pas envoyé   son fils   dans le monde

ἵνα κρίνῃ τὸν κόσμον,
afin qu'il juge   le monde,

ἀλλ' ἵνα   σωθῇ ὁ κόσμος δι' αὐτοῦ.
mais afin que   le monde soit sauvé   par lui.

18 ὁ πιστεύων εἰς αὐτὸν οὐ κρίνεται·
Celui qui croit   en lui   n'est pas jugé,

ὁ δὲ μὴ πιστεύων ἤδη κέκριται, ὅτι μὴ πεπίστευκεν
mais celui qui ne croit pas est déjà jugé   parce qu'il n'a pas cru

εἰς τὸ ὄνομα τοῦ μονογενοῦς υἱοῦ τοῦ θεοῦ.
dans le nom   du fils unique   de Dieu.

19 αὕτη δέ ἐστιν ἡ κρίσις
Et le jugement est ceci,

ὅτι τὸ φῶς ἐλήλυθεν   εἰς τὸν κόσμον
à savoir que la lumière est venue   dans le monde

ἠγάπησαν οἱ ἄνθρωποι μᾶλλον τὸ σκότος ἢ τὸ φῶς·
et les hommes aimèrent   plus   l'obscurité   que la lumière.

ἦν γὰρ αὐτῶν πονηρὰ τὰ ἔργα.
En effet, leurs œuvres étaient mauvaises.

20 πᾶς γὰρ ὁ φαῦλα πράσσων
En effet, tout (homme) qui commet des choses viles,

μισεῖ τὸ φῶς καὶ οὐκ ἔρχεται πρὸς τὸ φῶς,
déteste   la lumière et   ne va pas   vers la lumière

ἵνα μὴ ἐλεγχθῇ τὰ ἔργα αὐτοῦ.
afin que ses œuvres ne soient pas démasquées.

21 ὁ δὲ ποιῶν τὴν ἀλήθειαν ἔρχεται πρὸς τὸ φῶς,
Mais celui qui fait   la vérité   va   vers la lumière

ἵνα φανερωθῇ   αὐτοῦ τὰ ἔργα
afin que soient manifestées   ses œuvres,

ὅτι   ἐν θεῷ ἐστιν εἰργασμένα.
(le fait) que   en Dieu   elles ont été œuvrées.

Repérage des propositions subordonnées

Propositions introduites par ὥστε
v. 16 **οὕτως** γὰρ ἠγάπησεν ὁ θεὸς τὸν κόσμον, **ὥστε** τὸν
       υἱὸν τὸν μονογενῆ ἔδωκεν.

La conjonction de subordination **ὥστε** introduit une conséquence. Elle est annoncée dans la principale par l'adverbe οὕτως, mis en corrélation : « tellement...que ». Le verbe de la consécutive est à l'indicatif.

Propositions introduites par ἵνα
v. 16 τὸν υἱὸν τὸν μονογενῆ ἔδωκεν, **ἵνα** πᾶς ὁ πιστεύων
       εἰς αὐτὸν **μὴ ἀπόληται** ἀλλ' ἔχῃ ζωὴν αἰώνιον.
v. 17 οὐ γὰρ ἀπέστειλεν ὁ θεὸς τὸν υἱὸν εἰς τὸν κόσμον
       ἵνα κρίνῃ τὸν κόσμον, ἀλλ' **ἵνα σωθῇ** ὁ κόσμος δι'
       αὐτοῦ.

v. 20 πᾶς γὰρ ὁ φαῦλα πράσσων μισεῖ τὸ φῶς καὶ οὐκ ἔρχεται πρὸς τὸ φῶς, **ἵνα μὴ ἐλεγχθῇ** τὰ ἔργα αὐτοῦ.

v. 21 ὁ δὲ ποιῶν τὴν ἀλήθειαν ἔρχεται πρὸς τὸ φῶς, **ἵνα φανερωθῇ** αὐτοῦ τὰ ἔργα.

Dans ces quatre exemples, la conjonction de subordination **ἵνα**, suivie du subjonctif, introduit une proposition de but (pour que, afin que). La négation est μή.

Propositions introduites par ὅτι

Ce texte présente trois emplois différents de ὅτι :

v. 18 ὁ πιστεύων εἰς αὐτὸν οὐ κρίνεται· ὁ δὲ μὴ πιστεύων ἤδη κέκριται, ὅτι μὴ πεπίστευκεν εἰς τὸ ὄνομα τοῦ μονογενοῦς υἱοῦ τοῦ θεοῦ.

ὅτι signifie « parce que » et introduit une proposition circonstancielle de cause.

v. 19 αὕτη δέ ἐστιν ἡ κρίσις ὅτι τὸ φῶς ἐλήλυθεν εἰς τὸν κόσμον

ὅτι signifie « à savoir que » et explicite le démonstratif **αὕτη** .

v. 21 ἵνα φανερωθῇ αὐτοῦ τὰ ἔργα ὅτι ἐν θεῷ ἐστιν εἰργασμένα,
afin que soit manifeste (le fait) que ses œuvres sont accomplies en Dieu.

ὅτι correspond à « que » et introduit une proposition complétive sujet de φανερωθῇ.

Grammaire

Les propositions après ὅτι, ἵνα, ὥστε

Les emplois de ὅτι

– Il signifie « parce que » et introduit une proposition subordonnée de cause (cf. ci-dessus Jn 3, 18).

– Après les verbes d'affirmation, de perception, de sentiment, il introduit une proposition complétive :

ex. :   Jn 10, 41
ἔλεγον ὅτι Ἰωάννης μὲν σημεῖον ἐποίησεν οὐδέν,
Ils disaient que Jean n'a(vait) fait aucun signe.

Jn 4, 19   θεωρῶ ὅτι προφήτης εἶ σύ,
Je vois que tu es prophète, toi.

Jn 4, 27   ἐθαύμαζον ὅτι μετὰ γυναικὸς ἐλάλει,
Ils s'étonnaient qu'il parle avec une femme.

– Il introduit une phrase en style direct. Il est alors l'équivalent de nos deux points [:] et ne se traduit pas :

ex. :   Jn 4, 17
λέγει αὐτῇ ὁ Ἰησοῦς· καλῶς εἶπας ὅτι ἄνδρα οὐκ ἔχω,
Jésus lui dit : « Tu as bien dit : "Je n'ai pas de mari" ».

– Enfin, *Jn 3, 19* présente un emploi de ὅτι beaucoup plus rare, servant à expliciter un pronom démonstratif :

αὕτη δέ ἐστιν ἡ κρίσις ὅτι τὸ φῶς ἐλήλυθεν εἰς τὸν κόσμον.
Le jugement est ceci, à savoir que la lumière vint dans le monde...

Les emplois de ἵνα

– ἵνα + subjonctif introduit habituellement une subordonnée de but :

ex. :   Jn 3, 17 : οὐ γὰρ ἀπέστειλεν ὁ θεὸς τὸν υἱὸν εἰς τὸν κόσμον ἵνα κρίνῃ τὸν κόσμον, ἀλλ' ἵνα σωθῇ ὁ κόσμος δι'αὐτοῦ.
Dieu en effet n'a pas envoyé son fils dans le monde pour qu'il juge le monde, mais pour que le monde soit sauvé par lui.

– Dans le grec de la *Koinè*, ἵνα + subjonctif introduit fréquemment une proposition complétive après des verbes signifiant « demander, exhorter, commander » :

Jn 4, 47
ἠρώτα ἵνα καταβῇ καὶ ἰάσηται αὐτοῦ τὸν υἱόν.
il lui demandait de descendre et de guérir son fils.

- Quelquefois, ἵνα + subjonctif :

1. remplace un infinitif sujet ou attribut :

Jn 4, 34   ἐμὸν βρῶμά ἐστιν ἵνα ποιῶ τὸ θέλημα τοῦ
πέμψαντός με.
Ma nourriture est de faire la volonté de celui qui m'a envoyé.

2. peut expliquer un nom, un pronom ou un adjectif (chez Jean surtout) :

Jn 2,25   οὐ χρείαν εἶχεν ἵνα τις μαρτυρήσῃ περὶ τοῦ
ἀνθρώπου.
Il n'avait pas besoin que l'on témoigne au sujet de l'homme.

Jn 6, 40   τοῦτο γάρ ἐστιν τὸ θέλημα τοῦ πατρός μου ἵνα
πᾶς ὁ θεωρῶν τὸν υἱὸν ἔχῃ ζωὴν αἰώνιον.
En effet, ceci est la volonté de mon père que tout homme qui
voit le fils ait la vie éternelle.

Jn 1, 27   οὐκ εἰμι ἐγὼ ἄξιος ἵνα λύσω αὐτοῦ τὸν ἱμάντα
τοῦ ὑποδήματος.
Moi, je ne suis pas digne de délier la lanière de sa sandale.

3. remplace τοῦ + infinitif après ὥρα ou χρόνος :

Jn 12, 23   ἐλήλυθεν ἡ ὥρα ἵνα δοξασθῇ ὁ υἱὸς τοῦ
ἀνθρώπου,
L'heure est venue que le fils de l'homme soit glorifié.

Les emplois de ὥστε

Les propositions consécutives introduites par ὥστε sont suivies,
à deux exceptions près (Jn 3,16 et Ga 2,13), d'une proposition infinitive, c'est-
à-dire d'une proposition dont le verbe est à l'infinitif et le sujet à l'accusatif.

ex. : Mt 8,24   σεισμὸς μέγας ἐγένετο ἐν τῇ θαλάσσῃ ὥστε
τὸ πλοῖον (sujet à l'accusatif) καλύπτεσθαι (verbe à
l'infinitif) ὑπὸ τῶν κυμάτων.
Il y eut un grand séisme dans la mer, de telle sorte que la
barque était recouverte par les vagues.

Mt 15, 31   ἐθεράπευσεν αὐτοὺς ὥστε τὸν ὄχλον
(sujet à l'accusatif) θαυμάσαι (verbe à l'infinitif),
Il les guérit, si bien que la foule s'étonnait.

L'emploi de l'indicatif en Jn 3, 16 est une survivance du grec classique. Le rédacteur souligne ainsi que le don du fils de Dieu n'est pas une simple intention divine mais est le résultat réel de l'amour de Dieu.

Exercice 12

Préciser la valeur de ἵνα, ὅτι, ὥστε et traduire les phrases.

1. Μακάριοι οἱ πενθοῦντες, ὅτι αὐτοὶ παρακληθήσονται.

2. Καὶ ἐθεράπευσεν αὐτόν, ὥστε τὸν κωφὸν λαλεῖν καὶ βλέπειν.

3. Τοῦτο δὲ γέγονεν ἵνα πληρωθῇ τὸ ῥηθέν διὰ τοῦ προφήτου.

4. Καὶ εὗρον αὐτὸν καὶ λέγουσιν αὐτῷ ὅτι Πάντες* ζητοῦσιν σε.

5. Αὕτη ἐστίν ἡ ἐντολή ἡ ἐμή, ἵνα ἀγαπᾶτε* ἀλλήλους καθὼς ἠγάπησα ὑμᾶς.

* « tous » (nominatif masc. pluriel).
* verbe ἀγαπάω, (subjonctif présent, 2ᵉ pl.).

15

La troisième déclinaison

Le texte : Jean 3,16-21

Repérage des formes appartenant à la troisième déclinaison

16 οὕτως γὰρ ἠγάπησεν ὁ θεὸς τὸν κόσμον, ὥστε τὸν υἱὸν τὸν **μονογενῆ** ἔδωκεν, ἵνα **πᾶς** ὁ **πιστεύων** εἰς αὐτὸν μὴ ἀπόληται ἀλλ᾽ ἔχῃ ζωὴν αἰώνιον. 17 οὐ γὰρ ἀπέστειλεν ὁ θεὸς τὸν υἱὸν εἰς τὸν κόσμον ἵνα κρίνῃ τὸν κόσμον, ἀλλ᾽ ἵνα σωθῇ ὁ κόσμος δι᾽ αὐτοῦ. 18 ὁ **πιστεύων** εἰς αὐτὸν οὐ κρίνεται· ὁ δὲ μὴ **πιστεύων** ἤδη κέκριται, ὅτι μὴ πεπίστευκεν εἰς **τὸ ὄνομα τοῦ μονογενοῦς** υἱοῦ τοῦ θεοῦ. 19 αὕτη δέ ἐστιν **ἡ κρίσις** ὅτι **τὸ φῶς** ἐλήλυθεν εἰς τὸν κόσμον καὶ ἠγάπησαν οἱ ἄνθρωποι μᾶλλον **τὸ σκότος** ἢ τὸ **φῶς·** ἦν γὰρ αὐτῶν πονηρὰ τὰ ἔργα. 20 **πᾶς** γὰρ ὁ φαῦλα **πράσσων** μισεῖ **τὸ φῶς** καὶ οὐκ ἔρχεται πρὸς **τὸ φῶς**, ἵνα μὴ ἐλεγχθῇ τὰ ἔργα αὐτοῦ. 21 ὁ δὲ ποιῶν τὴν ἀλήθειαν ἔρχεται πρὸς **τὸ φῶς**, ἵνα φανερωθῇ αὐτοῦ τὰ ἔργα ὅτι ἐν θεῷ ἐστιν εἰργασμένα.

Classement de ces formes selon leur genre, nombre et cas

Noms (sing.)

	Masculin	Féminin	Neutre
N A	ὁ πατήρ	ἡ κρίσις	τὸ φῶς τὸ ὄνομα τὸ σκότος
G D			

Adjectifs et participes (sing.)

	Masculin	Féminin	Neutre
N	πᾶς ὁ πιστεύων ὁ πράσσων ὁ ποιῶν		
A	τὸν μονογενῆ		
G	τοῦ μονογενοῦς		
D			

Aux noms qui forment la troisième déclinaison correspondent des adjectifs qui forment une nouvelle classe et certains participes.

Rappel des noms de la 3e déclinaison et adjectifs ou participes correspondants rencontrés dans les textes précédemment étudiés : Jn 8,12-20 ; 10,1-18 et 3,1-15.

⊙ Noms

	Masculin	Féminin	Neutre
S N	ὁ πατήρ ὁ ποιμήν ὁ γέρων	ἡ σάρξ	τὸ πνεῦμα
A	τὸν ὄφιν τὸν πατέρα	τὴν σάρκα	
G	τοῦ πατρός	νυκτός τῆς μητρός	τοῦ ὕδατος τοῦ πνεύματος
P A			τὰ ῥήματα

⊙ Adjectifs et participes

	Masculin	Féminin	Neutre
S N	ὁ ἀκολουθῶν		
	ἀληθής		
	ὁ πέμψας		
	λέγων		
	ὁ μαρτυρῶν		
	διδάσκων		
	ἀναβαίνων		
	ἄρχων		
	ὤν		
	ὁ καταβάς		
	ὁ πιστεύων		
	εἷς, οὐδείς		
A	οὐδένα		
P N	πάντες		

Les participes actifs, présents (διδάσκων, ὁ μαρτυρῶν) et aoristes (ὁ πέμψας, ὁ καταβάς) suivent la troisième déclinaison.

Les noms masculins et féminins ont les mêmes désinences :

Sing.	N	-ς ou rien (voyelle longue)
	A	-α (si le radical se termine par une consonne)
	G	-ος

Les noms neutres ont au nominatif et à l'accusatif pluriels la désinence particulière déjà vue : α.

Grammaire

Tableau des désinences des noms de la 3ᵉ déclinaison

	Singulier Masc. /Fém. Neutre			Pluriel Masc. / Fém.	Neutre
NV	-ς (ou rien)		divers	-ες	-α
A	-α (ou - ν)		divers	-ας	-α
G	-ος		-ος	-ων	-ων
D	-ι		-ι	-σι(ν)	-σι(ν)

Le radical d'un nom s'obtient en retirant la désinence -ος du génitif singulier.

Nominatif	génitif	radical
τὸ φῶς	**φωτός**	φωτ-
ἡ σάρξ	**σαρκός**	σαρκ-
ὁ ποιμήν	**ποιμένος**	ποιμεν-
πᾶς	**παντός**	παντ-

La présence du sigma dans la désinence du nominatif singulier et du datif pluriel est la principale difficulté de la 3ᵉ déclinaison : ce sigma se combine avec la consonne finale du radical ; aux autres cas, la désinence s'ajoute simplement au radical.

La troisième déclinaison

1/ les noms masculins et féminins se terminant par une consonne

⊙ *Radical terminé par un ρ*

Modèles : ὁ σωτήρ, le sauveur et ὁ μάρτυς, le témoin.

La voyelle finale du radical ne varie pas mais il arrive qu'elle ne soit longue qu'au nom. sing. (ex. : ὁ ἀστήρ, -έρος, l'étoile).

	Singulier	Pluriel	Singulier	Pluriel
N	ὁ σωτήρ	οἱ σωτῆρες	μάρτυς	μάρτυρες
V	σωτέρ	σωτῆρες	μάρτυς	μάρτυρες
A	τὸν σωτῆρα	τοὺς σωτῆρας	μάρτυρα	μάρτυρας
G	τοῦ σωτῆρος	τῶν σωτήρων	μάρτυρος	μαρτύρων
D	τῷ σωτῆρι	τοῖς σωτῆρσι(ν)	μάρτυρι	μάρτυσι(ν)

Le ρ se maintient normalement
comme au nominatif

Chute du -ρ devant σ
comme au nominatif

⊙ *Radical terminé par une occlusive*

Modèle : ἡ σάρξ, σαρκός, la chair

N	ἡ σάρξ	αἱ σάρκες
A	τὴν σάρκα	τὰς σάρκας
G	τῆς σαρκός	τῶν σαρκῶν
D	τῇ σαρκί	ταῖς σαρξί(ν)

γ, κ, χ + σ ⟹ ξ   ἡ σάρξ, σαρκός

     N sing. σαρκ-ς   ⟹ σάρξ
     D pl.   σαρκ-σι(ν)   ⟹ σαρξί(ν)

β, π, φ + σ ⟹ ψ   ὁ Αἰθίοψ, οπος, l'Éthiopien

     N sing. Αἰθίοπ-ς   ⟹ Αἰθίοψ
     D pl.   Αἰθίοπ-σι(ν)   ⟹ Αἰθίοψι(ν)

δ, τ, θ + σ ⟹ σ   ὁ παῖς, παιδός

     N sing. παιδ-ς   ⟹ παῖς
     D pl.   παιδ-σι(ν)   ⟹ παισί(ν)

⊙ *Radical terminé par un* ν

Modèle : ὁ ποιμήν, ποιμένος, le berger ; ὁ αἰών, αἰῶνος, le siècle. La voyelle finale du radical est longue au nom. sing. pour ποιμήν et dans toute la déclinaison pour αἰών.

	Singulier	Pluriel	Singulier	Pluriel
N	ὁ ποιμήν	οἱ ποιμένες	αἰών	αἰῶνες
V	ποιμήν	ποιμένες	αἰών	αἰῶνες
A	τὸν ποιμένα	τοὺς ποιμένας	αἰῶνα	αἰῶνας
G	τοῦ ποιμένος	τῶν ποιμένων	αἰῶνος	αἰώνων
D	τῷ ποιμένι	τοῖς ποιμέσι(ν)	αἰῶνι	αἰῶσι(ν)

Le ν tombe devant σ
Cas particulier : mots dont le radical se termine par ντ : modèle ὁ γέρων, -οντος. Voir la déclinaison des adjectifs et participes de la troisième classe (p. 152-154).

⊙ *Plusieurs noms présentent un radical syncopé ou réduit à certains cas.*
Modèle : ὁ πατήρ, le père

	Singulier	Pluriel
N	ὁ πατήρ	οἱ πατέρες
V	πάτερ	πατέρες
A	τὸν πατέρα	τοὺς πατέρας
G	τοῦ πατρός	τῶν πατέρων
D	τῷ πατρί	τοῖς πατράσι(ν)

ἡ μήτηρ, μητρός, la mère, ἡ θυγάτηρ, θυγατρός, la fille, suivent la déclinaison de ὁ πατήρ.

Modèle : ὁ ἀνήρ, l'homme

	Singulier	Pluriel
N	ὁ ἀνήρ	οἱ ἄνδρες
V	ἄνερ	ἄνδρες
A	τὸν ἄνδρα	τοὺς ἄνδρας
G	τοῦ ἀνδρός	τῶν ἀνδρῶν
D	τῷ ἀνδρί	τοῖς ἀνδράσι(ν)

2/ les noms masculins et féminins se terminant par une voyelle

⊙ *Radical en -υ*

Modèle : ὁ ἰχθύς, ἰχθύος, le poisson. Il y a neuf mots de ce type dans le N.T., masculins ou féminins.

	Singulier	Pluriel
N	ὁ ἰχθύς	οἱ ἰχθύες
A	τὸν ἰχθύν	τοὺς ἰχθύας
G	τοῦ ἰχθύος	τῶν ἰχθύων
D	τῷ ἰχθύι	τοῖς ἰχθύσι(ν)

⊙ *Radical terminé par un ι*

Modèle ἡ κρίσις, κρίσεως, le jugement. Ces mots sont nombreux et tous au féminin.

	Singulier	Pluriel
N	ἡ κρίσις	αἱ κρίσεις
A	τὴν κρίσιν	τὰς κρίσεις
G	τῆς κρίσεως	τῶν κρίσεων
D	τῇ κρίσει	ταῖς κρίσεσι(ν)

Remarques : Le suffixe -ι des N et A sing. présente une forme alternante (i/ey) qui aboutit à -ε aux autres cas. Au G. sing., la terminaison -εως s'explique par une métathèse : η + oς → -εως. Aux N-A pluriels, la diphtongue -εις note une contraction : κρισε-ες → κρίσεις.

⊙ *Radical en -ευ*

Modèle : ὁ βασιλεύς, βασιλέως. Mots nombreux et tous masculins.

Le radical de βασιλεύς est en fait βασιλη (l'ancienne lettre digamma notait le son w correspondant au *waw* sémitique).
– Ce digamma s'est maintenu devant les consonnes (N sing. et D plur.). Les formes anciennes * βασιληυς ⇒ βασιλεύς et *βασιληυσι ⇒ βασιλεῦσιν sont devenues (abréviation de la première voyelle d'une diphtongue en syllabe fermée).
– Il est tombé entre voyelles (N-A plur.). Au G sing., la forme βασιλέως résulte d'une métathèse pour *βασιληος.

	Singulier	Pluriel
N	ὁ βασιλεύς	οἱ βασιλεῖς
V	βασιλεῦ	βασιλεῖς
A	τὸν βασιλέα	τοὺς βασιλεῖς
G	τοῦ βασιλέως	τῶν βασιλέων
D	τῷ βασιλεῖ	τοῖς βασιλεῦσι(ν)

3/ *Les noms neutres*

⊙ *Radical terminé par un τ*

Modèle : τὸ ὄνομα, ὀνόματος, le nom. La dentale tombe devant σ.

	Singulier	Pluriel
N	τὸ ὄνομα	τὰ ὀνόματα
A	τὸ ὄνομα	τὰ ὀνόματα
G	τοῦ ὀνόματος	τῶν ὀνομάτων
D	τῷ ὀνόματι	τοῖς ὀνόμασι(ν)

⊙ *Radical terminé par un σ*

Modèle : τὸ σκότος, σκότους, l'obscurité.

Le σ tombe entre deux voyelles et il se produit une contraction.

	singulier	pluriel
N	τὸ σκότος	τὰ σκότεσ-α ⇒ σκότη
A	τὸ σκότος	τὰ σκότεσ-α ⇒ σκότη
G	*τοῦ σκότεσ-ος ⇒ σκότους	*τῶν σκοτέσ-ων ⇒ σκοτῶν
D	*τῷ σκότεσ-ι ⇒ σκότει	*τοῖς σκότεσ-σι ⇒ σκότεσι(ν)

4/ Les noms irréguliers de la troisième déclinaison

⊙ *Noms masculins et féminins*

ἡ γυνή, γυναικός :	la femme, radical γυναικ-, V sing. : γύναι.
ἡ θρίξ, τριχός	le cheveu, N plur. : τρίχες ; D plur. : θρίξιν.
ἡ κλείς, κλειδός	la clé, A sing. : κλεῖν.
ὁ κύων, κυνός	le chien, D plur. : κυσίν.
ἡ χείρ, χειρός	la main, D plur. : χερσί(ν).
ὁ πούς ποδός	le pied, D plur. : ποσίν.

⊙ *Noms neutres*

τὸ γόνυ, γονατός   le genou, D plur. : γόνασιν.

τὸ ὕδωρ, ὕδατος   l'eau,   D sing. : ὕδατι ;   D pl. : ὕδασι.

τὸ οὖς, ὠτός   l'oreille, D sing.: ὠτί ;   D pl. : ὠσί(ν).

Les adjectifs de la seconde et troisième classe

1/ la seconde classe d'adjectifs et de pronoms-adjectifs

Les pronoms-adjectifs et les adjectifs de la seconde classe ont le féminin semblable au masculin.

⊙ *Radical terminé par un* ν

Modèles :   τίς, τίνος, qui ? εἷς, ἑνός, un.

	Singulier Masc. et Fém. Neutre		Pluriel Masc. et Fém. Neutre		Singulier Masc.
N	τίς	τί	τίνες	τίνα	εἷς
A	τίνα	τί	τίνας	τίνα	ἕνα
G	τίνος		τίνων		ἑνός
D	τίνι		τίσι(ν)		ἑνί

⊙ *Radical terminé par un* σ

L'adjectif μονογενής, οῦς, unique engendré, suit le modèle ἀληθής.

2/ La troisième classe d'adjectifs et les participes

Les adjectifs et les participes de la troisième classe ont le féminin différent du masculin ; le féminin suit la déclinaison de δόξα.

Modèle : ὤν, ὄντος, participe présent de εἰμί, être.

	Masculin Sing.	Plur.	Féminin Sing.	Plur.	Neutre Sing.	Plur.
N	ὤν	ὄντες	οὖσα	οὖσαι	ὄν	ὄντα
A	ὄντα	ὄντας	οὖσαν	οὖσας	ὄν	ὄντα
G	ὄντος	ὄντων	οὔσης	οὐσῶν	ὄντος	ὄντων
D	ὄντι	οὖσι(ν)	οὔσῃ	οὔσαις	ὄντι	οὖσι(ν)

Modèle πᾶς, παντός, tout.

Singulier		
Masc.	Fém.	Neutre
N πᾶς	πᾶσα	πᾶν
A πάντα	πᾶσαν	πᾶν
G παντός	πάσης	παντός
D παντί	πάσῃ	παντί
Pluriel		
Masc.	Fém.	Neutre
N πάντες	πᾶσαι	πάντα
A πάντας	πάσας	πάντα
G πάντων	πασῶν	πάντων
D πᾶσι(ν)	πάσαις	πᾶσι(ν)

Modèle λυθείς, λυθέντος, participe aoriste passif de λύω, délier.

Singulier		
Masc.	Fém.	Neutre
N λυθείς	λυθεῖσα	λυθέν
A λυθέντα	λυθεῖσαν	λυθέν
G λυθέντος	λυθείσης	λυθέντος
D λυθέντι	λυθείσῃ	λυθέντι
Pluriel		
Masc.	Fém.	Neutre
N λυθέντες	λυθεῖσαι	λυθέντα
A λυθέντας	λυθείσας	λυθέντα
G λυθέντων	λυθεισῶν	λυθέντων
D λυθεῖσι(ν)	λυθείσαις	λυθεῖσι(ν)

Au datif pluriel :   le τ tombe devant σ   οντ σι ⟹ ουσι
                     le ν tombe devant σ   αντ σι ⟹ ασι
         la voyelle du radical se diphtongue   εντ σι ⟹ εισι

Plusieurs participes suivent ce modèle au masculin et au neutre :

actif	présent masc.	λύων, οντος	D plur.	λύουσι(ν)
	neutre	λῦον, οντος		
	λύουσι(ν)			
	aoriste masc.	λῦσας, αντος		λύσασι(ν)
	neutre	λῦσαν, αντος		λύσασι(ν)
passif	aoriste masc.	λυθείς, έντος		λυθεῖσι(ν)
		λυθέν, εντος		λυθεῖσι(ν)

Vocabulaire

Les invariants

οὕτως... ὥστε	tellement ... que.
ἤδη	déjà.
μᾶλλον... ἡ	davantage, plus... que.

Les noms

ὁ σωτήρ, ῆρος	le sauveur.
ὁ παῖς, παιδός	l'enfant.
ἡ ἀλήθεια, ας	la vérité, opposée au mensonge.
	Dans la Septante, ἀλήθεια est l'équivalent habituel de 'émèt : vérité, fidélité.
	Dérivé de l'adjectif :
ἀληθής	vrai, que l'on ne cache pas, en opposition à ψευδής, faux, apparent, irréel (ὁ ψεύστης, le menteur).
ἀληθῶς	vraiment, en vérité.
τὸ ἔργον, ου	l'œuvre, le travail.
τὸ σκότος, ους	l'obscurité.

Les adjectifs

μονογενής, οῦς	unique-engendré.

Le Monogène est le nom du Fils de Dieu chez les Pères grecs.

πονηρός, ά, όν   qui est en mauvais état,
                        d'où : malheureux, méchant.

φαῦλος, η ον   qui est de qualité inférieure, d'où laid,
                        méchant.

Les verbes
ἐλέγχω   démasquer.
                        Verbe du vocabulaire juridique : faire subir
                        un contre-interrogatoire, réfuter, puis :
                        convaincre d'erreur, blâmer, reprocher.

δίδωμι   donner (aoriste ἔδωκα).

ἀποστέλλω   envoyer.
     ὁ ἀπόστολος   l'envoyé, le messager de Dieu (Septante),
                        l'apôtre (NT).

φανερόω   manifester, rendre clair, évident.
ἐργάζομαι   faire, travailler (parfait passif εἴργασμαι).
πράσσω   faire.
μισέω   détester ;
                        cf. français mis-anthrope, miso-gyne.

Exercice 13

Relever le mots de la troisième déclinaison.
Donner leur génitif singulier et leur datif pluriel.
Traduire.

1.   Ἐγώ εἰμι τὸ φῶς τοῦ κόσμου.

2.   Ἐγώ εἰμι ὁ μαρτυρῶν περὶ ἐμαυτοῦ.

3.   Ἐγώ εἰμι ὁ ποιμὴν ὁ καλός.

4.   Ἐγώ εἰμι ἡ ἀνάστασις καὶ ἡ ζωή.

5.   Ἔλεγον οὖν τῷ Πιλάτῳ οἱ ἀρχιερεῖς τῶν Ἰουδαίων,
     ἐκεῖνος εἶπεν, Βασιλεύς εἰμι τῶν Ἰουδαίων.

6.   Πέτρος προσέπεσεν τοῖς γόνασιν Ἰησοῦ λέγων,
     ἀνὴρ ἁμαρτωλός εἰμι, κύριε.

Troisième partie

Lecture de quelques textes synoptiques :
Marc 4, 1-20 ; Matthieu 4, 1-11 ;
Luc 1, 26-38

16

L'imparfait
L'aoriste à voyelle longue

Le texte : Marc 4, 1-9

1 Καὶ πάλιν **ἤρξατο** διδάσκειν παρὰ τὴν θάλασσαν καὶ συνάγεται πρὸς αὐτὸν ὄχλος πλεῖστος, ὥστε αὐτὸν εἰς πλοῖον ἐμβάντα καθῆσθαι ἐν τῇ θαλάσσῃ, καὶ πᾶς ὁ ὄχλος πρὸς τὴν θάλασσαν ἐπὶ τῆς γῆς ἦσαν. 2 καὶ ἐδίδασκεν αὐτοὺς ἐν παραβολαῖς πολλὰ καὶ ἔλεγεν αὐτοῖς ἐν τῇ διδαχῇ αὐτοῦ· 3 Ἀκούετε. ἰδοὺ **ἐξῆλθεν** ὁ σπείρων σπεῖραι. 4 καὶ **ἐγένετο** ἐν τῷ σπείρειν ὃ μὲν ἔπεσεν παρὰ τὴν ὁδόν, καὶ ἦλθεν τὰ πετεινὰ καὶ κατέφαγεν αὐτό. 5 καὶ ἄλλο ἔπεσεν ἐπὶ τὸ πετρῶδες ὅπου οὐχ εἶχεν γῆν πολλήν, καὶ εὐθὺς ἐξανέτειλεν διὰ τὸ μὴ ἔχειν βάθος γῆς. 6 καὶ ὅτε ἀνέτειλεν ὁ ἥλιος **ἐκαυματίσθη** καὶ διὰ τὸ μὴ ἔχειν ῥίζαν ἐξηράνθη. 7 καὶ ἄλλο ἔπεσεν εἰς τὰς ἀκάνθας, καὶ ἀνέβησαν αἱ ἄκανθαι καὶ **συνέπνιξαν** αὐτό, καὶ καρπὸν οὐκ ἔδωκεν. 8 καὶ ἄλλα ἔπεσεν εἰς τὴν γῆν τὴν καλὴν καὶ ἐδίδου καρπὸν ἀναβαίνοντα καὶ αὐξανόμενα καὶ ἔφερεν ἓν τριάκοντα καὶ ἓν ἑξήκοντα καὶ ἓν ἑκατόν. 9 καὶ ἔλεγεν· ὃς ἔχει ὦτα ἀκούειν ἀκουέτω.

Exercice de préparation

Analyser les formes en gras et trouver deux noms de la troisième déclinaison.

Traduction littérale

1 Καὶ πάλιν ἤρξατο διδάσκειν παρὰ τὴν θάλασσαν
Et de nouveau   il commença à enseigner   le long de   la mer

καὶ συνάγεται πρὸς αὐτὸν ὄχλος πλεῖστος,
et   se rassemble   vers lui   une très grande foule,

ὥστε αὐτὸν εἰς πλοῖον ἐμβάντα
si bien que lui étant monté dans une barque

καθῆσθαι ἐν τῇ θαλάσσῃ, καὶ πᾶς ὁ ὄχλος
se tenait   sur la mer,   et toute la foule

πρὸς τὴν θάλασσαν ἐπὶ τῆς γῆς ἦσαν.
était (tournée) vers la mer,   sur la terre.

2 καὶ ἐδίδασκεν αὐτοὺς ἐν παραβολαῖς πολλὰ
Et   il leur enseignait   en paraboles beaucoup de choses

καὶ ἔλεγεν αὐτοῖς ἐν τῇ διδαχῇ αὐτοῦ·
et   il leur disait   dans son enseignement :

3 Ἀκούετε. ἰδοὺ   ἐξῆλθεν ὁ σπείρων σπεῖραι.
« Écoutez,   voici que sortit   le semeur   pour semer.

4 καὶ ἐγένετο ἐν τῷ σπείρειν
Or (et il arriva), dans le fait de semer,

ὃ μὲν   ἔπεσεν παρὰ τὴν ὁδόν,
de la semence tomba   le long du chemin,

καὶ ἦλθεν τὰ πετεινὰ καὶ κατέφαγεν αὐτό.
et les oiseaux vinrent   et   ils la mangèrent.

5 καὶ ἄλλο ἔπεσεν ἐπὶ τὸ πετρῶδες
Et   d'autre tomba   sur le (sol) pierreux,

ὅπου οὐχ εἶχεν γῆν πολλήν, καὶ εὐθὺς ἐξανέτειλεν
là où   il n'avait pas beaucoup de terre, et   aussitôt, elle leva

διὰ τὸ μὴ ἔχειν βάθος γῆς.
parce qu'elle n'avait pas de profondeur de terre.

6 καὶ ὅτε ἀνέτειλεν ὁ ἥλιος ἐκαυματίσθη
Et lorsque   se leva   le soleil,   elle fut brûlée

καὶ διὰ τὸ μὴ ἔχειν ῥίζαν   ἐξηράνθη.
Et   parce qu'elle n'avait pas de racine,   elle fut desséchée.

7 καὶ ἄλλο ἔπεσεν εἰς τὰς ἀκάνθας,
Et   d'autre   tomba   dans les épines,

καὶ ἀνέβησαν αἱ ἄκανθαι καὶ συνέπνιξαν αὐτό,
et   les épines montèrent   et   l'étouffèrent

καὶ καρπὸν οὐκ ἔδωκεν.
et   elle ne donna pas de fruit.

8 καὶ ἄλλα ἔπεσεν εἰς τὴν γῆν τὴν καλὴν
Et d'autres   tombèrent   dans la bonne terre

καὶ ἐδίδου καρπὸν ἀναβαίνοντα καὶ αὐξανόμενα
et donnaient du fruit,   (en) montant   et   grandissant

καὶ ἔφερεν ἓν   τριάκοντα καὶ ἓν ἐξήκοντα
et   ils portaient l'un   trente   et   l'un soixante

καὶ ἓν ἑκατόν.
et l'un cent. »

9 καὶ ἔλεγεν· ὃς ἔχει ὦτα ἀκούειν ἀκουέτω.
Et il disait : « celui qui a des oreilles pour entendre, qu'il entende ! »

Repérage des formes nouvelles : imparfait (gras), aoriste à voyelle longue (italique)

1 Καὶ πάλιν *ἤρξατο* διδάσκειν παρὰ τὴν θάλασσαν καὶ συνάγεται πρὸς αὐτὸν ὄχλος πλεῖστος, ὥστε αὐτὸν εἰς πλοῖον *ἐμβάντα* καθῆσθαι ἐν τῇ θαλάσσῃ, καὶ πᾶς ὁ ὄχλος πρὸς τὴν θάλασσαν ἐπὶ τῆς γῆς **ἦσαν**. 2 καὶ **ἐδίδασκεν** αὐτοὺς ἐν παραβολαῖς πολλὰ καὶ **ἔλεγεν** αὐτοῖς ἐν τῇ διδαχῇ αὐτοῦ· 3 Ἀκούετε. ἰδοὺ *ἐξῆλθεν* ὁ σπείρων σπεῖραι. 4 καὶ *ἐγένετο* ἐν τῷ σπείρειν ὃ μὲν ἔπεσεν παρὰ τὴν ὁδόν, καὶ ἦλθεν τὰ πετεινὰ καὶ κατέφαγεν αὐτό. 5 καὶ ἄλλο

ἔπεσεν ἐπὶ τὸ πετρῶδες ὅπου οὐχ **εἶχεν** γῆν πολλήν, καὶ εὐθὺς ἐξανέτειλεν διὰ τὸ μὴ ἔχειν βάθος γῆς. 6 καὶ ὅτε ἀνέτειλεν ὁ ἥλιος ἐκαυματίσθη καὶ διὰ τὸ μὴ ἔχειν ῥίζαν ἐξηράνθη. 7 καὶ ἄλλο ἔπεσεν εἰς τὰς ἀκάνθας, καὶ ἀνέβησαν αἱ ἄκανθαι καὶ συνέπνιξαν αὐτό, καὶ καρπὸν οὐκ ἔδωκεν. 8 καὶ ἄλλα ἔπεσεν εἰς τὴν γῆν τὴν καλὴν καὶ **ἐδίδου** καρπὸν ἀναβαίνοντα καὶ αὐξανόμενα καὶ **ἔφερεν** ἓν τριάκοντα καὶ ἓν ἑξήκοντα καὶ ἓν ἑκατόν. 9 καὶ **ἔλεγεν·** ὃς ἔχει ὦτα ἀκούειν ἀκουέτω.

Imparfait actif

v. 1	ἦσαν	3e plur. de εἰμι, être ;
v. 2	ἐδίδασκεν	3e sing. de διδάσκω, enseigner ;
v. 2 et 9	ἔλεγεν	3e sing. de λέγω, dire ;
v. 5	εἶχεν	3e sing. de ἔχω, avoir[1] ;
v. 8	ἐδίδου	3e sing. de δίδωμι, donner ;
v. 8	ἔφερεν	3e sing. de φέρω, porter.

Dans ἐδίδασκεν, ἔλεγεν, ἔφερεν, on observe la présence :
– d'un augment ἐ-,
– du radical employé au présent : -διδασκ-, -λεγ-, -φερ-,
– de la voyelle de liaison -ε-,
– des désinences secondaires de l'actif,
– du ν euphonique.
ἦσαν et ἐδίδου suivent la conjugaison des verbes en -μι.

Aoriste second à voyelle longue

Nous avons dans le texte deux composés de βαίνω : ἐμ-βαίνω, aller dans, embarquer, et ἀνα-βαίνω, aller vers le haut, monter. Le radical de βαίνω est βα. À l'indicatif aoriste, le α du radical s'allonge en η : ἔβην.
v. 7   **ἀνέβησαν**   indicatif aoriste, 3e plur. de ἀνα-βαίνω.

---

1. Le radical du verbe ἔχω était anciennement -σεχ-. La forme εἶχεν vient de *ἐ-σεχ-ε(ν). La chute du sigma entre deux voyelles brèves a entraîné la contraction des deux ε.

ἀν(α) préverbe,

-ε- augment,

-βη- radical à voyelle longue de βαίνω à l'aoriste,

-σαν désinence secondaire active 3ᵉ plur. directement accolée au radical (sans voyelle de liaison).

v. 1   **ἐμβάντα**

participe aoriste, accusatif masc. sing. de ἐμ-βαίνω.

ἐμ- préverbe,

-βα- radical (aoriste) sous forme brève,

-ντ- suffixe de participe directement accolé au radical,

-α désinence : accusatif masc. sing.

Grammaire

L'imparfait

C'est un temps du passé ; comme tel, il est caractérisé par la présence d'un augment et par des désinences secondaires. Il est, d'autre part, directement formé sur le radical du présent.

L'imparfait actif

λύω Verbe type *Je déliais*		λαλέω Verbe contracte *Je parlais*	
S 1	ἔλυον	ἐλάλεον	⇒ ἐλάλουν
2	ἔλυες	ἐλάλεες	⇒ ἐλάλεις
3	ἔλυε(ν)	ἐλάλεε	⇒ ἐλάλει
P 1	ἐλύομεν	ἐλαλέομεν	⇒ ἐλαλοῦμεν
2	ἐλύετε	ἐλαλέετε	⇒ ἐλαλεῖτε
3	ἔλυον	ἐλάλεον	⇒ ἐλάλουν

L'imparfait moyen et passif

	Je déliais(pour moi) J'étais délié	Je parlais
S 1	ἐλυόμην	ἐλαλεόμην ⇒ ἐλαλούμην
2	*ἐλύεσο ⇒ ἐλύου	*ἐλαλέεσο ⇒ ἐλαλοῦ
3	ἐλύετο	ἐλαλέετο ⇒ ἐλαλεῖτο
P 1	ἐλυόμεθα	ἐλαλεόμεθα ⇒ ἐλαλούμεθα
2	ἐλύεσθε	ἐλαλέεσθε ⇒ ἐλαλεῖσθε
3	ἐλύοντο	ἐλαλέοντο ⇒ ἐλαλοῦντο

Remarque : les désinences employées sont les mêmes que celles des aoristes seconds (ἦλθον, ἐγενόμην). Sur l'augment, cf. p. 56.

L'imparfait de εἰμί
Le verbe εἰμί, être, a une conjugaison qui lui est propre :

S 1	ἤμην
2	ἦσθα ou ἦς
3	ἦν
P 1	ἦμεν ou ἤμεθα
2	ἦτε
3	ἦσαν

Les aoristes seconds à voyelle longue

Le NT en utilise couramment deux :
– ἔβην   aoriste de βαίνω, marcher, aller (toujours en composition)
– ἔγνων   aoriste de γινώσκω, connaître.

Le radical γνω- de ce dernier verbe apparaît clairement au présent de la forme du grec classique : γι-γνώ-σκω.

Aoriste actif de βαίνω

	Indicatif *Je marchais*	Subjonctif *Que je marche*	Impératif *Marche*	Infinitif *Marcher*
S 1	ἔβην	βῶ		βῆναι
2	ἔβης	βῇς	βῆθι ou βᾶ	
3	ἔβη	βῇ	βήτω	
				Participe *Ayant marché*
P 1	ἔβημεν	βῶμεν		βάς, βάντος
2	ἔβητε	βῆτε	βῆτε ou βᾶτε	βᾶσα, βάσης
3	ἔβησαν	βῶσι(ν)	βήτωσαν	βάν, βάντος

Aoriste actif de γινώσκω

	Indicatif *Je connus*	Subjonctif *Que je connaisse*	Impératif *Connais*	Infinitif *Connaître*
S 1	ἔγνων	γνῶ		γνῶναι
2	ἔγνως	γνῷς	γνῶθι	
3	ἔγνω	γνῷ ou γνοῖ	γνώτω	
				Participe *ayant connu*
P 1	ἔγνωμεν	γνῶμεν		γνούς, γνόντος
2	ἔγνωτε	γνῶτε	γνῶτε	
3	ἔγνωσαν	γνῶσιν	γνώτωσαν	

Remarque : à l'indicatif ἔβην et ἔγνων ont les mêmes désinences que les aoristes passifs.

ἐγένετο *dans le texte*

v. 4   καὶ ἐγένετο ἐν τῷ σπείρειν ὃ μὲν ἔπεσεν παρὰ τὴν
ὁδόν, καὶ ἦλθεν τὰ πετεινὰ καὶ κατέφαγεν αὐτό,

Et il arriva, pendant qu'il semait, un (grain) tomba le long du chemin
et les oiseaux vinrent et le mangèrent.

Cette phrase présente une structure syntaxique héritée de la Septante :

καὶ ἐγένετο + **un complément de temps ± καί** +**verbe personnel**

καὶ ἐγένετο « et il arriva », est alors l'équivalent de la conjonction de
coordination « or »[2].

Ex. : Mc 1,9   καὶ ἐγένετο ἐν ἐκείναις ταῖς ἡμέραις ἦλθεν
᾽Ιησοῦς ἀπὸ Ναζαρέθ,

Or, en ces jours-là, Jésus vint de Nazareth.

***Les emplois de* ἐγένετο**

- Hérités du grec classique :

1.   Il signifie fréquemment : il y eut, il arriva, il eut lieu

ex. :   Jn 2,1

τῇ ἡμέρα τῇ τρίτῃ γάμος ἐγένετο ἐν Κανά.

Le troisième jour, un mariage eut lieu à Cana.

2.   Avec un attribut, ἐγένετο signifie : il devint

ex. : Jn 1,14   ὁ λόγος σὰρξ ἐγένετο.

Le Logos devint chair.

3.   Il peut servir d'aoriste à εἰμι

ex. : Mc 9,33

καὶ ἐν τῇ οἰκίᾳ γενόμενος ἐπήρωτα αὐτούς.

Et se trouvant dans la maison, il les interrogeait.

- Décalques de l'hébreu (sémitismes) :

1.   ἐγένετο + proposition infinitive

ἐγένετο a alors le sens de : *il arriva que*

---

2. καὶ ἐγένετο traduit l'hébreu *wayᵉhî*, « et il fut », qui a un rôle d'embrayeur dans le récit :
« il était une fois, or ».

ex. : Lc 6, 6 : ἐγένετο δέ ἐν ἑτέρῳ σαββάτῳ εἰσελθεῖν αὐτὸν εἰς τὴν συναγωγήν,

Et il arriva, un autre sabbat, qu'il entre dans la synagogue.

2. ἐγένετο + un complément de temps ± καί + un verbe à un mode personnel

ex. : Mc 4,4 : καὶ ἐγένετο ἐν τῷ σπείρειν ὃ μὲν ἔπεσεν παρὰ τὴν ὁδὸν καὶ ἦλθεν τὰ πετεινά.

Or, pendant qu'il semait, une partie (de la semence) tomba le long du chemin et les oiseaux vinrent.

ἐγένετο a alors le sens de : or ; le καί (de reprise) ne se traduit pas.

Exercice 14

Phrases à traduire.

1. Καὶ ἐγένετο αὐτὸν ἐν τοῖς σάββασιν παραπορεύεσθαι διὰ τῶν σπορίμων.
2. Καὶ ὅταν ὀψὲ ἐγένετο, ἐξεπορεύοντο ἔξω τῆς πόλεως.
3. Ἐγένετο δὲ ἐν μιᾷ τῶν ἡμερῶν καὶ αὐτὸς ἐνέβη εἰς πλοῖον.
4. Καὶ ἐγένετο ὅτε ἐτέλεσεν ὁ Ἰησοῦς διατάσσων τοῖς δώδεκα μαθηταῖς αὐτοῦ, μετέβη ἐκεῖθεν.

17

Les verbes à liquide et nasale.
La syntaxe de l'infinitif

Le texte : Marc 4, 1-9

Repérage
– des verbes dont le radical est terminé par λ, μ, ν, ρ (en gras) ;
– des emplois de l'infinitif (les constructions sont en italique).

1 Καὶ πάλιν *ἤρξατο διδάσκειν* παρὰ τὴν θάλασσαν καὶ συνάγεται πρὸς αὐτὸν ὄχλος πλεῖστος, *ὥστε αὐτὸν εἰς πλοῖον ἐμβάντα καθῆσθαι* ἐν τῇ θαλάσσῃ, καὶ πᾶς ὁ ὄχλος πρὸς τὴν θάλασσαν ἐπὶ τῆς γῆς ἦσαν. 2 καὶ ἐδίδασκεν αὐτοὺς ἐν παραβολαῖς πολλὰ καὶ ἔλεγεν αὐτοῖς ἐν τῇ διδαχῇ αὐτοῦ· 3 Ἀκούετε. ἰδοὺ ἐξῆλθεν ὁ σπείρων **σπεῖραι**. 4 καὶ ἐγένετο *ἐν τῷ* **σπείρειν** ὃ μὲν ἔπεσεν παρὰ τὴν ὁδόν, καὶ ἦλθεν τὰ πετεινὰ καὶ κατέφαγεν αὐτό. 5 καὶ ἄλλο ἔπεσεν ἐπὶ τὸ πετρῶδες ὅπου οὐχ εἶχεν γῆν πολλήν, καὶ εὐθὺς **ἐξανέτειλεν** *διὰ τὸ μὴ ἔχειν* βάθος γῆς. 6 καὶ ὅτε **ἀνέτειλεν** ὁ ἥλιος ἐκαυματίσθη καὶ *διὰ τὸ μὴ ἔχειν* ῥίζαν **ἐξηράνθη**. 7 καὶ ἄλλο ἔπεσεν εἰς τὰς ἀκάνθας, καὶ ἀνέβησαν αἱ ἄκανθαι καὶ συνέπνιξαν αὐτό, καὶ καρπὸν οὐκ ἔδωκεν. 8 καὶ ἄλλα ἔπεσεν εἰς τὴν γῆν τὴν καλὴν καὶ ἐδίδου καρπὸν ἀναβαίνοντα καὶ αὐξανόμενα καὶ ἔφερεν ἓν τριάκοντα καὶ ἓν ἑξήκοντα καὶ ἓν ἑκατόν. 9 καὶ ἔλεγεν· ὃς ἔχει ὦτα *ἀκούειν* ἀκουέτω.

Analyse

Les verbes à liquide ou nasale
(verbes dont le radical est terminé par λ, μ, ν, ρ)

v. 3   **σπεῖραι**   infinitif aoriste actif de σπείρω, semer.

        σπειρ-   radical σπερ- avec allongement de ε en ει
                    à l'aoriste actif ; cet allongement compense
                    la chute du σ de l'aoriste,

        -αι   désinence d'infinitif aoriste actif,
                    cf. λῦ-σαι.

v. 4   **σπείρειν**

        σπειρ-   radical σπερ- avec allongement de ε en ει
                    également au présent,

        -ειν   désinence d'infinitif présent actif,
                    cf. λύ-ειν.

v. 5-6 **ἐξανέτειλεν**

        ἐξ- / ἀν(α)- préverbes,
        -ε-   augment,
        -τειλ-   radical τελ-,
                    avec allongement de ε en ει à l'aoriste,
        -ε(ν)   voyelle de liaison 3ᵉ sing., cf. ἔλυ-σ-ε(ν).

v. 6   **ἐξηράνθη**

        ἐ-   augment,
        -ξηραν-   radical,
        -θη   caractéristique d'aoriste passif 3ᵉ sing.
                    (pas de désinence).

L'infinitif et ses emplois

v. 1   ἤρξατο διδάσκειν, il se mit à enseigner.
        L'accent est mis sur le commencement de l'action : c'est à ce
        moment-là que la foule se rassemble.
        ἄρχομαι + infinitif : commencer à, se mettre à.

v. 1   ὥστε αὐτόν... καθῆσθαι, de telle sorte qu'il était assis.
ὥστε introduit une proposition subordonnée de conséquence dont le verbe est normalement à l'infinitif et le sujet à l'accusatif (cf. p. 140).

v. 3   ἐξῆλθεν ὁ σπείρων σπεῖραι, le semeur sortit pour semer.

v. 9   ὃς ἔχει ὦτα ἀκούειν, qui a des oreilles pour entendre.

Nous avons, dans ces deux derniers exemples, deux infinitifs de but.

v. 4   ἐν τῷ σπείρειν, pendant qu'il semait
(litt. : dans le fait de semer).

v. 5-6 διὰ τὸ μὴ ἔχειν, parce qu'il n'avait pas
(litt. : à cause du fait de ne pas avoir).

Préposition +	article neutre + infinitif	=	proposition circonstancielle
	(au cas voulu		de temps (ἐν τῷ)
	par la préposition)		ou de cause (διὰ τό).

Grammaire

Les verbes à liquide ou à nasale

Les verbes à liquide ou nasale (-λω, -μω, -νω, -ρω) présentent quelques particularités :

⊙ *Au présent, le radical est renforcé par un suffixe*
– Verbes en -λω

Sur le radical τελ-, on forme, à l'aide d'un suffixe -Yω[1], le présent *τελ-Yω ⇒ τέλ-λ-ω.

---

1. Comme le digamma (F), le yod (y) est une ancienne consonne, disparue de la graphie mais repérable dans l'évolution phonétique des mots.

– Verbes en -νω et -ρω

La voyelle s'allonge ou se diphtongue :

	Radical	Présent
α ⇒ αι	ξηραν-	ξηραίνω
ε ⇒ ει	σπερ-	σπείρω
ι ⇒ ι (long)	κριν-	κρίνω
	(ι bref)	(ι long)
υ ⇒ υ (long)	ἀμυν-	ἀμύνω
	(υ bref)	(υ long)

⊙ *Le futur est contracte*

Le futur se forme sur le radical avec un suffixe de futur -ε σ- devenu -ε- par chute du sigma (entre voyelles) ; cette voyelle -ε- se contracte avec la voyelle de liaison précédant la désinence. La conjugaison est celle du présent des verbes contractes en -έω.

στέλλω	radical στελ-	futur	στελῶ
φαίνω	φαν-		φανῶ
σπείρω	σπερ-		σπερῶ
κρίνω	κριν-		κρινῶ

⊙ *L'aoriste a perdu son sigma*

À l'actif (et au moyen), la voyelle du radical s'allonge en compensation de la chute du sigma qui existait à l'origine :

α ⇒ η	φαίνω	radical φαν-	aoriste ἔφηνα
ε ⇒ ει	στέλλω	στελ-	ἔστειλα
ι ⇒ ι	κρίνω	κριν-	ἔκρινα

L'aoriste des verbes à liquide

⊙ *Actif*

	Indicatif	Subjonctif	Impératif
S 1	ἔστειλα	στείλω	
2	ἔστειλας	στείλῃς	στεῖλον
3	ἔστειλε(ν)	στείλῃ	στείλατω
P 1	ἐστείλαμεν	στείλωμεν	
2	ἐστείλατε	στείλητε	στείλατε
3	ἔστειλαν	στείλωσι(ν)	στειλάτωσαν

Infinitif	Participe		
στεῖλαι	masc.	στείλας,	-αντος
	fém.	στείλασα,	-άσης
	neutre	στεῖλαν,	-αντος

⊙ *Moyen*

	Indicatif	Subjonctif	Impératif
S 1	ἐστειλάμην	στείλωμαι	
2	ἐστείλω	στείλῃ	στεῖλαι
3	ἐστείλατο	στείληται	στειλάσθω
P 1	ἐστειλάμεθα	στειλώμεθα	
2	ἐστείλασθε	στείλησθε	στείλασθε
3	ἐστείλαντο	στείλωνται	στειλάσθωσαν

Infinitif	Participe	
στείλασθαι	masc.	στειλάμενος
	fém.	στειλαμένη
	neutre	στειλάμενον

⊙ *Le parfait actif et l'aoriste passif se forment comme ceux de* λύω

ἀγγέλλω	ἀγγελ-	parfait	ἤγγελκα
		aoriste passif	ἤγγέλθην
στέλλω	στελ-	parfait	ἔσταλκα
		aoriste passif	ἐστάλην
κρίνω	κριν-	parfait	κέκρικα
		aoriste passif	ἐκρίθην

Le verbe στέλλω (cf. également σπείρω) rassemble, au parfait et à l'aoriste passif, plusieurs particularités mais celles-ci n'affectent pas la conjugaison : le radical a une forme réduite (avec la voyelle α au lieu de ε) ; le redoublement du parfait ne répète pas la première consonne du radical (cf. p. 118) ; enfin, l'aoriste passif est « second » (cf. p. 58 et 282-283).

Le verbe κρίνω a un -ν- inconstant (qui manque en particulier au parfait et à l'aoriste passif) à la fin du radical.

Le parfait des autres verbes en -νω est rare.

Les emplois de l'infinitif
La différence entre les emplois de l'infinitif en grec classique et dans la *Koinè* est assez considérable : l'infinitif seul tend à disparaître, concurrencé par des subordonnées introduites par ὅτι (objet) et ἵνα (but) ; mais l'infinitif précédé de l'article se développe, remplaçant à son tour certaines propositions circonstancielles ; enfin, on trouve encore l'infinitif en proposition subordonnée de conséquence introduite par ὥστε.

L'infinitif complétif
– La proposition subordonnée infinitive sans conjonction de subordination s'emploie d'abord comme objet après les *verbes d'obligation* :
ex. :   Jn 3, 7   δεῖ ὑμᾶς γεννηθῆναι ἄνωθεν,
                Il faut que vous soyez engendrés d'en haut.
        δεῖ : verbe impersonnel de la proposition principale,

ὑμᾶς γεννηθῆναι ἄνωθεν :
proposition infinitive complétive : le verbe est à l'infinitif et **le
sujet à l'accusatif.**
Jn 10, 16   κἀκεῖνα με δεῖ ἀγαγεῖν
               Il faut que je les conduise.
δεῖ : verbe impersonnel de la proposition principale,
κἀκεῖνα με ἀγαγεῖν :
proposition infinitive complétive.

– On trouve aussi la proposition infinitive après les *verbes de volonté* :
ex. :   Mt 14, 28   κελεῦσόν με ἐλθεῖν πρὸς σέ,
                        Ordonne que je vienne vers toi.

Mais elle est alors concurrencée par ἵνα + subjonctif :
ex. :   1 Co 14, 15
         θέλω δὲ πάντας ὑμᾶς λαλεῖν γλώσσαις, μᾶλλον δὲ
         ἵνα προφητεύητε ; je veux que vous tous parliez en langues
         mais plutôt que vous prophétisiez (les deux constructions se
         trouvent dans la même phrase).

– La proposition infinitive se trouve aussi après les *verbes d'opinion* :
ex. :   Ac 28, 6   ἔλεγον αὐτὸν εἶναι θεόν,
                        Ils disaient qu'il était un dieu.

         Mais elle est concurrencée par la construction avec ὅτι suivi d'un
verbe à un mode personnel :
ex. :   Jn 10, 7
         λέγω ὑμῖν ὅτι ἐγώ εἰμι ἡ θύρα τῶν προβάτων,
         Je vous dis que moi je suis la porte des brebis.

– Elle apparaît parfois après les *verbes de perception* :
ex. :   Jn 12, 18
         ἤκουσαν τοῦτο αὐτὸν πεποιηκέναι τὸ σημεῖον,
         ils entendirent (dire) qu'il avait fait ce signe.

         La construction usuelle est une proposition participiale :
ex. :   Jn 10, 12   θεωρεῖ τὸν λύκον ἐρχόμενον,
                        il voit le loup venir (que le loup vient).

On trouve aussi la construction avec ὅτι :

ex. :   Jn 14, 28   ἠκούσατε ὅτι ἐγω εἶπον ὑμῖν,
                        vous avez entendu dire que moi je vous ai dit.

Remarque : si le sujet de l'infinitive est le même que celui de la principale, il n'est pas répété :

ex. :   Ac 18, 15   κριτὴς τούτων ἐγὼ οὐ βούλομαι εἶναι,
                        le juge de ceux-ci, moi, je ne veux pas (l') être.

L'infinitif de but sans article

L'infinitif de but est employé après un verbe de mouvement (ἔρχομαι, πορεύομαι, ἀναβαίνω, etc. ; cf. p. 255) :

ex. :   Mc 4, 3   ἐξῆλθεν ὁ σπείρων σπεῖραι,
                        le semeur sortit (pour) semer.

L'infinitif précédé de l'article

Cet infinitif peut être précédé de τοῦ avec le même sens de but :

ex. :   Mt 13, 3   ἐξῆλθεν ὁ σπείρων τοῦ σπεῖραι,
                        le semeur sortit pour semer.

         Mt 13, 13   τότε παραγίνεται ὁ Ἰησοῦς... πρὸς τὸν
                        Ἰωάννην τοῦ βαπτισθῆναι ὑπ' αὐτοῦ,
                        Alors paraît Jésus… vers Jean, pour être baptisé par lui.

L'infinitif substantivé précédé d'une préposition équivaut à une proposition circonstancielle. Cet infinitif peut avoir un sujet, qui se met à l'accusatif.

         ἐν τῷ + infinitif : pendant que.
         διὰ τό + infinitif : parce que .

ex. :   Lc 8, 42   ἐν δὲ τῷ ὑπάγειν αὐτὸν οἱ ὄχλοι
                        συνέπνιγον αὐτόν,
                        Pendant qu'il s'en allait, les foules l'étouffaient.

D'autres prépositions se combinent avec l'article :

πρὸ τοῦ + inf. : avant que

ex. :   Ac 23, 15 ἡμεῖς δὲ **πρὸ τοῦ ἐγγίσαι αὐτὸν** ἕτοιμοι ἐσμεν τοῦ ἀνελεῖν αὐτόν,
                        Nous, avant qu'il n'approche, nous sommes prêts à le tuer.

μετὰ τό + **inf.** : après que

ex. :   Mc 16, 19

ὁ μὲν οὖν κύριος ᾽Ιησοῦς μετὰ τὸ λαλῆσαι αὐτοῖς ἀνελήμφθη εἰς τὸν οὐρανόν,

Donc le Seigneur Jésus, après qu'il leur eut parlé, fut emporté vers le ciel.

ἕως τοῦ + **inf.** : jusqu'à ce que

ex. :   Ac 8, 40

εὐηγγελίζετο τὰς πόλεις πάσας ἕως τοῦ ἐλθεῖν αὐτὸν εἰς Καισάρειαν,

Il annonçait la bonne nouvelle dans toutes les villes jusqu'à ce qu'il vienne à Césarée.

εἰς τό ou **πρός τό** + **inf.** : pour que, afin que

ex. :   Rm 7, 4

καὶ ὑμεῖς ἐθανατώθητε τῷ νόμῳ διὰ τοῦ σώματος τοῦ Χριστοῦ εἰς τὸ γενέσθαι ὑμᾶς ἑτέρῳ,

Et vous vous avez été mis à mort à (l'égard de) la loi par le corps du Christ pour que vous soyez à un autre.

Mt 5,28

ἐγὼ δὲ λέγω ὑμῖν ὅτι πᾶς ὁ βλέπων γυναῖκα πρὸς τὸ ἐπιθυμῆσαι αὐτὴν ἤδη ἐμοίχευσεν αὐτὴν ἐν τῇ καρδίᾳ αὐτοῦ,

Et moi je vous dis que tout homme qui regarde une femme afin de la désirer a déjà commis l'adultère avec elle dans son cœur.

L'infinitif introduit par ὥστε

Cf. p. 140 et Mc 4,1 (p. 159).

Vocabulaire

Les invariants

ὅπου	là où.
εὐθύς ou εὐθέως	aussitôt (adverbe particulièrement important dans Marc).

ἑκατόν   cent.
    Noter le composé :
    ὁ ἑκατοντάρχης le chef de cent hommes, le centurion.

ἰδού   voici.

Les adjectifs

πλεῖστος, η, ον   très nombreux (superlatif de πολύς).

πολύς, πολλή, πολύ   nombreux.
    πολλά   beaucoup de choses (pluriel neutre de πολύς).

ἕτερος, α, ον   autre.

Les verbes

γίνομαι   devenir, arriver, être.
                 En grec classique : γίγνομαι.
                 aoriste : ἐγενόμην ; parfait : γέγονα.
                 Les temps primitifs mettent en évidence une racine indo-européenne, caractérisée par l'alternance des vocalisations :

$$\gamma\epsilon\nu \ / \ \gamma o\nu \ / \ \gamma\nu.$$

                 Le sens originel serait : naître mais on trouve aussi très anciennement : devenir, se produire.
    γίνομαι a un nombre considérable de dérivés et composés.

τὸ γένος, ους   la race, la famille (au sens patriarcal), la postérité.

ἡ γενεά, ᾶς   (très proche du précédent) la famille, la génération, la naissance.

ἡ γένεσις, εως   la naissance, l'origine.
                 dans le premier livre du Pentateuque, la Septante l'utilise pour traduire l'hébreu *Toledot,* engendrements, générations, d'où le titre de Genèse.

μονογενής   unique-engendré (cf. p. 155).

συγγενής   litt. : né avec, d'où : de même origine, de même famille. Avec l'article, le parent, la parente.
            Avec redoublement de la nasale :

γεννάω   engendrer.

γεννητός   engendré.

     Enfin, avec le vocalisme o de la racine :

ὁ γονεύς   le père.

οἱ γονεῖς   les parents.

ἄρχομαι   (moyen) commencer. À l'actif (ἄρχω), commander. La racine implique l'idée de « marcher le premier ».

ὁ ἄρχων   le chef, le prince.

    ἡ ἀρχή   le commencement ; (au plur.) les puissances.

     Verbe composé :

ὑπάρχω   être au commencement, exister (substitut du verbe « être »). Le français a surtout gardé l'idée de pouvoir : la mon-archie, ou pouvoir d'un seul (μόνος) ; un arch-evêque (ὁ ἐπίσκοπος a comme sens premier : le gardien, le protecteur) est un prélat qui se trouve à la tête de plusieurs évêques.

συνάγω   rassembler.

    συνάγομαι   (moyen) se rassembler.

     Formé sur le verbe ἄγω, conduire, emmener, qui a de nombreux composés dont

ἐξάγω   faire sortir.

ἀπάγω   emmener.

παράγω   passer devant, ou à côté.

     Le radical à redoublement de l'aoriste (ἤγαγον) a donné de nombreux dérivés dont :

ἡ συναγωγή   l'action de rassembler (Gn 28, 3), le lieu de rassemblement (Gn 1, 9), l'assemblée en tant que communauté organisée (Ex 12, 3). En français, c'est aussi ce radical à redoublement qui a été retenu : un péd-agogue, esclave qui conduit l'enfant (ὁ παῖς, παιδός) à l'école.

ἐμβαίνω   monter dans, embarquer (ἐν- devient ἐμ- devant β, π, φ).

κάθημαι   s'asseoir, être assis, se tenir.

σπείρω   semer.
    τὸ σπέρμα   la semence, la descendance, la race.
                           À côté de ce sens technique de semer, la
                           racine de ce verbe contient l'idée de :
                           répandre, disperser, ce qui est repris par le
                           composé διασπείρω, disperser, et son
                           dérivé :
    ἡ διασπορά   la dispersion, l'exil.

πίπτω   tomber.
    fut. πεσοῦμαι ; aor. ἔπεσον ; parf. πέπτωκα
    τὸ παράπτωμα   litt. : le fait de tomber du droit chemin, à
                           côté, d'où : échec, erreur, transgression. Un
                           sens technique : la chute.

ἀνατέλλω   se lever (mot rare).
καυματίζω   brûler (mot rare).
ξηραίνω   sécher, dessécher (mot rare).

πνίγω   étouffer (mot rare).
    συμπνίγω   étouffer.

αὐξάνω   augmenter, croître.
φέρω   porter, rapporter.

(κατ)εσθίω   manger, dévorer.
    aoriste : ἔφαγον

                           κατά en composition exprime souvent
                           l'achèvement de l'action : ἐσθίω, manger,
                           κατεσθίω, dévorer.
ἀναιρέω   tuer. Aoriste εἷλον
θανατόω   faire mourir, livrer à la mort.

Les noms
ἡ θάλασσα, ης   la mer.
                           Les Juifs désignent ainsi le lac de Tibériade.

	En français : thalasso-thérapie (θεραπεύω, soigner).
ὁ ὄχλος, ου	la foule, la masse. À distinguer de ὁ λαός, le peuple, en particulier le peuple de Dieu.
τὸ πλοῖον, ου	la barque.
ἡ γῆ, ῆς	la terre.
ἡ διδαχή, ῆς	l'enseignement, la doctrine.
ἡ ὁδός, οῦ	la route, le chemin. un composé : ἡ ἔξοδος, la sortie, et en particulier, depuis la Septante, la sortie des Fils d'Israël hors d'Égypte.
τὸ πετεινόν, οῦ	l'oiseau (mot rare).
τὸ βάθος, ους	la profondeur (mot rare).
ὁ ἥλιος, ου	le soleil. Cf. français : hélio-trope, plante qui se tourne (τρέπομαι) vers le soleil.
ἡ ῥίζα, ης	la racine (mot rare).
ἡ ἄκανθα, ης	le buisson d'épines (mot rare).
ὁ καρπός, οῦ	le fruit.
τὸ οὖς, ὠτός	l'oreille. Cf. français : otite ou myos-otis (litt. : oreille de souris).
ἡ παραβολή, ῆς	la parabole.
τὸ σῶμα, ατος	le corps.
ἡ καρδία, ας	le cœur.
ὁ γάμος, ου	le mariage.

Exercice 15

Analyser les formes verbales et traduire les phrases.

1. Ἀποστελεῖ ὁ υἱὸς τοῦ ἀνθρώπου τοὺς ἀγγέλους αὐτοῦ.

2. Ἄγγελος κυρίου κατ'ὄναρ ἐφάνη αὐτῷ.

3.   Πάντες δὲ οἱ προφῆται κατήγγειλαν τὰς ἡμέρας ταύτας.

4.   Ἔγνων σε ὅτι σκληρὸς εἶ ἄνθρωπος.

Exercice 16

Phrases à traduire.

1.   Ἔπεμψα εἰς τὸ γνῶναι τὴν πίστιν ὑμῶν.

2.   Ἐπιθυμίᾳ ἐπεθύμησα τοῦτο τὸ πάσχα φαγεῖν μεθ' ὑμῶν πρὸ τοῦ με παθεῖν.

3.   Οὐκ ἦλθον καταλῦσαι ἀλλὰ πληρῶσαι.

18

Les participes

Le texte : Marc 4, 10-20

10 Καὶ ὅτε **ἐγένετο** κατὰ μονάς, ἠρώτων αὐτὸν οἱ περὶ αὐτὸν σὺν τοῖς δώδεκα τὰς παραβολάς. 11 καὶ **ἔλεγεν** αὐτοῖς· ὑμῖν τὸ μυστήριον δέδοται τῆς βασιλείας τοῦ θεοῦ· ἐκείνοις δὲ τοῖς ἔξω ἐν παραβολαῖς τὰ πάντα γίνεται, 12 ἵνα βλέποντες **βλέπωσιν** καὶ μὴ **ἴδωσιν** καὶ ἀκούοντες ἀκούωσιν καὶ μὴ συνιῶσιν, μήποτε **ἐπιστρέψωσιν** καὶ ἀφεθῇ αὐτοῖς. 13 Καὶ λέγει αὐτοῖς· οὐκ οἴδατε τὴν παραβολὴν ταύτην, καὶ πῶς πάσας τὰς παραβολὰς γνώσεσθε ; 14 ὁ **σπείρων** τὸν λόγον σπείρει. 15 οὗτοι δέ εἰσιν οἱ παρὰ τὴν ὁδόν· ὅπου **σπείρεται** ὁ λόγος καὶ ὅταν **ἀκούσωσιν**, εὐθὺς ἔρχεται ὁ σατανᾶς καὶ αἴρει τὸν λόγον τὸν ἐσπαρμένον εἰς αὐτούς. 16 καὶ οὗτοι εἰσιν οἱ ἐπὶ **τὰ πετρώδη** σπειρόμενοι, οἳ ὅταν ἀκούσωσιν τὸν λόγον εὐθὺς μετὰ **χαρᾶς** λαμβάνουσιν αὐτόν. 17 καὶ οὐκ ἔχουσιν ῥίζαν ἐν ἑαυτοῖς ἀλλὰ πρόσκαιροί εἰσιν, εἶτα γενομένης **θλίψεως** ἢ διωγμοῦ διὰ τὸν λόγον εὐθὺς σκανδαλίζονται. 18 καὶ ἄλλοι εἰσὶν οἱ εἰς τὰς ἀκάντας σπειρόμενοι· οὗτοι εἰσιν οἱ τὸν λόγον ἀκούσαντες. 19 καὶ αἱ μέριμναι τοῦ **αἰῶνος** καὶ ἡ ἀπάτη τοῦ πλούτου καὶ αἱ

περὶ τὰ λοιπὰ ἐπιθυμίαι **εἰσπορευόμεναι** συμπνίγνουσιν τὸν λόγον καὶ ἄκαρπος γίνεται. 20 καὶ ἐκεῖνοί εἰσιν οἱ ἐπὶ τὴν γῆν τὴν καλὴν σπαρέντες, **οἵτινες** ἀκούουσιν τὸν λόγον καὶ παραδέχονται καὶ καρποφοροῦσιν ἐν τριάκοντα καὶ ἐν ἑξήκοντα καὶ ἐν ἑκατόν.

Exercice de préparation
Analyser les formes en gras et traduire les v. 13 et 14.

Traduction littérale

10 Καὶ ὅτε ἐγένετο κατὰ μονὰς, ἠρώτων αὐτὸν
Et lorsqu'   il fut   à l'écart,   l'interrogeaient

οἱ περὶ αὐτὸν   σὺν τοῖς δώδεκα τὰς παραβολάς.
ceux (qui étaient) autour de lui avec les Douze   sur les paraboles.

11 καὶ ἔλεγεν αὐτοῖς·
Et   il disait   à eux :

ὑμῖν   τὸ μυστήριον δέδοται τῆς βασιλείας τοῦ θεοῦ·
« À vous le mystère du Royaume de Dieu est donné ;

ἐκείνοις δὲ τοῖς ἔξω ἐν παραβολαῖς τὰ πάντα γίνεται,
mais pour ceux du dehors,   tout advient en paraboles,

12 ἵνα βλέποντες βλέπωσιν καὶ μὴ ἴδωσιν
afin que regardant,   ils regardent   et ne voient pas,

καὶ ἀκούοντες ἀκούωσιν καὶ μὴ συνιῶσιν,
et   qu'entendant   ils entendent et ne comprennent pas,

μήποτε ἐπιστρέψωσιν καὶ ἀφεθῇ αὐτοῖς.
de peur qu'ils ne se convertissent et   qu'il ne leur soit pardonné. »

13 Καὶ λέγει αὐτοῖς· οὐκ οἴδατε τὴν παραβολὴν ταύτην,
Et   il dit   à eux :   « Vous ne saisissez pas   cette parabole,

καὶ πῶς πάσας τὰς παραβολὰς γνώσεσθε;
alors comment connaîtrez-vous toutes les paraboles ?

14 ὁ σπείρων τὸν λόγον σπείρει. 15 οὗτοι δέ εἰσιν
Le semeur   sème la parole .   Ceux-ci sont

οἱ   παρὰ τὴν ὁδόν   ὅπου σπείρεται ὁ λόγος
ceux (qui sont) le long du chemin,   là où est semée la parole

καὶ ὅταν ἀκούσωσιν, εὐθὺς ἔρχεται ὁ σατανᾶς
et   lorsqu'ils entendent,   aussitôt vient   le Satan

καὶ αἴρει τὸν λόγον τὸν ἐσπαρμένον εἰς αὐτούς.
et   il enlève la parole   qui a été semée   en eux.

16 καὶ οὗτοι εἰσιν οἱ ἐπὶ τὰ πετρώδη σπειρόμενοι,
   et   ceux-ci sont   ceux (qui sont) semés sur les endroits pierreux,

οἳ ὅταν ἀκούσωσιν τὸν λόγον
qui, lorsqu'ils entendent   la parole,

εὐθὺς μετὰ χαρᾶς λαμβάνουσιν αὐτόν.
aussitôt,   avec joie ,   ils la reçoivent,

17 καὶ οὐκ ἔχουσιν ῥίζαν ἐν ἑαυτοῖς
   et   ils n'ont pas de racine en eux-mêmes

ἀλλὰ πρόσκαιροί εἰσιν,
mais ils sont (des gens) d'un moment ;

εἶτα γενομένης θλίψεως ἢ διωγμοῦ διὰ τὸν λόγον
ensuite la détresse ou la persécution survenant   à cause de la parole,

εὐθὺς σκανδαλίζονται. 18 καὶ ἄλλοι εἰσὶν
aussitôt   ils trébuchent.   Et d'autres   sont

οἱ εἰς τὰς ἀκάντας σπειρόμενοι·
ceux (qui sont) semés dans les épines ;

οὗτοι εἰσιν οἱ τὸν λόγον ἀκούσαντες.
ceux-ci sont ceux ayant écouté la parole

19 καὶ αἱ μέριμναι τοῦ αἰῶνος
et   les soucis   du temps

καὶ ἡ ἀπάτη τοῦ πλούτου
et   la tromperie de la richesse

καὶ αἱ περὶ τὰ λοιπὰ ἐπιθυμίαι εἰσπορευόμεναι
et   les convoitises de tout le reste   s'introduisant

συμπνίγνουσιν τὸν λόγον καὶ ἄκαρπος γίνεται.
étouffent   la parole   et elle devient sans fruit.

20 καὶ ἐκεῖνοί εἰσιν
Et   ceux-là   sont

οἱ ἐπὶ τὴν γῆν τὴν καλὴν σπαρέντες,
ceux qui ont été semés sur la bonne terre,

οἵτινες ἀκούουσιν τὸν λόγον καὶ παραδέχονται καὶ
qui   entendent   la parole   et   (l') accueillent   et

καρποφοροῦσιν ἓν   τριάκοντα
portent du fruit,   l'un   trente,

καὶ ἓν ἑξήκοντα καὶ ἓν ἑκατόν. »
et   l'un soixante   et   l'un   cent. »

Repérage des participes

10 Καὶ ὅτε ἐγένετο κατὰ μονάς, ἠρώτων αὐτὸν οἱ περὶ
αὐτὸν σὺν τοῖς δώδεκα τὰς παραβολάς. 11 καὶ ἔλεγεν
αὐτοῖς· ὑμῖν τὸ μυστήριον δέδοται τῆς βασιλείας τοῦ
θεοῦ· ἐκείνοις δὲ τοῖς ἔξω ἐν παραβολαῖς τὰ πάντα
γίνεται, 12 ἵνα **βλέποντες** βλέπωσιν καὶ μὴ ἴδωσιν καὶ
ἀκούοντες ἀκούωσιν καὶ μὴ συνιῶσιν, μήποτε
ἐπιστρέψωσιν καὶ ἀφεθῇ αὐτοῖς. 13 Καὶ λέγει αὐτοῖς·
οὐκ οἴδατε τὴν παραβολὴν ταύτην, καὶ πῶς πάσας τὰς
παραβολὰς γνώσεσθε ; 14 ὁ **σπείρων** τὸν λόγον σπείρει.
15 οὗτοι δέ εἰσιν οἱ παρὰ τὴν ὁδόν· ὅπου σπείρεται ὁ

λόγος καὶ ὅταν ἀκούσωσιν, εὐθὺς ἔρχεται ὁ σατανᾶς καὶ αἴρει τὸν λόγον **τὸν ἐσπαρμένον** εἰς αὐτούς. 16 καὶ οὗτοι εἰσιν **οἱ** ἐπὶ τὰ πετρώδη **σπειρόμενοι**, οἳ ὅταν ἀκούσωσιν τὸν λόγον εὐθὺς μετὰ χαρᾶς λαμβάνουσιν αὐτόν. 17 καὶ οὐκ ἔχουσιν ῥίζαν ἐν ἑαυτοῖς ἀλλὰ πρόσκαιροί εἰσιν, εἶτα **γενομένης** θλίψεως ἢ διωγμοῦ διὰ τὸν λόγον εὐθὺς σκανδαλίζονται. 18 καὶ ἄλλοι εἰσὶν **οἱ** εἰς τὰς ἀκάντας **σπειρόμενοι**· οὗτοι εἰσιν **οἱ** τὸν λόγον **ἀκούσαντες**. 19 καὶ αἱ μέριμναι τοῦ αἰῶνος καὶ ἡ ἀπάτη τοῦ πλούτου καὶ αἱ περὶ τὰ λοιπὰ ἐπιθυμίαι **εἰσπορευόμεναι** συμπνίγνουσιν τὸν λόγον καὶ ἄκαρπος γίνεται. 20 καὶ ἐκεῖνοί εἰσιν οἱ ἐπὶ τὴν γῆν τὴν καλὴν **σπαρέντες**, οἵτινες ἀκούουσιν τὸν λόγον καὶ παραδέχονται καὶ καρποφοροῦσιν ἓν τριάκοντα καὶ ἓν ἑξήκοντα καὶ ἐν ἑκατόν.

Analyse

v. 12 **βλέποντες** participe présent actif de βλέπω, regarder,
nom. masc. plur.

βλεπ- radical,

-ο- voyelle de liaison,

-ντ- suffixe caractéristique du participe actif,

-ες désinence de nom. masc. plur. de la 3ᵉ déclinaison.

ἀκούοντες participe présent actif de ἀκούω, entendre
nom. masc. plur.

v. 14 **σπείρων** participe présent actif de σπείρω, semer,
nom. masc. sing.

σπειρ- radical,

-ω- voyelle de liaison allongée au nom. masc. sing.,

-ν(τ) marque du participe actif, le τ final est tombé.

v. 15 **ἐσπαρμένον** participe parfait passif de σπείρω, semer,
acc. masc. sing.

ἐ- redoublement d'un radical commençant par σπ-,

-σπαρ-   radical du verbe σπείρω
                (au parfait, ἔσπαρμαι).

-μενον   suffixe de participe moyen ou passif
                et désinence acc. masc. sing.

v. 16 et 18
σπειρόμενοι   participe présent moyen ou passif
                nom. masc. plur. de σπείρω, semer.

σπειρόμενος   nom. masc. sing. du même participe.

v. 17 γενομένης   participe aoriste moyen, gén. fém. sing. de
                     γίνομαι.
                     γεν- radical d'aoriste (ἐγενόμην),
                     -ο-   voyelle de liaison,
                     -μένη ς suffixe de participe moyen et
                     désinence de gén. fém. sing.

v. 18 ἀκούσαντες   participe aoriste actif de ἀκούω, entendre,
                     nom. masc. plur.
       ἀκου-   radical,
       -σα-   syllabe caractéristique de l'aoriste actif,
       -ντ-   suffixe de participe.
       -ες   désinence (3ᵉ déclinaison) nom. masc. plur.

v. 19 εἰσπορευόμεναι participe présent moyen,
                      nom. fém. pl. de εἰσπορεύομαι.

v. 20 σπαρέντες   participe aoriste passif de σπείρω, semer,
                     nom. masc. plur.
       σπαρ-   radical de l'aoriste passif (ἐσπάρην),
       -ε-   abréviation du η caractéristique de l'aoriste
                     passif,
       -ντ-   suffixe de participe (l'aoriste passif a des
                     désinences actives),
       -ες   désinence (3ᵉ déclinaison) de nom. masc. pl.

Remarque : ἐσπάρην se conjugue comme ἐλύθην. Il est dit « aoriste *second passif* « parce que sa terminaison est en **-ην** au lieu de **-θην**.

Outre ces six participes, il existe encore un participe parfait actif.

Noter que	
sur le thème du	*on forme les participes*
présent	présent actif et moyen-passif
aoriste actif	aoriste actif et moyen
parfait actif	parfait actif
aoriste passif	aoriste passif
parfait moyen-passif	parfait moyen-passif

Les participes se comportent à la fois comme des verbes et comme des adjectifs :

– en tant que verbe, le participe se conjugue ; il a une voix et un temps ; il peut avoir un complément d'objet :

        v. 18 : οἱ τὸν λόγον ἀκούσαντες,

              ceux qui ont écouté la parole ;

– en tant qu'adjectif, le participe se décline ; il s'accorde en genre, en nombre et en cas avec le nom ou le pronom qu'il qualifie.

Grammaire

Tableau récapitulatif des participes

Présent

	Actif	Passif
Masc.	λύων, οντος	λυόμενος, ου
Fém.	λύουσα, ης	λυομένη, ης
Neutre	λῦον, οντος	λυόμενον, ου
Masc.	φιλῶν, οῦντος	φιλούμενος, ου
Fém.	φιλοῦσα, ης	φιλουμένη, ης
Neutre	φιλοῦν, οῦντος	φιλούμενον, ου

Aoriste

	Actif	Moyen	Passif
Masc.	λύσας, αντος	λυσάμενος	λυθείς, έντος
Fém.	λύσασα, ης	λυσαμένη	λυθεῖσα, ης
Neut.	λῦσαν, αντος	λυσάμενον	λυθέν, έντος
Masc.	φιλήσας, αντος	φιλησάμενος	φιληθείς, έντος
Fém.	φιλήσασα, ης	φιλησαμένη	φιληθεῖσα, ης
Neut.	φιλῆσαν, αντος	φιλησάμενον	φιληθέν, εντος

Aoriste second

	Actif	Moyen	Passif
Masc.	ἰδών, όντος	γενόμενος	σπαρείς, έντος
Fém.	ἰδοῦσα, ης	γενομένη	σπαρεῖσα, ης
Neutre	ἰδόν, όντος	γενόμενον	σπαρέν, έντος

Parfait

	Actif	Passif
Masc.	λελυκώς, κοτος	λελυμένος, ου
Fém.	λελυκυῖα, κυίας	λελυμένη, ης
Neutre	λελυκός, κότος	λελυμένον, ου
Masc.	πεφιληκώς, κότος	πεφιλημένος, ου
Fém.	πεφιληκυῖα, κυίας	πεφιλημένη, ης
Neutre	πεφιληκός, κότος	πεφιλημένον, ου

Le participe de εἰμί a les mêmes terminaisons que le participe présent actif λυών :

Masc.	ὤν, ὄντος
Fém.	οὖσα, οὔσης
Neutre	ὄν, ὄντος

Les emplois du participe
Mc 4, 1-20 présente les trois emplois du participe en grec.

Le participe précédé de l'article
Le participe précédé de l'article est l'équivalent d'une proposition relative.

  – Il peut accompagner un nom :
ex. :   v. 15   αἴρει τὸν λόγον τὸν ἐσπαρμένον εἰς αὐτούς,
              il enlève la parole qui a été semée en eux.

  – Il peut être employé seul :
ex. :   v. 3   ἐξῆλθεν ὁ σπείρων σπεῖραι,
              celui qui sème (le semeur) est sorti semer.

Le participe sans article
Le participe est aussi employé sans article :

– Il est habituellement l'équivalent d'une proposition circonstancielle de temps ou de cause :
ex. :   v. 1   ὥστε αὐτὸν εἰς πλοῖον ἐμβαντα
                 καθῆσθαι ἐν τῇ θαλάσσῃ,
              de telle sorte que lui étant monté dans une barque était assis sur la mer (parce qu'il était monté et quand il fut monté)[1] ;

– Il est parfois l'équivalent d'une proposition complétive :
ex. :   Ac 21, 32   ἐπαύσαντο τύπτοντες τὸν Παῦλον,
                 Ils cessèrent de frapper Paul.

Le génitif absolu
C'est un complément circonstanciel au génitif qui correspond à une proposition. Il est composé d'un sujet, nom ou pronom, au génitif et d'un participe également au génitif, accordé avec le sujet :
ex. :   v.17   γενομένης   θλίψεως
              participe (G fém. sing.)   nom (G fém. sing.)

---

1. Le participe aoriste exprime fréquemment l'antériorité par rapport au verbe principal.

Le génitif absolu est ici l'équivalent d'une proposition circonstancielle de temps : mot à mot « la détresse advenant », « lorsque vient la détresse ».

La nuance peut être la cause ou la condition :

ex. :   Jn 2, 3 ὑστερήσαντος οἴνου λέγει ἡ μήτηρ τοῦ Ἰησοῦ πρὸς αὐτόν,

Le vin manquant (parce que le vin manquait), la mère de Jésus lui dit.

Ac 18, 21 Πάλιν ἀνακάμψω πρὸς ὑμᾶς τοῦ θεοῦ θέλοντος,

Je reviendrai chez vous, Dieu voulant (si Dieu veut).

Exercice 17

Traduire ces phrases après avoir souligné le génitif absolu.

1.   Καὶ ἐκβληθέντος τοῦ δαιμονίου ἐλάλησεν ὁ κωφός.

2.   Ταῦτα αὐτοῦ λαλοῦντος πολλοὶ ἐπίστευσαν εἰς αὐτόν.

19

Les démonstratifs
Les noms de nombre

Le texte : Marc 4, 10-20

Repérage
– des noms de nombre (en italiques) ;
– de l'article suivi d'un nombre, d'un adverbe ou d'un complément
  prépositionnel qu'il substantive (souligné) ;
– des démonstratifs (en gras)

10 Καὶ ὅτε ἐγένετο κατὰ μονάς, ἠρώτων αὐτὸν <u>οἱ περὶ</u>
αὐτὸν σὺν <u>τοῖς δώδεκα</u> τὰς παραβολάς.11 καὶ ἔλεγεν
αὐτοῖς· ὑμῖν τὸ μυστήριον δέδοται τῆς βασιλείας τοῦ
θεοῦ· **ἐκείνοις** δὲ <u>τοῖς ἔξω</u> ἐν παραβολαῖς τὰ πάντα
γίνεται, 12 ἵνα βλέποντες βλέπωσιν καὶ μὴ ἴδωσιν καὶ
ἀκούοντες ἀκούσωσιν καὶ μὴ συνιῶσιν, μήποτε
ἐπιστρέψωσιν καὶ ἀφεθῇ αὐτοῖς. 13 Καὶ λέγει αὐτοῖς·
οὐκ οἴδατε τὴν παραβολὴν **ταύτην**, καὶ πῶς πάσας τὰς
παραβολὰς γνώσεσθε ; 14 ὁ σπείρων τὸν λόγον σπείρει.
15 **οὗτοι** δέ εἰσιν <u>οἱ παρὰ</u> τὴν ὁδόν ὅπου σπείρεται ὁ
λόγος καὶ ὅταν ἀκούσωσιν, εὐθὺς ἔρχεται ὁ σατανᾶς καὶ
αἴρει τὸν λόγον τὸν ἐσπαρμένον εἰς αὐτούς. 16 καὶ **οὗτοι**
εἰσιν οἱ ἐπὶ τὰ πετρώδη σπειρόμενοι, οἳ ὅταν ἀκούσωσιν
τὸν λόγον εὐθὺς μετὰ χαρᾶς λαμβάνουσιν αὐτόν. 17 καὶ
οὐκ ἔχουσιν ῥίζαν ἐν ἑαυτοῖς ἀλλὰ πρόσκαιροί εἰσιν,
εἶτα γενομένης θλίψεως ἢ διωγμοῦ διὰ τὸν λόγον εὐθὺς

σκανδαλίζονται. 18 καὶ ἄλλοι εἰσὶν οἱ εἰς τὰς ἀκάντας σπειρόμενοι· **οὗτοι** εἰσιν οἱ τὸν λόγον ἀκούσαντες. 19 καὶ αἱ μέριμναι τοῦ αἰῶνος καὶ ἡ ἀπάτη τοῦ πλούτου καὶ αἱ περὶ τὰ λοιπὰ ἐπιθυμίαι εἰσπορευόμεναι συμπνίγνουσιν τὸν λόγον καὶ ἄκαρπος γίνεται. 20 καὶ **ἐκεῖνοι** εἰσιν οἱ ἐπὶ τὴν γῆν τὴν καλὴν σπαρέντες, οἵτινες ἀκούουσιν τὸν λόγον καὶ παραδέχονται καὶ καρποφοροῦσιν ἓν τριάκοντα και ἓν ἑξήκοντα καὶ ἓν ἑκατόν.

Il y a deux démonstratifs : οὗτος, « celui-ci » et ἐκεῖνος « celui-là » ; l'un et l'autre apparaissent dans le texte :
– Cinq fois comme pronoms : v. 11 et 20 : ἐκείνοις et ἐκεῖνοι, v. 15.16.18   οὗτοι
– et une fois comme adjectif : v. 13 : τὴν παραβολὴν ταύτην,
cette parabole.

Grammaire

La déclinaison de οὗτος* *et de* ἐκεῖνος.

	Masc.	Fém.	neutre
S N	**οὗτος**	**αὕτη**	**τοῦτο**
A	τοῦτον	ταύτην	τοῦτο
G	τούτου	ταύτης	τούτου
D	τούτῳ	ταύτῃ	τούτῳ
P N	**οὗτοι**	**αὗται**	**ταῦτα**
A	τούτους	ταύτας	ταῦτα
G	τούτων	**τούτων**	τούτων
D	τούτοις	ταύταις	τούτοις

*Noter (en gras) le radical différent au nominatif (sing. et pl.) ainsi que le gén. fém. pl. qui s'est assimilé au masc. et au neutre.

	Masc.	Fém.	Neutre
S. N	ἐκεῖνος	ἐκείνη	**ἐκεῖνο**
A	ἐκεῖνον	ἐκείνην	**ἐκεῖνο**
G	ἐκείνου	ἐκείνης	ἐκείνου
D	ἐκείνῳ	ἐκείνη	ἐκείνῳ
P N	ἐκεῖνοι	ἐκεῖναι	ἐκεῖνα
A	ἐκείνους	ἐκείνας	ἐκεῖνα
G	ἐκείνων	ἐκείνων	ἐκείνων
D	ἐκείνοις	ἐκείναις	ἐκείνοις

L'emploi de l'adjectif démonstratif

Il n'est jamais enclavé entre l'article et le nom qu'il accompagne :

ex. : v. 13 τὴν παραβολὴν ταύτην, cette parabole.

Jn 10, 6 ταύτην τὴν παροιμίαν, ce proverbe, cette parabole.

Le nom qui accompagne le démonstratif est en principe précédé de l'article. On peut donc reconnaître un nom attribut :

ex. : Jn 10, 1 ἐκεῖνος κλέπτης ἐστίν, celui-là est un voleur.

– ἐκεῖνος est le sujet ;

– κλέπτης est l'attribut.

Les noms de nombre

Dans le texte, plusieurs noms de nombre apparaissent au v. 10 et au v. 20. Seuls cinq noms de nombre se déclinent :

– un :	εἷς, μία, ἕν (G : ἑνός, μίας, ἑνός) ;
– deux :	δύο (N, A, G), δύσι(ν) (D) ;
– trois :	τρεῖς (N, A masc./fém.), τρία (au N, A neutre), τριῶν (G), τρισί(ν) (D) ;
– quatre :	τέσσαρες (N, A masc./fém.), τέσσαρα (N, A neutre), τεσσάρων (G), τέσσαρσιν (D) ;
– mille :	χίλιοι, αι, α.

Les nombres de 5 à 100 sont indéclinables : πέντε, ἕξ, ἑπτά, ὀκτώ, ἐννέα, δέκα ... δώδεκα (douze), ἑκατόν (cent).
La substantivation de l'article

L'article peut substantiver :

– un nom de nombre :
ex. :   v. 10   τοῖς δώδεκα, les douze.

– un adverbe :
ex. :   v. 11   τοῖς ἔξω, les (ceux) du dehors.

– un complément introduit par une préposition :
ex. :   v. 10   οἱ περὶ αὐτόν, les (ceux qui étaient) autour de lui.
         v. 15   οἱ παρὰ τὴν ὁδόν, les (ceux qui étaient) le long du chemin.

La périphrase *article + préposition* est courante :
Lc 9, 32   Πέτρος καὶ οἱ σὺν αὐτῷ,
              Pierre et ceux qui étaient avec lui.
Rm 9, 5   τὸ κατὰ σάρκα, ce qui est selon la chair.
Lc 24, 19   τὰ περὶ ᾿Ιησοῦ, ce qui concerne Jésus.

Vocabulaire

Verbes

ἐρωτάω   poser des questions, interroger.
                Dans la *Koinè* : demander, solliciter.

βλέπω   voir, opposé à être aveugle.
                En principe distinct de ὁράω, voir, regarder, tenir
                les yeux sur.

συνίημι   comprendre.

ἐπιστρέφω   se retourner.

Dans la Septante, traduit majoritairement l'hébreu *shuv* : revenir, d'où : se convertir.
Très proche : ὑποστρέφω.

σκανδαλίζομαι   trébucher.
Dérivé de τὸ σκάνδαλον : à l'origine, une barre de bois plus ou moins longue qui constituait soit le morceau d'un piège, soit la perche de l'acrobate (ὁ σκανδαλιστής). Dans la Septante, le mot est utilisé au figuré : obstacle pour faire tomber, incitation à pécher, péché. À l'actif, ce verbe signifie donc : faire tomber, inciter au mal, scandaliser.

πορεύομαι   marcher. Dérivé : εἰσπορεύομαι aller, aller dans, s'introduire.

(παρα) δέχομαι   recevoir, accueillir.
καίω   allumer, faire brûler.
παύω   faire cesser.
οἶδα   savoir. De façon plus théorique que pratique (cf. le rapport avec ἰδεῖν, p. 133)

γινώσκω   apprendre à connaître.
  aoriste : ἔγνων   reconnaître, discerner, comprendre.
ἀναγινώσκω   lire.
ἐπιγινώσκω   comprendre, reconnaître.
ἡ γνῶσις, εως   recherche, connaissance, gnose.

Noms
τὸ μυστήριον   le mystère ; culte à initiation ; secret (en général) ; mystères de la foi (dans la littérature chrétienne).

ὁ Σατανᾶς   Satan.
ἡ χαρά, ᾶς   la joie (cf. vocabulaire de Lc 1, 26-38 p. 233).

ἡ θλῖψις, εως   la détresse, la tribulation.
Nom d'action tiré du verbe θλίβω : écraser, opprimer. Son sens premier : pression. Dans la Septante, prend le sens de accablement, oppression. Dans le NT, le sens métaphorique d'épreuve.

ὁ αἰών, ῶνος   le temps.
        Sens originel : la moelle épinière, d'où : la force
        vitale, la vie, la durée, l'éternité. Du sens de « vie »
        on passe à la notion de « durée d'une vie », durée.
        Chez les philosophes, αἰών, vie durable, éternité,
        s'oppose à χρόνος, le temps comme durée définie,
        le temps historique.

αἰώνιος   qui dure, éternel.
  ἀεί (adv.) toujours.
ὁ λύχνος, ου   la lampe.

Adjectifs et pronoms

λοιπός, ή, όν   ce qui reste.
ὅστις, ἥτις, ὅ τι celui qui.
δώδεκα   douze.
ἔξω   au-dehors.
        (à ne pas confondre avec ἔξω futur de ἔχω).
μήποτε   de peur que.
πῶς   comment ?

20

Les verbes contractes

Le texte : Matthieu 4, 1-11

1 Τότε ὁ Ἰησοῦς ἀνήχθη εἰς τὴν ἔρημον ὑπὸ τοῦ πνεύματος πειρασθῆναι ὑπὸ τοῦ διαβόλου. 2 καὶ *νηστεύσας* ἡμέρας τεσσαράκοντα καὶ νύκτας τεσσαράκοντα, ὕστερον ἐπείνασεν. 3 καὶ *προσελθὼν* ὁ *πειράζων* εἶπεν αὐτῷ· εἰ υἱὸς εἶ τοῦ θεοῦ εἰπὲ ἵνα οἱ λίθοι ἄρτοι *γένωνται.* 4 ὁ δὲ ἀποκριθεὶς εἶπεν· γέγραπται· οὐκ ἐπ' ἄρτῳ μόνῳ ζήσεται ὁ ἄνθρωπος, ἀλλ' ἐπὶ παντὶ **ῥήματι** *ἐκπορευομένῳ* διὰ στόματος θεοῦ. 5 Τότε παραλαμβάνει αὐτὸν ὁ διάβολος εἰς τὴν ἁγίαν **πόλιν** καὶ ἔστησεν αὐτὸν ἐπὶ τὸ πτερύγιον τοῦ ἱεροῦ. 6 καὶ λέγει αὐτῷ· εἰ υἱὸς εἶ τοῦ θεοῦ, βάλε σεαυτὸν κάτω· γέγραπται γὰρ ὅτι τοῖς ἀγγέλοις αὐτοῦ *ἐντελεῖται* περὶ σοῦ καὶ ἐπὶ **χειρῶν** *ἀροῦσίν* σε, μήποτε *προσκόψῃς* πρὸς λίθον τὸν **πόδα** σου. 7 ἔφη αὐτῷ ὁ Ἰησοῦς· πάλιν γέγραπται· οὐκ *ἐκπειράσεις* κύριον τὸν θεόν σου. 8 Πάλιν παραλαμβάνει αὐτὸν ὁ διάβολος εἰς **ὄρος** ὑψηλὸν λίαν καὶ δείκνυσιν αὐτῷ πάσας τὰς βασιλείας τοῦ κόσμου καὶ τὴν δόξαν αὐτῶν 9 καὶ εἶπεν αὐτῷ· ταῦτά σοι πάντα δώσω, ἐὰν πεσὼν προσκυνήσῃς μοι. 10 τότε λέγει

αὐτῷ ὁ Ἰησοῦς· ὕπαγε, σατανᾶ· γέγραπται γάρ· κύριον
τὸν θεόν σου προσκυνήσεις καὶ αὐτῷ μόνῳ λατρεύσεις.
11 Τότε ἀφίησιν αὐτὸν ὁ διάβολος, καὶ ἰδοὺ ἄγγελοι
προσῆλθον καὶ διηκόνουν αὐτῷ.

Exercice de préparation

Analyser les formes verbales (en italique) et les noms de la troisième
déclinaison (en gras).

Traduction littérale

1 Τότε ὁ Ἰησοῦς ἀνήχθη εἰς τὴν ἔρημον
Alors   Jésus   fut conduit dans le désert

ὑπὸ τοῦ πνεύματος πειρασθῆναι ὑπὸ τοῦ διαβόλου.
par l'esprit[1]   pour être tenté   par le diable ;

2 καὶ νηστεύσας ἡμέρας τεσσαράκοντα
et   ayant jeûné   quarante jours

καὶ νύκτας τεσσαράκοντα, ὕστερον ἐπείνασεν.
et quarante nuits,   à la fin,   il eut faim.

3 καὶ προσελθὼν ὁ πειράζων εἶπεν αὐτῷ·
Et s'étant approché,   le tentateur   lui dit :

εἰ υἱὸς εἶ τοῦ θεοῦ εἰπὲ ἵνα οἱ λίθοι ἄρτοι γένωνται.
« Si tu es le fils de Dieu,   dis que   ces pierres   deviennent des pains. »

4 ὁ δὲ ἀποκριθεὶς εἶπεν· γέγραπται·
Mais lui répondant   dit :   « Il est écrit :

οὐκ ἐπ' ἄρτῳ μόνῳ ζήσεται ὁ ἄνθρωπος,
"l'homme ne vivra pas de pain seul,

---

1. Noter que le complément d'agent du verbe passif qui désigne une personne, celui ou
celle qui fait l'action, se met au génitif précédé de la préposition ὑπό : ὁ Ἰησοῦς
ἀνήχθη ὑπὸ τοῦ πνεύματος πειρασθῆναι ὑπὸ τοῦ διαβόλου.

ἀλλ' ἐπὶ παντὶ ῥήματι ἐκπορευομένῳ
mais   de toute parole   sortant

διὰ στόματος θεοῦ.
par la bouche   de Dieu." »

5 Τότε παραλαμβάνει αὐτὸν ὁ διάβολος
Alors   le diable le prend avec lui,

εἰς τὴν ἁγίαν πόλιν
vers la ville sainte

καὶ ἔστησεν αὐτὸν ἐπὶ τὸ πτερύγιον τοῦ ἱεροῦ.
et   il le plaça   sur le faîte du temple

6 καὶ λέγει αὐτῷ· εἰ υἱὸς εἶ τοῦ θεοῦ,
et il lui dit :   « Si tu es le fils de Dieu,

βάλε σεαυτὸν κάτω·
jette-toi   en bas ;

γέγραπται γὰρ ὅτι τοῖς ἀγγέλοις αὐτοῦ
il est écrit   en effet :   "À ses anges

ἐντελεῖται περὶ σοῦ καὶ ἐπὶ χειρῶν ἀροῦσίν σε,
il commandera à ton sujet   et   sur les (leurs) mains ils te porteront,

μήποτε προσκόψῃς πρὸς λίθον τὸν πόδα σου.
de peur que tu ne heurtes   ton pied contre une pierre." »

7 ἔφη αὐτῷ ὁ Ἰησοῦς·
Jésus lui dit :

πάλιν γέγραπται· οὐκ ἐκπειράσεις κύριον τὸν θεόν σου.
« de nouveau il est écrit :   "tu ne tenteras pas   le Seigneur ton Dieu." »

8 Πάλιν   παραλαμβάνει αὐτὸν ὁ διάβολος
De nouveau,   le diable le prend avec lui,

εἰς ὄρος ὑψηλὸν λίαν
vers une montagne très élevée

καὶ δείκνυσιν αὐτῷ πάσας τὰς βασιλείας τοῦ κόσμου
et　lui montre　　　　　　tous les royaumes　　　　　du monde

καὶ τὴν δόξαν αὐτῶν 9 καὶ εἶπεν αὐτῷ·
et　leur gloire,　　　　　　et il lui dit :

ταῦτά σοι πάντα δώσω, ἐὰν πεσὼν προσκυνήσῃς μοι.
« Je te donnerai toutes ces choses　si　étant tombé (à genoux) tu m'adores. »

10 τότε λέγει αὐτῷ ὁ Ἰησοῦς· ὕπαγε, σατανᾶ·
Alors　　　　　Jésus lui dit :　　　　　　« Retire-toi, Satan !
γέγραπται γάρ· κύριον τὸν θεόν σου προσκυνήσεις
Il est écrit en effet :　　"Le Seigneur ton Dieu　　tu adoreras

καὶ αὐτῷ μόνῳ λατρεύσεις.
Et à lui　　seul　　tu rendras un culte." »

11 Τότε ἀφίησιν αὐτὸν ὁ διάβολος,
Alors le diable le laisse

καὶ ἰδοὺ ἄγγελοι προσῆλθον καὶ διηκόνουν αὐτῷ.
et voici,　　des anges　s'approchèrent　et　ils le servaient.

Repérage des verbes contractes

4 ὁ δὲ ἀποκριθεὶς εἶπεν· γέγραπται· οὐκ ἐπ᾽ ἄρτῳ μόνῳ **ζήσεται** ὁ ἄνθρωπος, ἀλλ᾽ ἐπὶ παντὶ ῥήματι ἐκπορευομένῳ διὰ στόματος θεοῦ.
10 τότε λέγει αὐτῷ ὁ Ἰησοῦς· ὕπαγε, σατανᾶ· γέγραπται γάρ· κύριον τὸν θεόν σου **προσκυνήσεις** καὶ αὐτῷ μόνῳ λατρεύσεις. 11 Τότε ἀφίησιν αὐτὸν ὁ διάβολος, καὶ ἰδοὺ ἄγγελοι προσῆλθον καὶ **διηκόνουν** αὐτῷ.

Analyse

v. 4　**ζήσεται**　futur moyen 3e sing. de ζάω, vivre.

ζη-　radical allongé de ζάω,

-σ-　σ du futur,

-εται　voyelle de liaison et désinence active primaire, 3e sing.

v. 10 **προσκυνήσεις** :   futur actif, 2e sing. de προσκυνέω, adorer, se
prosterner.

προσ-	préverbe,
-κυνη-	radical allongé (le ε est devenu η),
-σ-	σ du futur,
-εις	voyelle de liaison et désinence active primaire, 2e sing.

v. 11 **διηκόνουν**   imparfait actif, 3e plur. de διακονέω,
servir.
Il faut partir de la forme non contracte :

διηκονε-   radical avec augment d'un verbe dérivé de
διάκονος, serviteur. L'augment devant le
radical existe à l'époque classique
(ἐδιακόνουν) mais l'analogie avec le
préverbe δια- l'a attiré dans le radical :
δια- est devenu διη-,

-ον   voyelle de liaison et désinence d'imparfait
3e plur. ; la voyelle finale du radical et la
voyelle de liaison se contractent :
$$\epsilon + o \rightarrow ou.$$

Grammaire

Les verbes contractes

Les verbes contractes sont les verbes dont le radical se termine par
les voyelles ε (très fréquemment), α ou ο (plus rarement).

Au présent (et, par conséquent, à l'imparfait)
Voyelle du radical + voyelle de la désinence ⇒ contraction

ex.	Jn 3, 11	λαλοῦμεν	qui vient de *λαλέ-ο-μεν.
	Jn 10, 6	ἐλάλει	qui vient de *ἐλάλε-ε.
	Jn 10, 17	ἀγαπᾷ	qui vient de *ἀγαπά-ει.

Au futur, à l'aoriste et au parfait
Allongement de la voyelle du radical et formation semblable à celle de
λύω :

λαλέω	aoriste actif	ἐλάλησα	cf. Jn 8, 12	ἐλάλησεν.
ἀγαπάω		ἠγάπησα	cf. Jn 3, 16.19	ἠγάπησεν.
				ἠγάπησαν.
ὑψόω		ὕψωσα	cf. Jn 3, 14	ὕψωσεν.

Règles de contraction

Verbes en -εω

ε + ε ⇒ ει	ἐλάλε-ε	⇒ ἐλάλει (Jn 10, 6)
ε + ο ⇒ ου	μαρτυρέ-ομεν	⇒ μαρτυροῦμεν (Jn 3, 11)
ε + ω ⇒ ω	μαρτυρέ-ων	⇒ μαρτυρῶν (Jn 8, 18)
ε + η ⇒ η		voir le subjonctif (p. 205-7).

Verbes en -αω

α + ο, ω ⇒ ω	ἠρώτα-ον	⇒ ἠρώτων (Mc 4, 10)
α + ε, η ⇒ α	ἀγαπά-ετε	⇒ ἀγαπᾶτε
α + ει, η ⇒ ᾳ	ἀγαπά-ει	⇒ ἀγαπᾷ (Jn 10, 17)

Verbes en -οω

ο + ο, ε, ου ⇒ ου	φανερο-όμενος	⇒ φανερούμενος.
ο + ει, η ⇒ οι	σαρό-ει (balayer)	⇒ σαροῖ.
ο + η, ω ⇒ ω	ὑψό-ων	⇒ ὑψῶν.

Le présent et l'imparfait des verbes contractes

⊙ *Les verbes en -έω*[2]

	Actif		Moyen et passif	
Indicatif présent				
S 1	[λαλέω]	λαλῶ	[λαλέομαι]	λαλοῦμαι
2	[λαλέεις]	λαλεῖς	[λαλέῃ]	λαλῇ
3	[λαλέει]	λαλεῖ	[λαλέεται]	λαλεῖται
P 1	[λαλέομεν]	λαλοῦμεν	[λαλεόμεθα]	λαλούμεθα
2	[λαλέετε]	λαλεῖτε	[λαλέεσθε]	λαλεῖσθε
3	[λαλέουσι(ν)]	λαλοῦσι(ν)	[λαλέονται]	λαλοῦνται
Imparfait				
S 1	[ἐλάλεον]	ἐλάλουν	[ἐλαλεόμην]	ἐλαλούμην
2	[ἐλάλεες]	ἐλάλεις	[ἐλαλέου]	ἐλαλοῦ
3	[ἐλάλεε(ν)]	ἐλάλει	[ἐλαλέετο]	ἐλαλεῖτο
P 1	[ἐλαλέομεν]	ἐλαλοῦμεν	[ἐλαλεόμεθα]	ἐλαλούμεθα
2	[ἐλαλέετε]	ἐλαλεῖτε	[ἐλαλέεσθε]	ἐλαλεῖσθε
3	[ἐλάλεον]	ἐλάλουν	[ἐλαλέοντο]	ἐλαλοῦντο
Subjonctif présent				
S 1	[λαλέω]	λαλῶ	[λαλέωμαι]	λαλῶμαι
2	[λαλέῃς]	λαλῇς	[λαλέῃ]	λαλῇ
3	[λαλέῃ]	λαλῇ	[λαλέηται]	λαλῆται
P 1	[λαλέωμεν]	λαλῶμεν	[λαλεώμεθα]	λαλώμεθα
2	[λαλέητε]	λαλῆτε	[λαλέησθε]	λαλῆσθε
3	[λαλέωσι(ν)]	λαλῶσι(ν)	[λαλέωνται]	λαλῶνται
Impératif présent				
S 2	[λάλεε]λάλει		[λαλέου]	λαλοῦ
3	[λαλεέτω]	λαλείτω	[λαλεέσθω]	λαλείσθω
P 2	[λαλέετε]	λαλεῖτε	[λαλέεσθε]	λαλεῖσθε
3	[λαλεέτωσαν]	λαλείτωσαν	[λαλεέσθωσαν]	λαλείσθωσαν
Infinitif présent				
[λαλέειν]	λαλεῖν		[λαλέεσθαι]	λαλεῖσθαι
Participe présent				
[λαλέων]	λαλῶν, -οῦντος		[λαλεόμενος]	λαλούμενος
[λαλέουσα]	λαλοῦσα, -ούσης		[λαλεομένη]	λαλουμένη
[λαλέον]	λαλοῦν, -οῦντος		[λαλεόμενον]	λαλούμενον

---

2. Entre [...], les formes non contractes du verbe reconstituées.

⊙ *Les verbes en -άω*

Actif		Moyen et passif	
Indicatif présent			
S 1	[ἀγαπάω] ἀγαπῶ	[ἀγαπάομαι]	ἀγαπῶμαι
2	[ἀγαπάεις] ἀγαπᾷς	[ἀγαπάῃ]	ἀγαπᾷ
3	[ἀγαπάει] ἀγαπᾷ	[ἀγαπάεται]	ἀγαπᾶται
P 1	[ἀγαπάομεν] ἀγαπῶμεν	[ἀγαπαόμεθα]	ἀγαπώμεθα
2	[ἀγαπάετε] ἀγαπα̈τε	[ἀγαπάεσθε]	ἀγαπα̈σθε
3	[ἀγαπάουσι(ν)] ἀγαπῶσι(ν)	[ἀγαπάονται]	ἀγαπῶνται
Imparfait			
S 1	[ἠγάπαον] ἠγάπων	[ἠγαπαόμην]	ἠγαπώπην
2	[ἠγάπαες] ἠγάπας	[ἠγαπάου]	ἠγαπῶ
3	[ἠγάπαε(ν)] ἠγάπα	[ἠγαπάετο]	ἠγαπᾶτο
P 1	[ἠγαπάομεν] ἠγαπῶμεν	[ἠγαπαόμεθα]	ἠγαπώμεθα
2	[ἠγαπάετε] ἠγαπᾶτε	[ἠγαπάεσθε]	ἠγαπᾶσθε
3	[ἠγάπαον] ἠγάπων	[ἠγαπάοντο]	ἠγαπῶντο
Subjonctif présent			
S 1	[ἀγαπάω] ἀγαπῶ	[ἀγαπάομαι]	ἀγαπῶμαι
2	[ἀγαπάῃς] ἀγαπᾷς	[ἀγαπάῃ]	ἀγαπᾷ
3	[ἀγαπάῃ] ἀγαπᾷ	[ἀγαπάηται]	ἀγαπᾶται
P 1	[ἀγαπάωμεν] ἀγαπῶμεν	[ἀγαπαώμεθα]	ἀγαπώμεθα
2	[ἀγαπάητε] ἀγαπᾶτε	[ἀγαπάησθε]	ἀγαπᾶσθε
3	[ἀγαπάωσι(ν)] ἀγαπῶσι(ν)	[ἀγαπάωνται]	ἀγαπῶνται
Impératif présent			
S 2	[ἀγάπαε] ἀγάπα	[ἀγαπάου]	ἀγαπῶ
3	[ἀγαπέτω] ἀγαπάτω	[ἀγαπαέσθω]	ἀγαπάσθω
P 2	[ἀγαπάετε] ἀγαπᾶτε	[ἀγαπάεσθε]	ἀγαπᾶσθε
3	[ἀγαπαέτωσαν] ἀγαπάτωσαν	[ἀγαπαέσθωσαν]	ἀγαπάσθωσαν
Infinitif présent			
[ἀγαπάειν] ἀγαπᾶν		[ἀγαπάεσθαι]	ἀγαπᾶσθαι
Participe présent			
[ἀγαπάων] ἀγαπῶν, -ῶντος		[ἀγαπαόμενος]	ἀγαπώμενος
[ἀγαπάουσα] ἀγαπῶσα, -ώσης		[ἀγαπαομένη]	ἀγαπωμένη
[ἀγαπάον] ἀγαπῶν, -ῶντος		[ἀγαπαόμενον]	ἀγαπώμενον

⊙ *Les verbes en -όω*

Actif		Moyen et passif	
Indicatif présent			
S 1	[ὑψόω] ὑψῶ	[ὑψόομαι]	ὑψοῦμαι
2	[ὑψόεις] ὑψοῖς	[ὑψόῃ]	ὑψοῖ
3	[ὑψόει] ὑψοῖ	[ὑψόεται]	ὑψοῦται
P 1	[ὑψόομεν] ὑψοῦμεν	[ὑψοόμεθα]	ὑψούμεθα
2	[ὑψόετε] ὑψοῦτε	[ὑψόεσθε]	ὑψοῦσθε
3	[ὑψόουσι(ν)] ὑψοῦσι(ν)	[ὑψόονται]	ὑψοῦνται

Imparfait			
S 1	[ὕψοον] ὕψουν	[ὑψοόμην]	ὑψούμην
2	[ὕψοες] ὕψους	[ὑψόου]	ὑψοῦ
3	[ὕψοε(ν)] ὕψου	[ὑψόετο]	ὑψοῦτο
P 1	[ὑψόομεν] ὑψοῦμεν	[ὑψοόμεθα]	ὑψούμεθα
2	[ὑψόετε] ὑψοῦτε	[ὑψόεσθε]	ὑψοῦσθε
3	[ὕψοον] ὕψουν	[ὑψόοντο]	ὑψοῦντο

Subjonctif présent			
S 1	[ὑψοω] ὑψῶ	[ὑψόωμαι]	ὑψῶμαι
2	[ὑψόῃς] ὑψοῖς	[ὑψόῃ]	ὑψοῖ
3	[ὑψόῃ] ὑψοῖ	[ὑψόηται]	ὑψῶται
P 1	[ὑψοωμεν] ὑψῶμεν	[ὑψοώμεθα]	ὑψώμεθα
2	[ὑψόητε] ὑψῶτε	[ὑψόησθε]	ὑψῶσθε
3	[ὑψόωσι(ν)] ὑψῶσι(ν)	[ὑψόωνται]	ὑψῶνται

Impératif présent			
S 2	[ὕψοε] ὕψου	[ὑψόου]	ὑψοῦ
3	[ὑψοέτω] ὑψούτω	[ὑψοέσθω]	ὑψούσθω
P 2	[ὑψόετε] ὑψοῦτε	[ὑψόεσθε]	ὑψοῦσθε
3	[ὑψοέτωσαν] ὑψούτωσαν	[ὑψοέσθωσαν]	ὑψούσθωσαν

Infinitif présent			
	[ὑψόειν] ὑψοῦν	[ὑψόεσθαι]	ὑψοῦσθαι

Participe présent			
[ὑψόων] ὑψῶν, -ῶντος		[ὑψοόμενος]	ὑψούμενος
[ὑψόουσα] ὑψῶσα, -ώσης		[ὑψοομένη]	ὑψουμένη
[ὑψόον] ὑψῶν, -ῶντος		[ὑψοόμενον]	ὑψούμενον

Vocabulaire

Invariants

τότε	alors.
τεσσεράκοντα	quarante.
εἰς + acc.	dans, vers (avec mouvement).
ἐπί + gén.	sur.
ὑπό + gén.	par.
μή, μήποτε	de peur que (+ subj).

Noms

ὁ διάβολος, ου	le calomniateur, le diviseur, d'où le diable. À distinguer de ὁ Σατανᾶς, transcrit de l'hébreu, l'ennemi, l'adversaire, l'accusateur. Dérivé de :
διαβάλλω	jeter (βάλλω) entre, séparer, attaquer, calomnier.
ἡ ἡμέρα, ας	le jour.
ὁ λίθος, ου	la pierre. Cf. français : paléo-lithique : période ancienne (παλαιός) de l'âge de pierre.
(κατα)λιθάζω	lancer des pierres, lapider.
ὁ ἄρτος, ου	le pain.
τὸ ῥῆμα, ατος	la parole.
τὸ στόμα, ατος	la bouche. Cf. français : stomato-logie (étude médicale des affections de la bouche).
ἡ πόλις, εως	la ville, la cité. Cf. français : métro-pole (litt. : ville mère) ou mégalo-pole.
τὸ πτερύγιον, ου	le faîte, le sommet.
ὁ ἄγγελος, ου	l'envoyé, le messager (en particulier des dieux ; LXX et NT : ange).
ἀγγέλλω	annoncer, transmettre un message ou un ordre.

ἀπαγγέλλω	annoncer.
παραγγέλλω	commander.
ἡ ἐπαγγελία	la promesse.
τὸ εὐαγγέλιον	la bonne nouvelle, l'évangile.
εὐαγγελίζομαι	annoncer la bonne nouvelle.

ὁ πούς, ποδός	le pied. Cf. français : podo-logie (étude médicale du pied).
τὸ ὑποπόδιον	le marche pied.

ὁ κυρίος, ου	le seigneur ; celui qui a l'autorité, le pouvoir : le maître par rapport à l'esclave, le mari par rapport à la femme. Postérieurement, équivaut aussi à « Monsieur ». Dans la Septante, traduit majoritairement le tétragramme YHWH et Adonaï. Dans le NT, titre appliqué au Christ.

τὸ ὄρος, ους	la montagne.

ἡ δόξα, ης	l'opinion, la réputation, d'où la gloire. Dans la Septante, sert à traduire l'hébreu *kabod*, le poids, d'où l'honneur, la gloire (en particulier la gloire et la puissance de Dieu) ; est formé sur le radical δοκ- dont dérive aussi :
δοκέω	penser, prétendre, sembler, dont dérivent :
τὸ δόγμα	opinion, décision, doctrine.
εὐδοκέω	approuver, agréer (et le nom εὐδοκία). Sur δόξα est formé :
δοξάζω	penser, imaginer, glorifier (reflète les deux sens de δόξα).

ὁ λαός, οῦ	le peuple.
τὸ βρῶμα, ατος	la nourriture.
τὸ θέλημα, ατος	la volonté.
ὁ χρόνος, ου	le temps.

Adjectifs

μόνος, ή, όν   seul. Cf. français : mono-logue.

ἅγιος, α, ον   saint.
                               Dans la littérature grecque, cet adjectif
                               s'applique d'abord aux temples, espaces
                               consacrés que l'on doit respecter, puis aux
                               lieux de culte et aux objets sacrés. À
                               l'époque hellénistique, il peut être l'épithète
                               de certaines divinités. La Septante l'utilise
                               fréquemment pour traduire l'hébreu *qodesh* :
                               consacré, saint, mis à part.
                               Cf. français : hagio-graphie (science de la
                               vie et du culte des saints).

   ἁγιάζω   sanctifier.

ἄξιος, α, ον   digne de.

Verbes

πειράζω   éprouver, mettre à l'épreuve (soit en
                               cherchant à séduire, soit en attaquant),
                               tenter.
                               En vocabulaire chrétien : tenter.
                               Le nom ὁ πειρασμός subit le même
                               glissement sémantique : épreuve, tentation.

νηστεύω   jeûner.
προσέρχομαι   aller vers, s'approcher.
ζάω   vivre (cf. ἡ ζωή, p. 45).
παραλαμβάνω   prendre avec soi, emmener.
ἵστημι   placer.
φημί   dire.
δείκνυμι   montrer.
προσκυνέω   se prosterner, adorer.

διακονέω   servir (dans les textes chrétiens être diacre).
                               Formé sur ὁ διάκονος, le serviteur, en
                               particulier dans un temple. D'où, dans le
                               christianisme : un diacre.
λιθάζω   lapider.

ἰάομαι   soigner, guérir.
δοξάζω   glorifier (voir δόξα).
ἐκπορεύομαι   sortir.

Exercice 18

Analyser les formes verbales et traduire.

1. Γυνή (...) σαροῖ τὴν οἰκίαν.

2. Συγκαλεῖ τὰς φίλας καὶ γείτονας.

3. Οὕτως, λέγω ὑμῖν, γίνεται χαρὰ ἐνώπιον τῶν ἀγγέλων τοῦ θεοῦ ἐπὶ ἑνὶ ἁμαρτωλῷ μετανοοῦντι.

21
Les verbes en -μι
Εἰμί, φημί, δείκνυμι

Le texte : Matthieu 4,1-11

Repérage
Les verbes dont la première personne du singulier, au présent, se termine en
-**μι** sont mis en gras dans le texte.

1 Τότε ὁ ᾽Ιησοῦς ἀνήχθη εἰς τὴν ἔρημον ὑπὸ τοῦ πνεύματος
πειρασθῆναι ὑπὸ τοῦ διαβόλου. 2 καὶ νηστεύσας ἡμέρας
τεσσαράκοντα καὶ νύκτας τεσσαράκοντα, ὕστερον ἐπείνασεν.
3 καὶ προσελθὼν ὁ πειράζων εἶπεν αὐτῷ· εἰ υἱὸς **εἶ** τοῦ θεοῦ
εἰπὲ ἵνα οἱ λίθοι ἄρτοι γένωνται. 4 ὁ δὲ ἀποκριθεὶς εἶπεν·
γέγραπται· οὐκ ἐπ᾽ ἄρτῳ μόνῳ ζήσεται ὁ ἄνθρωπος, ἀλλ᾽
ἐπὶ παντὶ ῥήματι ἐκπορευομένῳ διὰ στόματος θεοῦ.
5 Τότε παραλαμβάνει αὐτὸν ὁ διάβολος εἰς τὴν ἁγίαν
πόλιν καὶ **ἔστησεν** αὐτὸν ἐπὶ τὸ πτερύγιον τοῦ ἱεροῦ. 6 καὶ
λέγει αὐτῷ· εἰ υἱὸς **εἶ** τοῦ θεοῦ, βάλε σεαυτὸν κάτω·
γέγραπται γὰρ ὅτι τοῖς ἀγγέλοις αὐτοῦ ἐντελεῖται περὶ
σοῦ καὶ ἐπὶ χειρῶν ἀροῦσίν σε, μήποτε προσκόψῃς πρὸς
λίθον τὸν πόδα σου. 7 **ἔφη** αὐτῷ ὁ ᾽Ιησοῦς· πάλιν γέγραπται·
οὐκ ἐκπειράσεις κύριον τὸν θεόν σου. 8 Πάλιν παραλαμβάνει
αὐτὸν ὁ διάβολος εἰς ὄρος ὑψηλὸν λίαν καὶ **δείκνυσιν** αὐτῷ
πάσας τὰς βασιλείας τοῦ κόσμου καὶ τὴν δόξαν αὐτῶν
9 καὶ εἶπεν αὐτῷ· ταῦτά σοι πάντα **δώσω**, ἐὰν πεσὼν

προσκυνήσῃς μοι. 10 τότε λέγει αὐτῷ ὁ Ἰησοῦς· ὕπαγε, σατανᾶ· γέγραπται γάρ· κύριον τὸν θεόν σου προσκυνήσεις καὶ αὐτῷ μόνῳ λατρεύσεις. 11 Τότε **ἀφίησιν** αὐτὸν ὁ διάβολος, καὶ ἰδοὺ ἄγγελοι προσῆλθον καὶ διηκόνουν αὐτῷ.

Analyse

v. 3　**εἶ**　　　indicatif présent, 2ᵉ sing. de εἰμι, être.

v. 5　**ἔστησεν**　indicatif aoriste actif, 3ᵉ pers. sing. de
　　　　　　　　ἵστημι, placer.
　　　ε-　　augment,
　　　-στη- radical sous sa forme longue,
　　　-σε(ν)marque de l'aoriste sigmatique, 3ᵉ sing.
　　　　　　et ν- euphonique.

v. 7　**ἔφη**　　　indicatif imparfait 3ᵉ sing. de φημί, dire, déclarer.
　　　ἐ-　　augment,
　　　-φη　radical sous sa forme longue, 3ᵉ sing. (sans
　　　　　désinence).

v. 8　**δείκνυσιν** indicatif présent 3ᵉ sing. de δείκνυμι, montrer.
　　　δεικ- radical,
　　　-νυ-　suffixe de présent,
　　　-σι(ν) désinence 3ᵉ sing. et ν- euphonique.

v. 9　**δώσω**　　indicatif futur actif 1ʳᵉ sing. de δίδωμι, donner.
　　　δω-　radical du verbe,
　　　-σ-　suffixe du futur,
　　　-ω　voyelle de liaison longue = 1ᵉʳᵉ sing.

v. 11　**ἀφίησιν**　indicatif présent actif 3ᵉ sing. de ἀφίημι, laisser.
　　　ἀφ-　pour ἀπό (le π s'aspire devant l'esprit rude
　　　　　du radical),
　　　-ἱ-　redoublement du présent du verbe ἵημι,

-η-   radical sous forme longue (au sing. du présent).

-σι(ν) désinence 3ᵉ sing. et ν- euphonique.

Les verbes correspondent à diverses formations :

– verbes à redoublement au présent : δί-δω-μι, ἀφ-ί-η-μι.

voir aussi :   ἵ-στη-μι (p. 281).

– verbe à suffixe de présent en -νυ : δείκ-νυ-μι.

– verbes dont le présent est radical : εἰ-μί, φη-μί.

Ces verbes ont des désinences propres au présent de l'indicatif actif :

v. 8   δείκνυ-σι(ν).

v. 11   ἀφίη-σι(ν).

La désinence suit directement le radical, sans voyelle de liaison.

Aux autres temps que le présent, les verbes δίδωμι et ἵστημι perdent leur redoublement :

futur   δώσω   (v. 9).

aoriste   ἔστησεν   (v. 5).

Grammaire

Présentation des verbes en -μι

Les verbes en -μι, au présent et – par conséquent – à l'imparfait, placent directement, sans voyelle de liaison, la désinence après le radical. Ils sont dits « athématiques ». Ils ont à l'actif des désinences propres.

Les verbes à présent radical

Ces verbes n'ont au présent ni redoublement ni suffixe : ils ont presque tous disparu du grec de la *Koinè*. Subsistent :

εἰμί   être (voir conjugaison ci-après) ;

φημί   dire, dont quatre formes seulement sont employées dans le NT :

au présent	1re sing.	φημί
	3e sing.	φησί(ν)
	3e pl.	φασί(ν)
à l'imparfait	3e sing.	ἔφη

Les verbes à suffixe de présent -νυ

D'autres verbes intercalent entre le radical et la désinence un suffixe -νυ- qui disparaît aux autres temps que le présent et l'imparfait :

ex. : δείκ-**νυ**-μι, montrer,

radical δεικ-   aoriste ἔδειξα.

ἀπ-όλ-**λυ**-μι, perdre, faire périr : radical ολ-,

d'où ἀπ-όλ-ηται (Jn 3, 16) subjonctif 3e sing. de l'aoriste moyen ; au présent, le ν du suffixe s'est assimilé au λ du radical.

Les verbes à redoublement au présent

δί-**δω**-μι   donner.

τί-**θη**-μι   poser (la consonne sourde remplace l'aspirée).

ἵ-στη-μι   placer (pour *σι-**στη**-μι avec réduction du sigma initial à l'esprit rude ; le η est un ancien α long : à date ancienne, tous les α longs sont devenus η).

ἵ-η-μι   lancer (pour *γι-γη-μι, avec chute de l'ancien yod, réduit, à l'initiale, à l'esprit rude), uniquement attesté en composition dans le NT :

ἀφίημι, laisser aller ;

συνίημι, comprendre.

Le redoublement du présent est formé de la 1re consonne du radical suivie de la voyelle ι : ainsi

imp.   ἐ-δί-δου (Mc 4, 8)

mais aor.   ἔ-δω-κεν (Jn 3, 16 ; Mc 4, 7)

prés.   ἵ-στη-μι

mais aor.   ἔ-στη-σεν (Mt 4, 5).

La voyelle qui termine le radical est tantôt longue tantôt brève, selon les temps, les voix et parfois les personnes :

δίδωμι   radical δω   alternant avec δο

ex. :   δώ-σω (Mt 4, 9)   δέ-δο-ται (Mc 4, 11)

τίθημι   radical θη (parfois θει)   alternant avec θε
ex. :   τί-θη-σιν (Jn 10, 11)   τί-θε-μεν (1ère plur.)

ἵστημι   radical στη   alternant avec στα (α bref)
ex. :   ἔ-στη-σεν (Mt 4, 5)   στα-θή σεται   (futur
passif)

ἵημι   radical ἥ   alternant avec ἑ
ex. :   ἀφί-η-σιν (Mt 4, 11)   ἀφ-ε-θῇ (Mc 4, 12)

Le verbe εἰμί

	Indicatif		Subjonctif	Optatif	Impératif
	Présent	Imparfait			
S 1	εἰμί	ἤμην	ὦ	—	
2	εἶ	ἦς, ἦσθα	ἦς	—	ἴσθι
3	ἐστίν	ἦν	ᾖ	εἴη	ἔστω, ἤτω
P 1	ἐσμέν	ἦμεν, ἤμεθα	ὦμεν		
2	ἐστέ	ἦτε	ἦτε	—	ἔστε, ἦτε
3	εἰσίν	ἦσαν	ὦσιν	—	ἔστωσαν

	Futur				
					Infinitif
S 1	ἔσομαι				εἶναι
2	ἔσῃ				
3	ἔσται				**Participe**
P 1	ἐσόμεθα		Masc.	ὤν,	ὄντος
2	ἔσεσθε		Fém.	οὖσα,	οὔσης
3	ἔσονται		Neutre	ὄν,	ὄντος

Remarques

ἴσθι est souvent remplacé par γίνου.

ἔστω, ἤτω sont souvent remplacés par γενέσθω.

ἔστε ou ἦτε sont souvent remplacés par γίνεσθε.

Pour l'optatif (cf. p. 225) seule la 3ᵉ sing. est usitée dans le NT.

Le verbe δείκνυμι

Rappel

δεικ-	radical.
-νυ-	suffixe de présent.
-μι	désinence propre.

Comme tous les verbes en -μι, à l'indicatif et à l'infinitif présents actifs, δείκνυμι a des désinences particulières. Au moyen et au passif, il a les mêmes désinences que les verbes en -ω.

	Présent actif	Infinitif	
S 1	δείκνυμι	δείκνυναι	
2	δείκνυς		
3	δείκνυσι(ν)	Participe	
P 1	δείκνυμεν	masc.	δεικνύς, νύντος
2	δείκνυτε	fém.	δεικνῦσα, νύσης
3	δεικνύασι(ν)	neutre	δεικνύν, νύντος

Le grec de la *Koinè* tend à assimiler les verbes en -νυμι aux verbes en -ω.

On trouve ainsi :
Mt 16,21 : δεικνύειν ; 26,74 : ὀμνύειν ;
Jn 2, 18 : δεικνύεις.

Mais : Mc 14,71 : ὀμνύναι ; Jn 5,20 : δείκνυσιν.

Les autres temps sont réguliers et sans le suffixe -νυ :
ex. :   aoriste   ἔδειξα, ἀπώλεσα, ὤμοσα.

Sur le même modèle on conjugue :
- ὄμνυμι, jurer (ou ὀμνύω).
- ζώννυμι, ceindre.
- κρεμάννυμι, (sus)pendre.
- σβέννυμι, éteindre, apaiser.
- σκεδάννυμι, verser, répandre.
- στρώννυμι, étendre (le suffixe devient -ννυ après voyelle).

– ἀπόλλυμι : faire périr.
　　Fut. : ἀπολέσω, aor. : ἀπώλεσα, parf. inusité,
　　Moyen : ἀπόλλυμαι : périr,
　　Fut. : ἀπολοῦμαι, aor. : ἀπωλόμην, parf. : ἀπόλωλα.

Exercice 19

Analyser les formes des verbes en -μι et traduire.

1.　Καὶ ὁ ὀμόσας ἐν τῷ οὐρανῷ ὀμνύει ἐν τῷ θρόνῳ τοῦ θεοῦ.

2.　Πάντες γὰρ οἱ λαβόντες μάχαιραν ἐν μαχαίρῃ ἀπολοῦνται.

3.　Καὶ τοῦτο εἰπὼν ἔδειξεν αὐτοῖς τὰς χεῖρας καὶ τοὺς πόδας.

22
L'optatif

Le texte : Luc 1, 26-38

26 Ἐν δὲ τῷ μηνὶ τῷ ἕκτω **ἀπεστάλη** ὁ ἄγγελος Γαβριὴλ ἀπὸ τοῦ θεοῦ εἰς πόλιν τῆς Γαλιλαίας ᾗ ὄνομα Ναζαρὲθ 27 πρὸς παρθένον **ἐμνηστευμένην** ἀνδρὶ ᾧ ὄνομα Ἰωσὴφ ἐξ οἴκου Δαυὶδ καὶ τὸ ὄνομα τῆς παρθένου Μαριάμ. 28 καὶ εἰσελθὼν πρὸς αὐτὴν εἶπεν· χαῖρε, **κεχαριτωμένη**, ὁ κύριος μετὰ σοῦ. 29 ἡ δὲ ἐπὶ τῷ λόγῳ **διεταράχθη** καὶ **διελογίζετο** ποταπὸς εἴη ὁ ἀσπασμὸς οὗτος. 30 καὶ εἶπεν ὁ ἄγγελος αὐτῇ· μὴ φοβοῦ, Μαριάμ, **εὗρες** γὰρ χάριν παρὰ τῷ θεῷ. 31 καὶ ἰδοὺ συλλήμψῃ ἐν γαστρὶ καὶ τέξῃ υἱὸν καὶ καλέσεις τὸ ὄνομα αὐτοῦ Ἰησοῦν. 32 οὗτος **ἔσται** μέγας καὶ υἱὸς ὑψίστου **κληθήσεται** καὶ **δώσει** αὐτῷ κύριος ὁ θεὸς τὸν θρόνον Δαυὶδ τοῦ πατρὸς αὐτοῦ. 33 καὶ βασιλεύσει ἐπὶ τὸν οἶκον Ἰακὼβ εἰς τοὺς αἰῶνας καὶ τῆς βασιλείας αὐτοῦ οὐκ ἔσται τέλος. 34 εἶπεν δὲ Μαριὰμ πρὸς τὸν ἄγγελον· πῶς ἔσται τοῦτο, ἐπεὶ ἄνδρα οὐ γινώσκω ; 35 καὶ ἀποκριθεὶς ὁ ἄγγελος εἶπεν αὐτῇ· πνεῦμα ἅγιον ἐπελεύσεται ἐπὶ σὲ καὶ δύναμις ὑψίστου **ἐπισκιάσει** σοι· διὸ καὶ τὸ **γεννώμενον** ἅγιον κληθήσεται υἱὸς θεοῦ. 36 καὶ ἰδοὺ Ἐλισάβετ ἡ συγγενίς σου καὶ αὐτὴ συνείληφεν υἱὸν ἐν **γήρει** αὐτῆς καὶ οὗτος

μὴν ἕκτος ἐστὶν αὐτῆ τῆ **καλουμένη** στείρᾳ· 37 ὅτι οὐκ **ἀδυνατήσει** παρὰ τοῦ θεοῦ πᾶν ῥῆμα. 38 εἶπεν δὲ Μαριάμ· ἰδοὺ ἡ δούλη κυρίου· γένοιτό μοι κατὰ τὸ ῥῆμά σου. Καὶ ἀπῆλθεν ἀπ' αὐτῆς ὁ ἄγγελος.

Exercice de préparation
Relever et analyser les formes verbales ou nominales mises en gras dans le texte.

Traduction littérale

26 Ἐν δὲ τῷ μηνὶ τῷ ἕκτῳ ἀπεστάλη
Dans le sixième mois   fut envoyé

ὁ ἄγγελος Γαβριὴλ ἀπὸ τοῦ θεοῦ
l'ange   Gabriel   de la part de Dieu

εἰς πόλιν τῆς Γαλιλαίας ἧ ὄνομα Ναζαρὲθ
dans une ville de Galilée   à laquelle (était) le nom Nazareth

27 πρὸς παρθένον ἐμνηστευμένην ἀνδρὶ ᾧ ὄνομα Ἰωσὴφ
vers une jeune fille   fiancée à un homme à qui (était) le nom Joseph

ἐξ οἴκου Δαυὶδ καὶ τὸ ὄνομα τῆς παρθένου Μαριάμ.
de la maison de David et   le nom   de la jeune fille (était) Marie.

28 καὶ εἰσελθὼν πρὸς αὐτὴν εἶπεν· χαῖρε, κεχαριτωμένη,
Et   étant entré   vers elle,   il dit : « Réjouis-toi, comblée de grâce,

ὁ κύριος μετὰ σοῦ. 29 ἡ δὲ ἐπὶ τῷ λόγῳ διεταράχθη
le Seigneur (est) avec toi. »   Mais elle,   à la parole, fut troublée

καὶ διελογίζετο ποταπὸς εἴη ὁ ἀσπασμὸς οὗτος.
et elle se demandait   quelle   était cette salutation.

30 καὶ εἶπεν ὁ ἄγγελος αὐτῆ·
Et l'ange lui dit :

μὴ φοβοῦ, Μαριάμ, εὗρες γὰρ χάριν παρὰ τῷ θεῷ.
« Ne crains pas, Marie,   tu as trouvé, en effet, grâce auprès de Dieu.

31 καὶ ἰδοὺ συλλήμψῃ ἐν γαστρὶ καὶ τέξῃ υἱὸν
Et voici :   tu concevras dans (ton) ventre et tu enfanteras un fils,

καὶ καλέσεις τὸ ὄνομα αὐτοῦ Ἰησοῦν.
et   tu appelleras   son nom   Jésus,

32 οὗτος ἔσται μέγας καὶ υἱὸς ὑψίστου κληθήσεται καὶ
celui-ci   sera   grand   et   il sera appelé fils du Très-Haut,   et

δώσει αὐτῷ κύριος ὁ θεὸς
le Seigneur Dieu lui donnera

τὸν θρόνον Δαυὶδ   τοῦ πατρὸς αὐτοῦ.
le trône   de David   son père

33 καὶ βασιλεύσει ἐπὶ τὸν οἶκον Ἰακὼβ εἰς τοὺς αἰῶνας
et   il régnera   sur la maison de Jacob   pour   les siècles,

καὶ τῆς βασιλείας αὐτοῦ οὐκ ἔσται τέλος.
et   de son règne   il n'y aura pas de fin. »

34 εἶπεν δὲ Μαριὰμ πρὸς τὸν ἄγγελον·
Et Marie dit   à l'ange :

πῶς ἔσται τοῦτο, ἐπεὶ ἄνδρα οὐ γινώσκω ;
« Comment sera cela,   puisque je ne connais pas d'homme ? »

35 καὶ ἀποκριθεὶς ὁ ἄγγελος εἶπεν αὐτῃ·
et   répondant   l'ange   lui dit :

πνεῦμα ἅγιον ἐπελεύσεται ἐπὶ σὲ
« Un esprit   saint   viendra   sur toi

καὶ δύναμις ὑψίστου ἐπισκιάσει σοι·
et la puissance du Très-Haut mettra son ombre sur toi ;

διὸ καὶ τὸ γεννώμενον ἅγιον κληθήσεται υἱὸς θεοῦ.
c'est pourquoi ce(lui) qui est engendré saint sera appelé   fils de Dieu.

36 καὶ ἰδοὺ Ἐλισάβετ ἡ συγγενίς σου καὶ αὐτη
Et voici,   Élisabeth   ta parente   elle aussi

συνείληφεν υἱὸν ἐν γήρει αὐτῆς
a conçu   un fils dans sa vieillesse

καὶ οὗτος μὴν ἕκτος ἐστὶν αὐτῇ τῇ καλουμένῃ στείρα·
et   c'est le sixième mois   pour elle   qui est appelée stérile ;

37 ὅτι οὐκ ἀδυνατήσει παρὰ τοῦ θεοῦ πᾶν ῥῆμα.
Car point ne sera impossible de la part de Dieu,   toute parole[1]. »

38 εἶπεν δὲ Μαριάμ· ἰδοὺ ἡ δούλη κυρίου·
Et   Marie dit : « Voici la servante du Seigneur ;

γένοιτό μοι κατὰ τὸ ῥῆμά σου.
qu'il advienne pour moi selon ta parole. »

Καὶ ἀπῆλθεν ἀπ' αὐτῆς ὁ ἄγγελος.
Et   l'ange sortit de chez elle.

Quelques formes verbales difficiles
v. 26 **ἀπεστάλη** aoriste second passif 3ᵉ sing. de ἀποστέλλω.

v. 29 **διεταράχθη**   aoriste passif 3ᵉ sing. de διαταράσσω
(rad. ταραχ-). Les verbes dont le radical se termine par une palatale (γ, κ, χ) et la plupart des verbes en -σσω ont un aoriste passif en -χθην (cf. Mt 4, 1 : ἀνήχθη du verbe ἀνάγω).

v. 31 **συλλήμψῃ** futur moyen 2ᵉ sing. de συλλαμβάνω,
futur : συλλήψομαι.

τέξῃ   futur moyen 2ᵉ sing. de τίκτω,
futur : τέξομαι.

---

1. Les traductions habituelles « rien n'est impossible à Dieu » (TOB, Segond, Jérusalem) mettent l'accent sur la toute-puissance de Dieu et suppriment le thème de la parole créatrice. Le sens du verset est : il est impossible que ne se réalise pas une parole venant de Dieu.

v. 32 **κληθήσεται**   futur passif 3ᵉ sing. de καλέω,
                           aoriste passif : ἐκλήθην.

v. 35 **ἐπελεύσεται**   futur moyen 3ᵉ sing. de ἐπέρχομαι,
                           futur : ἐλεύσομαι.

v.36 **συνείληφεν**   parfait actif 3ᵉ sing. de συλλαμβάνω
                           (à l'origine συν-λαμβάνω, assimilation du
                           ν au λ), parfait (à aspirée) : εἴληφα.

Repérage dans le texte des formes d'optatif

Il y en a deux :

v. 29 ἡ δὲ ἐπὶ τῷ λόγῳ διεταράχθη καὶ διελογίζετο
ποταπὸς εἴη ὁ ἀσπασμὸς οὗτος.

v. 38 εἶπεν δὲ Μαριάμ· ἰδοὺ ἡ δούλη κυρίου· **γένοιτό** μοι
κατὰ τὸ ῥῆμά σου. Καὶ ἀπῆλθεν ἀπ' αὐτῆς ὁ ἄγγελος.

Analyse

v. 29 **εἴη**   optatif présent du verbe εἰμί, 3ᵉ sing.
      ἐ(σ)-   radical de εἰμί avec chute du sigma entre voyelles.
      -ιη   forme longue de la marque d'optatif (pas de
                          désinence).

v. 38 **γένοιτο**   optatif aoriste du verbe γίνομαι.
      γέν-   radical à l'aoriste.
      -οι-   voyelle de liaison et marque de l'optatif.
      -το   désinence moyenne de 3ᵉ sing.

L'optatif (du latin optare, souhaiter)

A côté de l'**indicatif**, qui sert à exprimer la réalité, et du
subjonctif qui exprime une nuance modale de volonté (cf. les
propositions subordonnées de but, p. 254-255) ou de possibilité (cf.
l'expression de l'éventualité dans les propositions subordonnées de

condition, p. 126), l'optatif exprime une nuance de possibilité dont la réalisation est plus douteuse qu'au subjonctif.

– C'est pourquoi l'optatif est le mode de la conjugaison qui sert à marquer le souhait.

ex. :   au v. 38   γένοιτο : « qu'il advienne », « ainsi soit-il ».

– Il est également employé en proposition subordonnée interrogative, lorsque le verbe principal est au passé :

ex. :   v. 29   διελογίζετο ποταπὸς εἴη ὁ ἀσπασμὸς οὗτος,
          Elle se demandait quelle était cette salutation.
                    (quelle pouvait bien être)

Cet usage de l'optatif, dont la valeur ne se traduit pas, est une survivance littéraire d'un usage fréquent en grec classique, appelé optatif de subordination secondaire , ou optatif « oblique ».

Dans le grec de la *Koinè*, l'optatif est d'un emploi réduit. Dans le N.T., il est même rare. On trouve :
- chez Paul, 31 optatifs aoristes dont 14 fois γένοιτο,
- chez Luc, 20 optatifs présents dont 11 fois εἴη, et 8 aoristes.
- deux emplois de l'optatif dans 1Pierre.

– L'optatif se reconnaît aux diphtongues οι, αι ou ει qui précèdent la désinence :

θέλοι   optatif présent 3ᵉ sing. de θέλω (pas de désinence) ;
γένοιτο   optatif aoriste second moyen, 3ᵉ sing. de γίνομαι;
ποιήσαιεν   optatif aoriste actif, 3ᵉ plur. de ποιέω ;
ἁγιάσαι   optatif aoriste actif, 3ᵉ sing. de ἁγιάζω.
τηρηθείη   optatif aoriste passif 3ᵉ sing. de τηρέω.

Quelques exemples :

Lc 6,11
          διελαλοῦν πρὸς ἀλλήλους τί ἂν ποιήσαιεν τῷ Ἰησοῦ,
          Ils parlaient entre eux de ce qu'ils feraient à Jésus.

Mc 11,14
          μηκέτι εἰς τὸν αἰῶνα ἐκ σοῦ μηδεὶς καρπὸν φαγοῖ,
          que jamais plus personne ne mange du fruit venant de toi !

1 Th 5,23
          ὁ θεὸς τῆς εἰρήνης ἁγιάσαι ὑμᾶς... καὶ τὸ πνεῦμα καὶ

ἡ ψυχὴ καὶ τὸ σῶμα ἀμέμπτως τηρηθείη,
que le dieu de la paix vous sanctifie… et que votre esprit, votre âme et votre corps soient gardés de manière irréprochable.

Exercice 20

Repérer et analyser les verbes à l'optatif. Traduire les phrases.

1. Καὶ αὐτοὶ ἤρξαντο συζητεῖν πρὸς ἑαυτοὺς τὸ τίς ἄρα εἴη ἐξ αὐτῶν ὁ τοῦτο μέλλων πράσσειν.

2. Ὁ δὲ θεός μου πληρώσαι πᾶσαν χρείαν ὑμῶν κατὰ τὸ πλοῦτος αὐτοῦ ἐν δόξῃ ἐν Χριστῷ Ἰησοῦ.

23

Les constructions de ὄνομα
Le verbe δίδωμι

Le texte : Luc 1,26-31

26 Ἐν δὲ τῷ μηνὶ τῷ ἕκτῳ ἀπεστάλη ὁ ἄγγελος Γαβριὴλ ἀπὸ τοῦ θεοῦ εἰς πόλιν τῆς Γαλιλαίας ᾗ **ὄνομα** Ναζαρὲθ 27 πρὸς παρθένον ἐμνηστευμένην ἀνδρὶ ᾧ **ὄνομα** Ἰωσὴφ ἐξ οἴκου Δαυὶδ καὶ τὸ **ὄνομα** τῆς παρθένου Μαριάμ. 28 καὶ εἰσελθὼν πρὸς αὐτὴν εἶπεν· χαῖρε, κεχαριτωμένη, ὁ κύριος μετὰ σοῦ. 29 ἡ δὲ ἐπὶ τῷ λόγῳ διεταράχθη καὶ διελογίζετο ποταπὸς εἴη ὁ ἀσπασμὸς οὗτος. 30 καὶ εἶπεν ὁ ἄγγελος αὐτῇ· μὴ φοβοῦ, Μαριάμ, εὗρες γὰρ χάριν παρὰ τῷ θεῷ. 31 καὶ ἰδοὺ συλλήμψῃ ἐν γαστρὶ καὶ τέξῃ υἱὸν καὶ καλέσεις τὸ **ὄνομα** αὐτοῦ Ἰησοῦν.

Repérage des emplois de ὄνομα

1. ὄνομα au nominatif, dans une phrase où le verbe être est omis :
> ex. :   Lc 1, 27
> καὶ τὸ ὄνομα τῆς παρθένου Μαριάμ,
> et le nom de la jeune fille (était) Marie.
> Lc 1, 26
> εἰς πόλιν τῆς Γαλιλαίας ᾗ ὄνομα Ναζαρέθ,
> Dans une ville de Galilée à laquelle le nom (est) Nazareth.

2. ὄνομα à l'accusatif :
> ex. :   Lc 1, 31
> καλέσεις τὸ ὄνομα αὐτοῦ Ἰησοῦν,
> tu appelleras son nom Jésus.

Les emplois de ὄνομα
Il existe d'autres constructions de ὄνομα **dans le N.T. :**

– ὄνομα au nominatif, placé pour ainsi dire entre parenthèses :
ex. : Jn 1, 6   ἄνθρωπος... ὄνομα αὐτῷ Ἰωάννης,
                   un homme... un nom pour lui, Jean.

    Jn 3, 1   ἄνθρωπος... Νικόδημος ὄνομα αὐτοῦ,
                   un homme... Nicodème son nom.

– ὄνομα employé comme sujet du verbe καλέω au passif :
ex. : Lc 2, 21   ἐκλήθη τὸ ὄνομα αὐτοῦ Ἰησοῦς,
                   son nom fut appelé Jésus.

– ὄνομα est au datif :
ex. : Lc 1,5   ἱερεύς τις ὀνόματι Ζαχαρίας,
                   un prêtre (du point de vue) du nom Zacharie.

Le verbe δίδωμι

Il est utile de connaître les temps primitifs ainsi que la conjugaison du présent et de l'aoriste actifs. Les autres temps, en effet, n'ont pas de forme spéciale :

δώ-σο-μεν   futur actif 1re plur., forme parallèle à λύ-σο-μεν.
ἐ-δό-θη-σαν   aoriste passif 3e plur., cf. ἐ-λύ-θη-σαν.
ἀπ-έ-δο-το   aoriste moyen 3e sing., cf. ἐ-γέ-νε-το.

Les temps primitifs

	Présent	Futur	Aoriste	Parfait
Actif	δίδωμι	δώσω	ἔδωκα	δέδωκα
Moyen	δίδομαι	δώσομαι	ἐδόμην	δέδομαι
Passif	δίδομαι	δοθήσομαι	ἐδόθην	δέδομαι

La conjugaison du présent actif

		Indicatif	Subjonctif	Impératif
S 1		δίδωμι	διδῶ	
2		δίδως	διδῷς	δίδου
3		δίδωσι(ν)	διδῷ	διδότω
P 1		δίδομεν	διδῶμεν	
2		δίδοτε	διδῶτε	δίδοτε
3		διδόασι(ν)	διδῶσι(ν)	διδότωσαν

Infinitif	Participe
δίδοναι	Masc. διδούς, όντος Fém. διδοῦσα, ούσης Neutre διδόν, όντος

À *l'imparfait*, trois formes sont attestées :
ἐδίδου (3ᵉ sing.)
ἐδίδοσαν ou ἐδίδουν (3ᵉ plur.).

La conjugaison de l'aoriste actif

		Indicatif	Subjonctif	Impératif
S 1		ἔδωκα	δῶ	
2		ἔδωκας	δῷς	δός
3		ἔδωκε(ν)	δῷ	δότω
P 1		ἐδώκαμεν	δῶμεν	
2		ἐδώκατε	δῶτε	δότε
3		ἔδωκαν	δῶσιν	δότωσαν

Infinitif	Participe
δοῦναι	Masc. δούς, όντος Fém. δοῦσα, δούσης Neutre δόν, όντος

Exercice

Identifier les formes les plus fréquentes

ἐδίδου	δώσει	δός	ἔδωκεν	δότε
δοῦναι	δέδοται	δοθήσεται	δοθῆναι	δεδώκει
παραδιδούς	δίδοναι	δώσουσιν	δῶτε	ἐδόθη
δίδοσθαι	ἐδίδουν	ἐδώκατε	δούς	ἔδωκαν
δοθῇ	ἐδίδοσαν	δῶμεν	δεδώκεισαν	δόντα
δῶς	ἀπέδοντο	ἀποδιδότω	παραδίδοται.	

Vocabulaire

Invariants

διό	c'est pourquoi.

Noms

Μαριάμ	Marie. On trouve aussi Μαρία, ας.
ὁ μήν, μηνός	le mois.
ἡ παρθένος, ου	la jeune fille, la vierge.

Désigne plus largement une fille non mariée, et parfois même une fille mère. S'oppose à ἡ γυνή, la femme et à ἡ κορή, la jeune fille ou la jeune femme.

La littérature patristique a abondamment utilisé ce mot et les mots apparentés en privilégiant l'idée de virginité.

ὁ ἀνήρ, ἀνδρός	l'homme, le mari. Cf. français : andro-gyne (qui tient des deux sexes), et le prénom André.
ὁ οἶκος, ου	la maison.

Le lieu où l'on habite, maison, salle ou chambre.

A de très nombreux composés dont :

ὁ οἰκοδεσπότης	le maître de maison,
οἰκοδομέω	construire (une maison).

ἡ οἰκονομία	l'administration d'une maison ou d'un patrimoine (cf. français : économie).

A de très nombreux dérivés qui ont à leur tour essaimé. Ainsi :

ἡ οἰκία	l'habitation, la maison, la famille.
ὁ οἰκέτης	le domestique.
οἰκέω	habiter ; part. fém. ἡ οἰκουμένη : le monde habité.
κατοικέω	habiter, s'installer, s'établir.
	À distinguer (dans la Septante et le NT) de
παροικέω	séjourner de façon passagère, habiter en résident.

ἡ χάρις, ιτος	la grâce.
	Sens général : grâce, beauté, d'où la faveur, la bienveillance (de qui accorde), la reconnaissance (de qui reçoit).
χάριν (prép.)	en faveur de, grâce à, à cause de (+ gén.).
χαίρω	se réjouir, être joyeux. Noter la formule ancienne de salutation : χαῖρε, bonjour (litt. : réjouis-toi).

De nombreux dérivés et composés dont :

χαρίζομαι	accorder une grâce (au moyen), recevoir un bienfait, une grâce (au passif).
χαριτόω	manifester la grâce divine (actif), être rempli de cette grâce (passif).
τὸ χάρισμα	le bienfait d'origine divine.
εὐχαριστέω	rendre grâce.
ἡ εὐχαριστία	l'action de grâce.

Pour tous ces mots, consulter un dictionnaire spécialisé.

Du verbe χαίρω dérive également le nom ἡ χαρά, la joie.

ὁ θρόνος, ου	le trône.
τὸ τέλος, ους	la fin, le terme.
ἡ δύναμις, εως	la puissance (cf. δύναμαι p. 72).
ὁ δοῦλος, ου	l'esclave (masc.).
ἡ δούλη, ης	l'esclave (fém.).
ὁ ἱερεύς, εως	le prêtre.
ὁ ἀσπασμός, οῦ	la salutation.

Adjectifs

μέγας   grand.

Verbes

χαίρω   se réjouir.
διαλογίζομαι   raisonner, réfléchir.

φοβέομαι   avoir peur, craindre.
                               Dérive de ὁ φόβος, la fuite due à la
                               panique, puis la peur, la crainte.
                               En français : xéno-phobe, qui craint et
                               déteste les étrangers (ξένος) ; agora-phobe,
                               qui a peur de se trouver dans des lieux
                               publics (ἡ ἀγορά, la place publique).

καλέω   appeler, inviter, nommer.
  ἐπικαλέω   invoquer, appeler au secours
                               (parfois nommer).
  παρακαλέω   exhorter, encourager (cf. le Paraclet).
  συγκαλέω   convoquer.
Sur le radical κλη- (ἐκλήθην, κέκλημαι) sont formés les dérivés :
  ἡ κλῆσις   l'appel.
  κλητός   appelé, invité, choisi.
  ἡ ἐκκλησία   l'assemblée du peuple convoquée.

Exercice 21

Analyser les formes des verbes en -μι et traduire.

1. Ἀμὴν ἀμὴν λέγω ὑμῖν ὅτι εἷς ἐξ ὑμῶν παραδώσει με.
2. Ἀπεκρίθη ὁ Πιλᾶτος· τὸ ἔθνος τὸ σὸν καὶ οἱ
    ἀρχιερεῖς παρέδωκαν σε ἐμοί.
3. Ὁ νόμος διὰ Μωϋσέως ἐδόθη, ἡ χάρις καὶ ἡ
    ἀλήθεια διὰ Ἰησοῦ Χριστοῦ ἐγένετο.
4. Λέγει πρὸς αὐτὸν ἡ γυνή· Κύριε, δός μοι τοῦτο τὸ
    ὕδωρ.
5. Ὁ γὰρ ἄρτος τοῦ θεοῦ ἐστιν ὁ καταβαίνων ἐκ τοῦ
    οὐρανοῦ καὶ ζωὴν διδοὺς τῷ κόσμῳ.

Quatrième partie

Lecture d'un texte des Actes des Apôtres

(Actes 9, 1-19)

et d'une lettre de Paul

(1 Co 15, 1-11)

24
Les compléments circonstanciels.
Les pronoms interrogatifs et indéfinis

Le texte : Actes 9, 1-19

1 Ὁ δὲ Σαῦλος ἔτι **ἐμπνέων** ἀπειλῆς καὶ φόνου εἰς τοὺς μαθητὰς τοῦ κυρίου, προσελθὼν τῷ ἀρχιερεῖ 2 **ᾐτήσατο** παρ' αὐτοῦ ἐπιστολὰς εἰς Δαμασκὸν πρὸς τὰς συναγωγάς, ὅπως ἐάν τινας εὕρῃ τῆς ὁδοῦ ὄντας, ἄνδρας τε καὶ γυναῖκας, **δεδεμένους** ἀγάγῃ εἰς Ἰερουσαλήμ. 3 Ἐν δὲ τῷ πορεύεσθαι ἐγένετο αὐτὸ ἐγγίζειν τῇ Δαμασκῷ, ἐξαίφνης τε αὐτὸν **περιήστραψεν** φῶς ἐκ τοῦ οὐρανοῦ 4 καὶ **πεσὼν** ἐπὶ τὴν γῆν ἤκουσεν φωνὴν λέγουσαν αὐτῷ· Σαοὺλ Σαούλ, τί με διώκεις ; 5 εἶπεν δέ· τίς εἶ, κύριε ; ὁ δέ· ἐγώ εἰμι Ἰησοῦς ὃν σὺ διώκεις· 6 ἀλλὰ ἀνάσθητι καὶ εἴσελθε εἰς τὴν πόλιν καὶ λαληθήσεται σοι ὅ τί σε δεῖ ποιεῖν. 7 οἱ δέ ἄνδρες οἱ συνοδεύοντες αὐτῷ εἱστήκεισαν ἐνεοί, ἀκούοντες μὲν τῆς φωνῆς μηδένα δὲ **θεωροῦντες**. 8 ἠγέρθη δὲ Σαῦλος ἀπὸ τῆς γῆς, ἀνεῳγμένων δὲ τῶν ὀφθαλμῶν αὐτοῦ οὐδὲν ἔβλεπεν· χειραγωγοῦντες δὲ αὐτὸν εἰσήγαγον εἰς Δαμασκόν. 9 καὶ ἦν ἡμέρας τρεῖς μὴ βλέπων καὶ οὐκ ἔφαγεν οὐδὲ ἔπιεν. 10 Ἦν δέ τις μαθητὴς ἐν Δαμασκῷ ὀνόματι Ἀνανίας, καὶ εἶπεν πρὸς αὐτὸν ἐν ὁράματι ὁ κύριος· Ἀνανία. ὁ δὲ εἶπεν· ἰδοὺ ἐγώ, κύριε. 11 ὁ δὲ κύριος πρὸς αὐτόν· ἀναστὰς πορεύθητι ἐπὶ τὴν ῥύμην τὴν καλουμένην Εὐθεῖαν καὶ ζήτησον ἐν οἰκίᾳ Ἰούδα Σαῦλον ὀνόματι Ταρσέα· ἰδοὺ γὰρ προσεύχεται 12 καὶ εἶδεν ἄνδρα ἐν ὁράματι Ἀνανίαν ὀνόματι **εἰσελθόντα** καὶ ἐπιθέντα αὐτῷ τὰς χεῖρας ὅπως ἀναβλέψῃ. 13 ἀπεκρίθη δὲ Ἀνανίας· κύριε, ἤκουσα ἀπὸ πολλῶν περὶ τοῦ ἀνδρὸς τούτου ὅσα κακὰ τοῖς ἁγίοις σου ἐποίησεν ἐν Ἰηρουσαλήμ· 14 καὶ ὧδε ἔχει ἐξουσίαν παρὰ τῶν ἀρχιερέων **δῆσαι** πάντας τοὺς ἐπικαλουμένους τὸ ὄνομά σου. 15 εἶπεν δὲ πρὸς αὐτὸν ὁ κύριος· πορεύου, ὅτι σκεῦος ἐκλογῆς ἐστίν μοι οὗτος τοῦ

βαστάσαι τὸ ὄνομά μου ἐνώπιον ἐθνῶν τε καὶ βασιλέων υἱῶν τε Ἰσραήλ· 16 ἐγὼ γὰρ **ὑποδείξω** αὐτῷ ὅσα δεῖ αὐτὸν ὑπὲρ τοῦ ὀνόματός μου παθεῖν. 17 Ἀπῆλθεν δὲ Ἀνανίας καὶ εἰσῆλθεν εἰς τὴν οἰκίαν καὶ ἐπιθεὶς ἐπ᾽ αὐτὸν τὰς χεῖρας εἶπεν· Σαοὺλ ἀδελφέ, ὁ κύριος ἀπέσταλκέν με, Ἰησοῦς ὁ **ὀφθείς** σοι ἐν τῇ ὁδῷ ᾗ **ἤρχου**, ὅπως ἀναβλέψῃς καὶ πλησθῇς πνεύματος ἁγίου. 18 καὶ εὐθέως ἀπέπεσαν αὐτοῦ ἀπὸ τῶν ὀφθαλμῶν ὡς λεπίδες, ἀνέβλεψέν τε καὶ ἀναστὰς ἐβαπτίσθη. 19 καὶ **λαβὼν** τροφὴν ἐνίσχυσεν. Ἐγένετο δὲ μετὰ τῶν ἐν Δαμασκῷ μαθητῶν ἡμέρας τινάς.

Exercice de préparation
Analyser les formes verbales (en gras).
Expliquer les deux constructions (en italique).
Traduire les v. 8-10.

Traduction littérale

1 Ὁ δὲ[1] Σαῦλος ἔτι ἐμπνέων ἀπειλῆς καὶ φόνου
Or   Saul   respirant encore   menace   et   meurtre

εἰς τοὺς μαθητὰς τοῦ κυρίου, προσελθὼν τῷ ἀρχιερεῖ
contre les disciples du Seigneur,   s'étant approché du grand prêtre

2 ᾐτήσατο παρ᾽ αὐτοῦ ἐπιστολὰς εἰς Δαμασκὸν
demanda   de sa part   des lettres   pour Damas

πρὸς τὰς συναγωγάς, ὅπως ἐάν τινας εὕρῃ
à l'adresse des synagogues,   afin que s'il trouvait certains

τῆς ὁδοῦ ὄντας, ἄνδρας τε καὶ γυναῖκας,
étant de la voie,   hommes   et   femmes,

δεδεμένους ἀγάγῃ εἰς Ἰερουσαλήμ.
il les conduise liés   à Jérusalem.

---

1. En grec, à l'inverse du français, les phrases sont, le plus souvent, reliées les unes aux autres par une conjonction qui souligne leur lien logique, en particulier par δέ. La plupart du temps, il n'est pas utile de traduire δέ (ex. des v. 3, 5, 7 etc.) bien que cette particule marque une transition dans un récit (ex. des v. 1, 10).

3 Ἐν δὲ τῷ πορεύεσθαι
Pendant qu'il marchait,

ἐγένετο αὐτὸ ἐγγίζειν τῇ Δαμασκῷ,
il arriva   qu'il approchait   de Damas,

ἐξαίφνης τε αὐτὸν περιήστραψεν φῶς ἐκ τοῦ οὐρανοῦ
et soudain   resplendit tout autour de lui   une lumière venue du ciel.

4 καὶ πεσὼν   ἐπὶ τὴν γῆν ἤκουσεν φωνὴν
Et   étant tombé à terre,   il entendit une voix

λέγουσαν αὐτῷ· Σαοὺλ Σαοὺλ, τί με διώκεις;
lui disant :   « Saul, Saul,   pourquoi me persécutes-tu ? »

5 εἶπεν δέ· τίς εἶ, κύριε;
Il dit :   « Qui es-tu Seigneur ? »

ὁ δέ[2]· ἐγώ εἰμι Ἰησοῦς ὃν σὺ διώκεις·
Lui :   « Moi, je suis Jésus   que toi tu persécutes.

6 ἀλλὰ ἀνάσθητι καὶ εἴσελθε εἰς τὴν πόλιν
Eh bien lève-toi   et   entre   dans la ville

καὶ λαληθήσεται σοι ὅ τί σε δεῖ ποιεῖν.
et   il te sera dit   ce qu'il faut que tu fasses. »

7 οἱ δέ ἄνδρες οἱ συνοδεύοντες αὐτῷ εἱστήκεισαν ἐνεοί,
Les hommes   qui faisaient route avec lui   se tenaient debout muets,

ἀκούοντες μὲν τῆς φωνῆς μηδένα δὲ[3] θεωροῦντες.
entendant   la voix,   mais ne voyant personne.

8 ἠγέρθη δὲ Σαῦλος ἀπὸ τῆς γῆς,
Saul fut relevé (réveillé)   de la terre

ἀνεῳγμένων δὲ τῶν ὀφθαλμῶν αὐτοῦ οὐδὲν ἔβλεπεν·
et, bien que ses yeux soient ouverts,   il ne voyait rien ;

---

2. ὁ δέ est une survivance, avec sens atténué, d'un ancien démonstratif (grec classique ὅδε).

3. μέν... δέ : litt. d'une part... d'autre part.

χειραγωγοῦντες δὲ αὐτὸν εἰσήγαγον εἰς Δαμασκόν.
le conduisant par la main, ils le conduisirent à Damas.

9 καὶ ἦν ἡμέρας τρεῖς μὴ βλέπων
Et il était pendant trois jours ne voyant pas

καὶ οὐκ ἔφαγεν οὐδὲ ἔπιεν.
et il ne mangea ni ne but.

10 Ἦν δέ τις μαθητὴς ἐν Δαμασκῷ ὀνόματι Ἀνανίας,
Or, il y avait un certain disciple à Damas du nom d'Ananias

καὶ εἶπεν πρὸς αὐτὸν ἐν ὁράματι ὁ κύριος·
et le Seigneur lui dit dans une vision :

Ἀνανία. ὁ δὲ εἶπεν· ἰδοὺ ἐγώ, κύριε.
« Ananias ! » Lui, dit : « Me voici Seigneur. »

11 ὁ δὲ κύριος πρὸς αὐτόν·
Le Seigneur lui dit :

ἀναστὰς πορεύθητι ἐπὶ τὴν ῥύμην
« T'étant levé, marche vers la ruelle

τὴν καλουμένην Εὐθεῖαν
qui est appelée Bien-Droite

καὶ ζήτησον ἐν οἰκίᾳ Ἰούδα Σαῦλον ὀνόματι Ταρσέα·
et cherche dans la maison de Judas un homme de Tarse, du nom de Saul.

ἰδοὺ γὰρ προσεύχεται 12 καὶ εἶδεν[4] ἄνδρα ἐν ὁράματι
En effet, voici qu'il prie et il a vu un homme dans une vision,

Ἀνανίαν ὀνόματι εἰσελθόντα
du nom d'Ananias entrer

καὶ ἐπιθέντα αὐτῷ τὰς χεῖρας ὅπως ἀναβλέψῃ.
et lui imposer les mains afin qu'il voie de nouveau. »

---

4. Les verbes signifiant « voir » (en particulier εἶδον, βλέπω, θεωρέω) se construisent soit avec ὅτι (ex. : Mc 16, 4 : θεωροῦσιν ὅτι ἀποκεκύλισται ὁ λίθος, elles voient que la pierre a été roulée) soit avec un participe accordé avec le complément (ex. : Jn 20, 1 : βλέπει τὸν λίθον ἠρμένον, elle voit que la pierre a été enlevée).

13 ἀπεκρίθη δὲ Ἀνανίας· κύριε, ἤκουσα ἀπὸ πολλῶν
Ananias répondit :   « Seigneur, j'ai entendu dire de beaucoup

περὶ τοῦ ἀνδρὸς τούτου ὅσα κακὰ
au sujet de cet homme   combien de maux

τοῖς ἁγίοις σου ἐποίησεν ἐν Ἰηρουσαλήμ·
il a fait à tes saints   à Jérusalem ;

14 καὶ ὧδε ἔχει ἐξουσίαν παρὰ τῶν ἀρχιερέων
et   ici   il a   le pouvoir   de la part des grands prêtres

δῆσαι πάντας τοὺς ἐπικαλουμένους τὸ ὄνομα σου.
de lier   tous ceux qui   invoquent   ton nom. »

15 εἶπεν δὲ πρὸς αὐτὸν ὁ κύριος· πορεύου, ὅτι
Le Seigneur lui dit :   « Marche, parce que

σκεῦος ἐκλογῆς ἐστίν μοι οὗτος
celui-ci est pour moi un instrument d'élection

τοῦ βαστάσαι τὸ ὄνομά μου ἐνώπιον ἐθνῶν
pour porter mon nom   en face   de nations

τε καὶ βασιλέων υἱῶν τε Ἰσραήλ· 16 ἐγὼ γὰρ
et   de rois   et des fils d'Israël ;   en effet, moi

ὑποδείξω αὐτῷ ὅσα δεῖ αὐτὸν
je lui montrerai   combien il lui faut

ὑπὲρ τοῦ ὀνόματός μου παθεῖν.
souffrir pour mon nom. »

17 Ἀπῆλθεν δὲ Ἀνανίας καὶ εἰσῆλθεν εἰς τὴν οἰκίαν
Ananias s'en alla   et   entra   dans la maison

καὶ ἐπιθεὶς ἐπ' αὐτὸν τὰς χεῖρας εἶπεν·
et ayant imposé   sur lui   les mains,   il dit :

Σαοὺλ ἀδελφέ, ὁ κύριος ἀπέσταλκέν με,
« Saul,   frère,   le Seigneur   m'a envoyé,

Ἰησοῦς ὁ ὀφθείς σοι ἐν τῇ ὁδῷ ᾗ ἤρχου,
Jésus celui qui a été vu de toi   sur la route   par laquelle tu venais,
          (= qui t'est apparu)

ὅπως ἀναβλέψῃς καὶ πλησθῇς   πνεύματος ἁγίου.
afin que tu voies de nouveau et que tu sois rempli   d'esprit saint. »

18 καὶ εὐθέως ἀπέπεσαν αὐτοῦ ἀπὸ τῶν ὀφθαλμῶν
Et aussitôt   tombèrent   loin de ses yeux

ὡς λεπίδες, ἀνέβλεψέν τε[5]
comme des écailles, et il vit de nouveau

καὶ ἀναστὰς ἐβαπτίσθη.
et   s'étant levé   il fut baptisé.

19 καὶ λαβὼν τροφὴν ἐνίσχυσεν. Ἐγένετο δὲ
et ayant pris de la nourriture il reprit des forces.   Il fut

μετὰ τῶν ἐν Δαμασκῷ μαθητῶν ἡμέρας τινάς.
avec les disciples qui étaient à Damas   pendant quelques jours.

Repérage des prépositions (en gras)
Le complément introduit par la préposition est en italique.

1 Ὁ δὲ Σαῦλος ἔτι ἐμπνέων ἀπειλῆς καὶ φόνου **εἰς** *τοὺς μαθητὰς* τοῦ κυρίου, προσελθὼν τῷ ἀρχιερεῖ 2 ᾐτήσατο **παρ**'*αὐτοῦ* ἐπιστολὰς **εἰς** *Δαμασκὸν* **πρὸς** *τὰς συναγωγάς* ὅπως ἐάν τινας εὕρῃ τῆς ὁδοῦ ὄντας, ἄνδρας τε καὶ γυναῖκας, δεδεμένους ἀγάγῃ **εἰς** *Ἰερουσαλήμ.* 3 **Ἐν** *δὲ τῷ πορεύεσθαι* ἐγένετο αὐτὸ ἐγγίζειν τῇ Δαμασκῷ, ἐξαίφνης τε αὐτὸν περιήστραψεν φῶς **ἐκ** *τοῦ οὐρανοῦ* 4 καὶ πεσὼν **ἐπὶ** *τὴν γῆν* ἤκουσεν φωνὴν λέγουσαν αὐτῷ· Σαοὺλ Σαούλ, τί με διώκεις ; 5 εἶπεν δέ· τίς εἶ, κύριε ; ὁ δέ· ἐγώ εἰμι Ἰησοῦς ὃν σὺ

---

5. On remarque deux emplois différents de la particule τε : aux versets 2, 15 (1) et 18, τε renforce la valeur de coordination de καί et ne se traduit pas ; aux versets 3 et 15 (2), τε est employé seul et avec valeur de coordination ; il signifie « et » ; il se place alors après le mot qu'il coordonne.

διώκεις· 6 ἀλλὰ ἀνάσθητι καὶ εἴσελθε **εἰς** τὴν πόλιν καὶ λαληθήσεται σοι ὅ τί σε δεῖ ποιεῖν. 7 οἱ δέ ἄνδρες οἱ συνοδεύοντες αὐτῷ εἱστήκεισαν ἐνεοί, ἀκούοντες μὲν τῆς φωνῆς μηδένα δὲ θεωροῦντες. 8 ἠγέρθη δὲ Σαῦλος **ἀπὸ** τῆς γῆς, ἀνεῳγμένων δὲ τῶν ὀφθαλμῶν αὐτοῦ οὐδὲν ἔβλεπεν· χειραγωγοῦντες δὲ αὐτὸν εἰσήγαγον **εἰς** Δαμασκόν. 9 καὶ ἦν ἡμέρας τρεῖς μὴ βλέπων καὶ οὐκ ἔφαγεν οὐδὲ ἔπιεν. 10 Ἦν δέ τις μαθητὴς ἐν Δαμασκῷ ὀνόματι Ἀνανίας, καὶ εἶπεν **πρὸς** αὐτὸν ἐν ὁράματι ὁ κύριος· Ἀνανίας. ὁ δὲ εἶπεν· ἰδοὺ ἐγώ, κύριε. 11 ὁ δὲ κύριος **πρὸς** αὐτόν·· ἀναστὰς πορεύθητι ἐπὶ τὴν ῥύμην τὴν καλουμένην Εὐθεῖαν καὶ ζήτησον ἐν οἰκίᾳ Ἰούδα Σαῦλον ὀνόματι Ταρσέα· ἰδοὺ γὰρ προσεύχεται 12 καὶ εἶδεν ἄνδρα ἐν ὁράματι Ἀνανίαν ὀνόματι εἰσελθόντα καὶ ἐπιθέντα αὐτῷ τὰς χεῖρας ὅπως ἀναβλέψῃ. 13 ἀπεκρίθη γὰρ Ἀνανίας· κύριε, ἤκουσα **ἀπὸ** πολλῶν **περὶ** τοῦ ἀνδρὸς τούτου ὅσα κακὰ τοῖς ἁγίοις σου ἐποίησεν ἐν Ἰηρουσαλήμ·14 καὶ ὧδε ἔχει ἐξουσίαν **παρὰ** τῶν ἀρχιερέων δῆσαι πάντας τοὺς ἐπικαλουμένους τὸ ὄνομά σου. 15 εἶπεν δὲ **πρὸς** αὐτὸν ὁ κύριος· πορεύου, ὅτι σκεῦος ἐκλογῆς ἐστίν μοι οὗτος τοῦ βαστάσαι τὸ ὄνομά μου **ἐνώπιον** ἐθνῶν τε καὶ βασιλέων υἱῶν τε Ἰσραήλ· 16 ἐγὼ γὰρ ὑποδείξω αὐτῷ ὅσα δεῖ αὐτὸν **ὑπὲρ** τοῦ ὀνόματός μου παθεῖν. 17 Ἀπῆλθεν δε Ἀνανίας καὶ εἰσῆλθεν **εἰς** τὴν οἰκίαν καὶ ἐπιθεὶς **ἐπ'** αὐτὸν τὰς χεῖρας εἶπεν· Σαοὺλ ἀδελφέ, ὁ κύριος ἀπέσταλκέν με, Ἰησοῦς ὁ ὀφθείς σοι ἐν τῇ ὁδῷ ᾗ ἤρχου, ὅπως ἀναβλέψῃς καὶ πλησθῇς πνεύματος ἁγίου. 18 καὶ εὐθέως ἀπέπεσαν αὐτοῦ **ἀπὸ** τῶν ὀφθαλμῶν ὡς λεπίδες, ἀνέβλεψέν τε καὶ ἀναστὰς ἐβαπτίσθη. 19 καὶ λαβὼν τροφὴν ἐνίσχυσεν. Ἐγένετο δὲ **μετὰ** τῶν ἐν Δαμασκῷ μαθητῶν ἡμέρας τινάς.

Analyse

On trouve, dans ce texte, onze des dix-huit prépositions utilisées dans le NT (cf. p. 27). À l'exception de ἐνώπιον, qui traduit dans la

Septante les deux expressions hébraïques *liphnê* et *be-ênê*, elles sont héritées du grec classique.

Certaines sont employées avec l'accusatif :
- v. 6   εἴσελθε **εἰς** τὴν πόλιν, entre dans la ville ;
- v. 10   εἶπεν **πρὸς** αὐτόν, il lui dit (litt. vers lui) ;
- v. 11   πορεύθητι **ἐπὶ** τὴν ῥύμην , marche vers la rue.

Toutes trois impliquent un mouvement vers quelqu'un ou quelque chose.

La préposition ἐν est employée avec le datif :
- v. 3   Ἰησοῦς ὁ ὀφθείς σοι **ἐν** τῇ ὁδῷ,
           (je suis) Jésus qui t'est apparu sur la route ;
- v. 17   **ἐν** δὲ τῷ πορεύεσθαι,
           (litt. dans le fait de marcher) pendant qu'il marchait ;

Le complément a un sens locatif, spatial ou temporel.

La plupart des prépositions sont construites avec le génitif :
           ἀπό, ἐκ, παρά, περί, ἐνώπιον, ὑπέρ, μετά.

Certaines marquent l'origine :
- v. 13   ἤκουσα **ἀπὸ** πολλῶν,
           j'ai entendu de beaucoup (de gens).
- v. 14   ἔχει ἐξουσίαν **παρὰ** τῶν ἀρχιερέων,
           il a le pouvoir de la part des grands prêtres.

ou la séparation :
v. 8   ἠγέρθη δὲ Σαῦλος ἀπὸ τῆς γῆς,
           Saul fut relevé de terre (litt. fut relevé à partir de la terre).

Repérage des pronoms interrogatifs et indéfinis
2 ἠτήσατο παρ' αὐτοῦ ἐπιστολὰς εἰς Δαμασκὸν πρὸς τὰς συναγωγάς, ὅπως ἐάν **τινας** εὕρῃ τῆς ὁδοῦ ὄντας, ἄνδρας τε καὶ γυναῖκας, δεδεμένους ἀγάγῃ εἰς Ἱερουσαλήμ.
4 καὶ πεσὼν ἐπὶ τὴν γῆν ἤκουσεν φωνὴν λέγουσαν αὐτῷ· Σαοὺλ Σαούλ, **τί** με διώκεις ; 5 εἶπεν δέ· **τίς** εἶ, κύριε ; ὁ δέ· ἐγώ εἰμι Ἰησοῦς ὃν σὺ διώκεις· 6 ἀλλὰ ἀνάσθητι καὶ

εἴσελθε εἰς τὴν πόλιν καὶ λαληθήσεται σοι ὅ τί σε δεῖ ποιεῖν.

10 Ἦν δέ τις μαθητὴς ἐν Δαμασκῷ ὀνόματι ʼΑνανίας, καὶ εἶπεν πρὸς αὐτὸν ἐν ὁράματι ὁ κύριος· ʼΑνανία. ὁ δὲ εἶπεν· ἰδοὺ ἐγώ, κύριε.

19 καὶ λαβὼν τροφὴν ἐνίσχυσεν. Ἐγένετο δὲ μετὰ τῶν ἐν Δαμασκῷ μαθητῶν ἡμέρας τινάς.

Certaines formes sont accentuées sur le ι, d'autres ne le sont pas : c'est la présence ou l'absence de cet accent sur le ι qui permet de distinguer le pronom-adjectif interrogatif de l'indéfini.

Analyse

Le pronom interrogatif est accentué sur le iota. Il signifie « qui, quoi, quel ? »

ex. :   v. 5   τίς εἶ, *qui* es-tu ?

Jn 2, 18   τί σημεῖον δεικνύεις ἡμῖν ;
quel signe nous montres-tu ?

Au neutre la forme τί sert également d'adverbe interrogatif et a le sens de « pourquoi ? » :

ex. : v. 4   τί με διώκεις ; *pourquoi* me poursuis-tu ?

Le pronom est non accentué ou accentué sur la terminaison (τινάς). Il s'agit du pronom ou de l'adjectif indéfini « quelqu'un, quelque chose ».

ex. :   v. 2   ἐάν τινας εὕρῃ, s'il trouve *certains* ;

v. 10   ἦν δέ τις μαθητής,
il y avait *un* (certain) disciple ;

v. 19   ἐγένετο ἐν Δαμασκῷ ἡμέρας τινάς,
il fut à Damas pendant **quelques** jours.

Au v. 6, λαληθήσεται σοι ὅ τί σε δεῖ ποιεῖν (il te sera dit *ce qu*'il te faut faire), apparaît le pronom relatif composé ὅστις « celui qui, quel qu'il soit », à l'accusatif neutre singulier. Ce pronom est une combinaison du relatif ὅς et de l'indéfini τις. Les deux éléments se déclinent.

Dans le NT, ὅστις sert parfois au neutre à introduire une interrogation indirecte. C'est le cas au v. 6 ; mais il introduit habituellement une interrogation directe, surtout avec le sens de « pourquoi » :

ex. :   Mc 2, 16

ὅ τι[6] μετὰ τῶν τελωνῶν καὶ ἁμαρτωλῶν ἐσθίει ;
Pourquoi mange-t-il avec les péagers et les pécheurs ?

Grammaire

La déclinaison de τις[7]

	Singulier		Pluriel	
	Masc-Fém.	Neutre	Masc-Fém.	Neutre
N	τις	τι	τινές	τινά
A	τινά	τι	τινάς	τινά
G	τινός	τινός	τινῶν	τινῶν
D	τινί	τινί	τισί(ν)	τισί(ν)

ὅστις

Il est formé de ὅς, pronom relatif, et de τις, pronom indéfini. Les deux parties se déclinent. Dans le NT, il est surtout employé au nominatif, avec le même sens que ὅς.

Sing.	ὅστις	ἥτις	ὅ τι
Plur.	οἵτινες	αἵτινες	ἅτινα

Il est aussi attesté au génitif neutre singulier sous la forme ὅτου.

La préposition ἐν

Elle est toujours suivie du datif, mais introduit divers compléments :

---

6. Dans ce cas, certains éditeurs modernes choisissent d'écrire ὅ τι en deux mots pour éviter la confusion avec le ὅτι « parce que » ou « que ».

7. Le pronom indéfini τις est enclitique ; son accentuation suit les règles de l'enclise (cf. annexe, p. 00). Le pronom interrogatif τίς, τί est tonique et porte toujours son accent sur la première syllabe.

– compléments de *lieu* :

ex. :   Ac 9, 13   κακὰ... ἐποίησεν ἐν Ἰηρουσαλήμ,
         il a fait du mal dans Jérusalem.

– compléments de *temps* :

ex. :   Mt 8, 13   καὶ ἰάθη ὁ παῖς ἐν τῇ ὥρᾳ ἐκείνῃ,
         et le serviteur fut guéri à cette heure.

en particulier, + infinitif précédé de l'article :

ex. :   Ac 9, 3   ἐν δὲ τῷ πορεύεσθαι, pendant qu'il marchait.

         Mc 4, 4   ἐν τῷ σπείρειν, pendant qu'il semait.

– compléments de *moyen* (influence de l'instrumental hébreu b^e) :

ex. :   Ac 9, 10
         εἶπεν πρὸς αὐτὸν ἐν ὁράματι ὁ κύριος,
         le Seigneur lui dit dans (par) une vision.
         Mt 26, 52
         ἐν μαχαίρῃ ἀπολοῦνται, ils périront par l'épée.

Les compléments de lieu

– Le complément du *lieu où l'on va* se met à l'*accusatif* :

ex. :   Ac 9, 17   εἰσῆλθεν εἰς τὴν οἰκίαν,
         il entra dans la maison.

         Ac 9, 4   πεσὼν ἐπὶ τὴν γῆν,
         étant tombé sur la terre.

– Le complément du *lieu d'où l'on vient* se met au *génitif* :

ex. :   Ac 9, 3   περιήστραψεν φῶς ἐκ τοῦ οὐρανοῦ,
         une lumière resplendit, venue du ciel.

         Ac 9, 18   ἀπέπεσαν αὐτοῦ ἀπὸ τῶν ὀφθαλμῶν,
         tombèrent loin de ses yeux (comme des écailles).

– Le complément du *lieu où l'on est* se met au *datif* :

ex. :   Ac 9, 10   ἦν δέ τις μαθητὴς ἐν Δαμασκῷ,
         il y avait un disciple à Damas

Les compléments de temps

– La *durée* d'une action ou d'un état s'exprime par l'*accusatif* sans préposition :

ex. :   Ac 9, 10   ἦν ἡμέρας τρεῖς μὴ βλέπων,

Il était pendant trois jours ne voyant pas.

Ac 9, 19

ἐγένετο μετὰ τῶν μαθητῶν ἡμέρας τινάς,

Il fut avec les disciples pendant quelques jours.

– La *date* se marque par le *datif* (qui peut être précédé de ἐν) :

ex. :   1 Co 15, 4   ἐγήγερται τῇ ἡμέρᾳ τῇ τρίτῃ,

Il est ressuscité le troisième jour.

– La *portion de temps* pendant laquelle se fait une action s'exprime au *génitif* : de nuit, de jour, en été, en hiver

ex. :   Jn 3, 2   οὗτος ἦλθεν πρὸς αὐτὸν νυκτός,

Celui-ci vint vers lui de nuit.

Lc 23, 56–24, 1 contient les trois types de compléments de temps :

– καὶ τὸ μὲν **σάββατον** ἡσύχασαν,

pendant le sabbat, elles se tinrent tranquilles…

– τῇ δὲ **μιᾷ** τῶν σαββάτων,

mais le premier jour de la semaine…

– **ὄρθρου βαθέως**, au point du jour.

Exercice 22

Phrases à traduire.

1.   Τίς ἐστιν ἡ μήτηρ μου καὶ τίνες εἰσὶν οἱ ἀδελφοί μου ;

2.   Τινες τῶν ἀδελφῶν τῶν ἀπὸ Ἰόππης συνῆλθον αὐτῷ

25

L'impératif
L'expression du but

Le texte : Actes 9, 1-19

Repérage des impératifs (en gras) et des subordonnées de but (en italique)

1 Ὁ δὲ Σαῦλος ἔτι ἐμπνέων ἀπειλῆς καὶ φόνου εἰς τοὺς μαθητὰς τοῦ κυρίου, προσελθὼν τῷ ἀρχιερεῖ 2 ᾐτήσατο παρ' αὐτοῦ ἐπιστολὰς εἰς Δαμασκὸν πρὸς τὰς συναγωγάς, *ὅπως ἐάν τινας εὕρῃ τῆς ὁδοῦ ὄντας, ἄνδρας τε καὶ γυναῖκας, δεδεμένους ἀγάγῃ εἰς Ἰερουσαλήμ.* 3 Ἐν δὲ τῷ πορεύεσθαι ἐγένετο αὐτὸ ἐγγίζειν τῇ Δαμασκῷ, ἐξαίφνης τε αὐτὸν περιήστραψεν φῶς ἐκ τοῦ οὐρανοῦ 4 καὶ πεσὼν ἐπὶ τὴν γῆν ἤκουσεν φωνὴν λέγουσαν αὐτῷ· Σαοὺλ Σαούλ, τί με διώκεις ; 5 εἶπεν δέ· τίς εἶ, κύριε ; ὁ δέ· ἐγώ εἰμι Ἰησοῦς ὃν σὺ διώκεις· 6 ἀλλὰ **ἀνάσθητι** καὶ **εἴσελθε** εἰς τὴν πόλιν καὶ λαληθήσεταί σοι ὅ τι σε δεῖ ποιεῖν. 7 οἱ δὲ ἄνδρες οἱ συνοδεύοντες αὐτῷ εἱστήκεισαν ἐνεοί, ἀκούοντες μὲν τῆς φωνῆς μηδένα δὲ θεωροῦντες. 8 ἠγέρθη δὲ Σαῦλος ἀπὸ τῆς γῆς, ἀνεῳγμένων δὲ τῶν ὀφθαλμῶν αὐτοῦ οὐδὲν ἔβλεπεν· χειραγωγοῦντες δὲ αὐτὸν εἰσήγαγον εἰς Δαμασκόν. 9 καὶ ἦν ἡμέρας τρεῖς μὴ βλέπων καὶ οὐκ ἔφαγεν οὐδὲ ἔπιεν. 10 Ἦν δέ τις μαθητὴς ἐν Δαμασκῷ ὀνόματι Ἀνανίας, καὶ εἶπεν πρὸς αὐτὸν ἐν ὁράματι ὁ κύριος· Ἀνανία. ὁ δὲ εἶπεν· ἰδοὺ ἐγώ, κύριε. 11 ὁ δὲ κύριος πρὸς αὐτόν· ἀναστὰς **πορεύθητι** ἐπὶ τὴν ῥύμην τὴν καλουμένην Εὐθεῖαν καὶ **ζήτησον** ἐν οἰκίᾳ Ἰούδα Σαῦλον ὀνόματι Ταρσέα· ἰδοὺ γὰρ προσεύχεται 12 καὶ εἶδεν ἄνδρα ἐν ὁράματι Ἀνανίαν ὀνόματι εἰσελθόντα

καὶ ἐπιθέντα αὐτῷ τὰς χεῖρας ὅπως ἀναβλέψῃ. 13 ἀπεκρίθη δὲ Ἀνανίας· κύριε, ἤκουσα ἀπὸ πολλῶν περὶ τοῦ ἀνδρὸς τούτου ὅσα κακὰ τοῖς ἁγίοις σου ἐποίησεν ἐν Ἰηρουσαλήμ·14 καὶ ὧδε ἔχει ἐξουσίαν παρὰ τῶν ἀρχιερέων δῆσαι πάντας τοὺς ἐπικαλουμένους τὸ ὄνομά σου. 15 εἶπεν δὲ πρὸς αὐτὸν ὁ κύριος· **πορεύου**, ὅτι σκεῦος ἐκλογῆς ἐστίν μοι οὗτος *τοῦ βαστάσαι* τὸ ὄνομά μου ἐνώπιον ἐθνῶν τε καὶ βασιλέων υἱῶν τε Ἰσραήλ· 16 ἐγὼ γὰρ ὑποδείξω αὐτῷ ὅσα δεῖ αὐτὸν ὑπὲρ τοῦ ὀνόματός μου παθεῖν. 17 Ἀπῆλθεν δὲ Ἀνανίας καὶ εἰσῆλθεν εἰς τὴν οἰκίαν καὶ ἐπιθεὶς ἐπ’ αὐτὸν τὰς χεῖρας εἶπεν· Σαοὺλ ἀδελφέ, ὁ κύριος ἀπέσταλκέν με, Ἰησοῦς ὁ ὀφθείς σοι ἐν τῇ ὁδῷ ᾗ ἤρχου, *ὅπως ἀναβλέψῃς καὶ πλησθῇς* πνεύματος ἁγίου. 18 καὶ εὐθέως ἀπέπεσαν αὐτοῦ ἀπὸ τῶν ὀφθαλμῶν ὡς λεπίδες, ἀνέβλεψέν τε καὶ ἀναστὰς ἐβαπτίσθη. 19 καὶ λαβὼν τροφὴν ἐνίσχυσεν. Ἐγένετο δὲ μετὰ τῶν ἐν Δαμασκῷ μαθητῶν ἡμέρας τινάς.

Analyse des formes d'impératif

v. 6 **ἀνάστηθι** impératif aoriste second actif,
2ᵉ sing. de ἀνίστημι.

ἀνα- préverbe,

-στη- radical du verbe ἵστημι,

-θι désinence d'impératif aoriste, 2ᵉ sing.

εἴσελθε impératif aoriste second actif,
2ᵉ sing. de εἰσέρχομαι.

εἰσ- préverbe,

-ἐλθ- radical d'aoriste du verbe ἔρχομαι,

-ε voyelle de liaison ; il n'y a pas de désinence.

v. 11 **πορεύθητι** impératif aoriste passif, 2ᵉ sing. de πορεύομαι.

πορευ- radical du verbe πορεύομαι, marcher,

-θη- caractéristique de l'aoriste passif (le verbe πορεύομαι a un aoriste de forme passive : ἐπορεύθην),

-τι   désinence θι de 2ᵉ pers. d'impératif ; l'aspirée s'est
         assourdie en τ pour éviter deux θ consécutifs.

ζήτησον   impératif aoriste actif, 2ᵉ sing. de ζητέω.

ζήτη-radical du verbe ζητέω ; la voyelle finale ε s'est
         allongée en η,

-σον   terminaison de l'impératif aoriste actif, 2ᵉ sing.

v. 15 **πορεύου**   impératif présent moyen 2ᵉ sing. de πορεύομαι
                     dont la forme avant contraction serait :
                     *πορεύ-εσ-ο.

πορεύ-   radical du verbe πορεύομαι,

-ε-   voyelle de liaison,

-σο   désinence de 2ᵉ sing. au moyen. Le sigma est tombé
         entre deux voyelles et ε + ο se contractent en ου.

L'expression du but

On trouve dans le texte deux constructions différentes :
– ὅπως + subjonctif
    v. 2   ὅπως... ἀγάγῃ, afin que... il (les) conduise ;
    v. 12 ὅπως... ἀναβλέψῃ, afin qu'il voie à nouveau ;
    v. 17 ὅπως ἀναβλέψῃς καὶ πλησθῇς,
           afin que tu voies à nouveau et sois rempli... ;
– l'infinitif précédé de l'article neutre au génitif :
    v. 15 τοῦ βαστάσαι τὸ ὄνομά μου, pour porter mon nom.

Grammaire

La conjugaison de l'impératif

L'impératif en grec existe aux 2ᵉ et 3ᵉ sing. et plur., au présent et à
l'aoriste des trois voix. Chaque impératif se forme sur le radical
correspondant (temps et voix).

Impératifs des verbes non contractes

		Présent actif	
S 2		λῦε	βάλλε
3		λυέτω	βαλλέτω
P 2		λύετε	βάλλετε
3		λυέτωσαν	βαλλέτωσαν

		Présent moyen et passif	
S 2		λύου <λύεσο	γίνου
3		λυέσθω	γινέσθω
P 2		λύεσθε	γίνεσθε
3		λυέσθωσαν	γινέσθωσαν

	Aoriste actif	
	Sigmatique	Second
S 2	λῦσον	βάλε
3	λυσάτω	βαλέτω
P 2	λύσατε	βάλετε
3	λυσάτωσαν	βαλέτωσαν

	Aoriste moyen	
	Sigmatique	Second
S 2	λῦσαι	γένου <γένεσο
3	λυσάσθω	γενέσθω
P 2	λύσασθε	γένεσθε
3	λυσάσθωσαν	γενέσθωσαν

	Aoriste passif	
S 2	λύθητι	σπάρηθι[1]
3	λυθήτω	σπαρήτω
P 2	λύθητε	σπάρητε
3	λυθήτωσαν	σπαρήτωσαν

1.Impératif aoriste passif de σπείρω (aoriste ἐσπάρην, voir p. 296)

Impératif des verbes contractes

	en -έω	-άω	-όω

Présent actif

S 2	φίλει	τίμα	φανέρου
3	φιλείτω	τιμάτω	φανερούτω
etc.			

Présent moyen-passif

S 2	φιλοῦ	τιμῶ	φανεροῦ
3	φιλείσθω	τιμάσθω	φανερούσθω
etc.			

Aoriste actif

S 2	φίλησον	τίμησον	φανέρωσον
3	φιλησάτω	τιμησάτω	φανερωσάτω
etc.			

Aoriste moyen

S 2	φιλῆσαι	τιμῆσαι	φανερῶσαι
etc.			

Aoriste passif

S 2	φιλήθητι	τιμήθητι	φανερώθητι
etc.			

Les emplois de l'impératif

L'impératif sert à donner un ordre ou à exhorter quelqu'un. L'emploi du présent ou de l'aoriste correspond à la valeur aspectuelle de ces deux temps, le présent renvoyant à une action en cours, l'aoriste à une action ponctuelle.

On emploie l'impératif pour
1. l'ordre : au présent et à l'aoriste ;
2. la défense (avec μή) seulement au présent ;
      (à l'aoriste on emploie μή + subjonctif).

L'impératif présent s'emploie plus volontiers pour un ordre valable en tout temps, pour une action qu'il s'agit de continuer ou de répéter :

ex. :   1Th 5, 17

πάντοτε χαίρετε, ἀδιαλείπτως προσεύχεσθε,

réjouissez-vous toujours, priez sans cesse.

Mc 4, 9

ὃς ἔχει ὦτα ἀκούειν, ἀκουέτω,

Qui a des oreilles pour entendre, qu'il entende

L'impératif aoriste sert pour exprimer un ordre particulier, une action ponctuelle :

ex. :   *Ac* 9,6 ἀνάστηθι καὶ εἴσελθε εἰς τὴν πόλιν,

Lève-toi et entre dans la ville.

La défense exprimée par μή + *impératif présent* correspond à un cas général ou à l'arrêt d'une action commencée :

ex. :   Rm 6, 12   μὴ οὖν βασιλευέτω ἡ ἁμαρτία ἐν τῷ θνητῷ ὑμῶν σώματι,

que donc le péché ne règne pas dans votre corps mortel.

Lc 1, 30   μὴ φοβοῦ, ne crains pas (cesse de craindre).

On utilise μή + *subjonctif aoriste* pour une défense particulière, pour donner l'ordre de ne pas commencer une action :

ex. :   Mc 10, 19   τὰς ἐντολὰς οἶδας ·

μὴ φονεύσῃς μὴ μοιχεύσῃς

μὴ κλέψῃς μὴ ψευδομαρτυρήσῃς...

Tu connais les commandements : ne tue pas, ne commets pas d'adultère, ne vole pas, ne porte pas de faux témoignage...

L'expression du but

Il y a différentes façons d'exprimer le but :

1. La plus fréquente est : ἵνα + *subjonctif* (p. 139).

2. À la place de ἵνα on peut trouver ὅπως + subjonctif.

ex. :   Ac 9, 17

ὁ κύριος ἀπέσταλκέν με... ὅπως ἀναβλέψῃς καὶ πλησθῆς πνεύματος ἁγίου,

Le Seigneur m'a envoyé afin que tu voies à nouveau et que tu sois rempli d'esprit saint.

3. L'infinitif de but est relativement fréquent (cf. p. 176) :

– employé seul, il se construit avec les verbes de mouvement (ἔρχομαι, παραγίνομαι, πορεύομαι, ἀναβαίνω, etc.) ;

– précédé de l'article neutre au génitif (τοῦ'), ou à l'accusatif (τό) après préposition (εἰς, πρός), il s'emploie librement (cf. p. 176 et 177);

– précédé de ὥστε, il est plus rare :

ex. :   Mt 10, 1

ἔδωκεν αὐτοῖς ἐξουσίαν πνευμάτων ἀκαθάρτων ὥστε ἐκβάλλειν αὐτά,

il leur donna autorité sur les esprits impurs pour qu'ils les chassent.

4. On trouve parfois le participe présent :

ex. :   Ac 3, 26

ὁ θεὸς τὸν παῖδα αὐτοῦ ἀπέστειλεν αὐτὸν εὐλογοῦντα ὑμᾶς,

Dieu a envoyé son fils pour qu'il vous bénisse.

5. On trouve enfin une simple proposition relative :

ex. :   1 Co 4, 17 :

ἔπεμψα ὑμῖν Τιμόθεον... ὃς ὑμᾶς ἀναμνήσει τὰς ὁδούς μου,

je vous ai envoyé Timothée... qui (= pour qu'il) vous rappellera mes chemins.

---

2. À l'inverse de ce qui se passe en grec classique, ὅπως est rarement accompagné de ἄν (quelques exemples dans Lc) et n'est plus suivi du futur.

3. Pour marquer le but, le grec utilise encore le participe futur, qui n'est qu'une survivance du grec classique : Ac 8,27 : ἐληλύθει προσκυνήσων εἰς Ἱηρουσαλήμ, il était allé à Jérusalem pour se prosterner.

Exercice 23

Phrases à traduire.

1. Τῷ αἰτοῦντί σε δός, καὶ τὸν θέλοντα ἀπὸ σοῦ δανίσασθαι μὴ ἀποστραφῇς.
2. Ὁ δὲ εἶπεν· Μὴ κλαίετε, οὐ γὰρ ἀπέθανεν ἀλλὰ καθεύδει.
3. Προσεύχεσθε μὴ εἰσελθεῖν εἰς πειρασμόν.

Exercice 24

Phrases à traduire.

4. Ἦλθες ἀπολέσαι ἡμᾶς ;
5. Τότε παραγίνεται ὁ Ἰησοῦς πρὸς τὸν Ἰωάννην τοῦ βαπτισθῆναι ὑπ' αὐτοῦ.
6. Ἐζήτουν ψευδομαρτυρίαν κατὰ τοῦ Ἰησοῦ ὅπως αὐτὸν θανατώσωσιν.

26

τίθημι et ἵημι
Le subjonctif

Le texte : Actes 9, 1-19

Repérage des verbes en -μι, modèle τίθημι (en gras) et des emplois du subjonctif (en italique)

1 Ὁ δὲ Σαῦλος ἔτι ἐμπνέων ἀπειλῆς καὶ φόνου εἰς τοὺς μαθητὰς τοῦ κυρίου, προσελθὼν τῷ ἀρχιερεῖ 2 ᾐτήσατο παρ' αὐτοῦ ἐπιστολὰς εἰς Δαμασκὸν πρὸς τὰς συναγωγάς, *ὅπως ἐάν τινας εὕρῃ* τῆς ὁδοῦ ὄντας, ἄνδρας τε καὶ γυναῖκας, δεδεμένους *ἀγάγῃ* εἰς Ἰερουσαλήμ.

12 καὶ εἶδεν ἄνδρα ἐν ὁράματι Ἀνανίαν ὀνόματι εἰσελθόντα καὶ **ἐπιθέντα** αὐτῷ τὰς χεῖρας *ὅπως ἀναβλέψῃ.*

17 Ἀπῆλθεν δὲ Ἀνανίας καὶ εἰσῆλθεν εἰς τὴν οἰκίαν καὶ **ἐπιθεὶς** ἐπ' αὐτὸν τὰς χεῖρας εἶπεν· Σαοὺλ ἀδελφέ, ὁ κύριος ἀπέσταλκέν με, Ἰησοῦς ὁ ὀφθείς σοι ἐν τῇ ὁδῷ ᾗ ἤρχου, *ὅπως ἀναβλέψῃς* καὶ *πλησθῇς* πνεύματος ἁγίου.

Analyse des verbes en -μι

v. 12 **ἐπιθέντα**   participe aoriste actif,
                      acc. masc. sing. de ἐπιτίθημι.

     ἐπι-   préverbe,

     -θε-   radical bref de τίθημι,

     -ντ-α   marque du participe + désinence d'acc. Sg. (3ᵉ décl.).

v. 17 **ἐπιθεὶς**   même participe, au nominatif masc. sing.

     = *ἐπι-θε-ντ-ς,

     la chute du groupe -ντ- devant sigma a entraîné

l'allongement compensatoire du ∈ en ∈ι.

Repérage des subjonctifs

Nous avons ici les deux emplois principaux du subjonctif dans une proposition subordonnée :

– le subjonctif éventuel avec ἄν, ici dans une conditionnelle :

v. 2   ἐὰν εὕρη, s'il trouve.

– le subjonctif de but, ici avec ὅπως (cf. p. 00) :

v. 2   ὅπως... ἀγάγη, pour... qu'il conduise.

v. 12   ὅπως... ἀναβλέψη, pour qu'il voie de nouveau.

v. 17   ὅπως... ἀναβλέψης καὶ πλησθῆς,

pour que tu voies de nouveau et que tu sois rempli.

Grammaire

Les verbes τίθημι et ἵημι (voyelle du radical ∈/η)

Les temps primitifs de τίθημι (le radical est en gras)

	Présent	Futur	Aoriste	Parfait
Actif	τίθημι	θήσω	ἔθηκα	τέθεικα
Moyen	τίθεμαι	θήσομαι	ἐθέμην	τέθειμαι
Passif	τίθεμαι	τεθήσομαι	ἐτέθην	τέθειμαι

Le présent actif

	Indicatif	Subjonctif	Impératif
S 1	τίθημι	τιθῶ	
2	τίθης	τιθῇς	τίθει
3	τίθησι(ν)	τιθῇ	τιθέτω
P 1	τίθεμεν	τιθῶμεν	
2	τίθετε	τιθῆτε	τίθετε
3	τιθέασι(ν)	τιθῶσι(ν)	τιθέτωσαν

Infinitif	Participe
τιθέναι	Masc. τιθείς, -έντος
	Fém. τιθεῖσα, -ης
	Neutre τιθέν, -έντος

Imparfait

3ᵉ sing.	ἐτίθει
3ᵉ pl.	ἐτίθεσαν ou ἐθίτουν

L'aoriste actif

L'indicatif a une forme longue ἔθηκα. Les autres modes utilisent le radical bref θε- et, sauf à l'impératif 2ᵉ sing. et à l'infinitif, les formes sont parallèles à celles du présent.

	Indicatif	Subjonctif	Impératif
S 1	ἔθηκα	θῶ	
2	ἔθηκας	θῇς	θές
3	ἔθηκε(ν)	θῇ	θέτω
P 1	ἐθήκαμεν	θῶμεν	
2	ἐθήκατε	θῆτε	θέτε
3	ἔθηκαν	θῶσι(ν)	θέτωσαν

Infinitif	Participe
θεῖναι	Masc. θείς, θέντος
	Fém. θεῖσα, -ης
	Neutre θέν, θέντος

Exercice

Identifier les formes les plus fréquentes.

τίθησιν	ἐτίθουν	θήσει	ἔθηκεν	ἔθηκαν
θεῖναι	θείς	ἐτέθη	τεθῇ	ἔθετο
ἔθεντο				

Formes attestées moins fréquemment :

τιθέασιν	θῶμεν	ἐτίθεσαν	τεθείκατε	ἔθεσθε
ἐτέθησαν	τιθείς	θέντες	τιθέναι	τέθειται
ἔθου	θέσθε	τεθειμένος.		

Le verbe ἵημι

Ce verbe suit à peu près le même modèle, sauf ἱᾶσι(ν) à la 3ᵉ plur. du présent.

Dans le NT, le verbe ἵημι n'est attesté qu'en composition :

ἀφ-ίημι	laisser aller, renvoyer, pardonner ;
συν-ίημι	comprendre ;
ἀν-ίημι	défaire (4 fois) ;
καθ-ίημι	faire descendre (4 fois).

À côté des formes classiques en -μι apparaît une nouvelle conjugaison en -ω :

ex.: ἀφίομεν	(= ἀφίεμεν).
συνίουσι	(= συνιᾶσι).
συνίων	(= συνιείς).

Temps primitifs (le radical est en gras)

	présent	futur	aoriste	parfait
Actif	ἀφίημι	ἀφήσω	ἀφῆκα	—
Passif	ἀφίεμαι	ἀφεθήσομαι	ἀφείθην	—

Deux formes particulières :

à l'imparfait (3ᵉ sing.) :	ἤφιεν[1].
au parfait (3ᵉ plur.) :	ἀφέωνται.

Exercice

Identifier les formes les plus fréquentes.

ἀφῆκα	ἀφήσω	ἀφῆτε	ἀφές
ἀφίετε	ἀφίησιν	ἀφῆκεν	ἀφείς
ἀφίεται	ἀφεθήσεται	ἀφήσει	ἀφῇ
ἀφήκατε	ἀφήκαμεν	ἀφέτε	ἀφέντες
ἀφεθῇ	ἀφίενται	ἀφῆκαν	ἀφεῖναι

---

1. Noter l'augment qui se trouve exceptionnellement devant le préverbe.

Les emplois du subjonctif

Le subjonctif en proposition principale ou indépendante exprime :

1.   l'ordre, à la 1ère pers. (aux autres, on emploie l'impératif) ;
le subjonctif est alors souvent précédé de δεῦτε :

ex.. :   1 Jn 4,7   ἀγαπητοί, ἀγαπῶμεν ἀλλήλους,
                          bien-aimés, aimons-nous les uns les autres.

        Mt 21,38   δεῦτε ἀποκτείνωμεν αὐτόν,
                          Venez, tuons-le.

2.   la défense, avec μή + subj. aoriste ;
le subjonctif est alors souvent précédé de ὁρᾶ(τε), βλέπε(τε) :

ex. :   Lc 21,8   βλέπετε μὴ πλανηθῆτε,
                          voyez : ne soyez pas égarés,
                          = veillez à ne pas être égarés.

        Mt 8,4   ὅρα μηδενὶ εἴπῃς,
                          Vois : ne parle à personne.

3.   la délibération ; le subjonctif peut alors être précédé de βούλεσθε :
ex. :   Lc 3,10   τί οὖν ποιήσωμεν ;
                          qu'allons-nous donc faire ?

        Jn 18,39   Βούλεσθε οὖν ἀπολύσω ὑμῖν τὸν βασιλέα
                          τῶν Ἰουδαίων ;
                          Voulez-vous donc que je vous relâche le roi des Juifs ?

4.   le futur emphatique :
ex. :   Jn 8,12
ὁ ἀκολουθῶν μοι οὐ μὴ περιπατήσῃ ἐν τῇ σκοτίᾳ,
celui qui me suit, il n'y a pas de danger qu'il marche dans les
ténèbres.

Le subjonctif en proposition subordonnée avec ἄν :

Cette particule marque l'éventualité ou la répétition. On la trouve :

1. dans les relatives :
ex. :   Mt 5,19
ὃς ἐὰν (= ἄν) λύσῃ μίαν τῶν ἐντολῶν τούτων...
celui qui (éventuellement) déliera un seul de ces commandements.

2. dans les temporelles :

ex. :   Mt 6,5 :   ὅταν (= ὅτε + ἄν) προσεύχησθε, οὐκ ἔσεσθε ὡς
                      οἱ ὑποκριταί,
                      chaque fois que vous priez, vous ne serez pas comme les
                      hypocrites.

          Mc 6,10   ἐκεῖ μένετε ἔως ἄν ἐξέλθητε ἐκεῖθεν,
                     demeurez là jusqu'à ce que (éventuellement) vous partiez
                     de là.

3. dans les conditionnelles :

ex. :   Jn 8,36   ἐὰν (= εἰ ἄν) οὖν ὁ υἱὸς ὑμᾶς
                     ἐλευθερώσῃ, ὄντως ἐλεύθεροι ἔσεσθε,
                     si donc le fils vous libère, vous serez réellement libres.

Le subjonctif en proposition subordonnée avec ἵνα

1. propositions de but (au lieu de ἵνα, on peut trouver aussi ὅπως)

ex. :   Mt 21,4   τοῦτο δὲ γέγονεν ἵνα πληρωθῇ τὸ;
                     ῥηθὲν διὰ τοῦ προφήτου,
                     ceci eut lieu pour que s'accomplisse ce qui avait été dit par
                     le prophète.

          Le subjonctif implique la négation μή : ἵνα μή et ὅπως μή
signifient donc « afin que... ne... pas » ou « de peur que ... ne... pas ». Au sens
de « de peur que », on trouve également μήποτε et parfois μή ou μή πως :

ex. :   Mt 4,6   ἀροῦσιν σε, μήποτε προσκόψῃς πρὸς
                     λίθον τὸν πόδα σου,
                     ils te porteront de peur que tu ne heurtes ton pied sur une
                     pierre.

          1 Th 3,5   ἔπεμψα εἰς τὸ γνῶναι τὴν πίστιν ὑμῶν, μή
                     πως ἐπείρασεν ὑμᾶς ὁ πειράζων καὶ εἰς κενὸν
                     γένηται ὁ κόπος ἡμῶν,
                     J'ai envoyé pour connaître (prendre des nouvelles
                     de) votre foi, de peur que le tentateur ne vous ait

tentés et (de peur) que notre travail ne soit réduit à néant.

2. propositions complétives :

ex. :   *Jn* 4,47   ἠρώτα ἵνα καταβῇ καὶ ἰασηται αὐτοῦ
τὸν υἱόν,
il lui demandait de descendre et de guérir son fils.

Après un verbe de crainte, cette complétive est introduite par μή :

ex. :   Ac 5, 26
ἐφοβοῦντο γὰρ τὸν λάον, μὴ λιθασθῶσιν,
en effet, ils craignaient le peuple, (ils craignaient) d'être lapidés[2].

Vocabulaire

Invariants

ἔτι	encore.
τε	et.
᾽Ιηρουσαλήμ	Jérusalem.
	Il existe aussi une forme τὰ᾽Ιηροσόλυμα, qui suit la deuxième déclinaison neutre pluriel.
ὧδε	voici.
ἐνώπιον + gén.	devant, en face de.
ὁ ᾽Ισραήλ	Israël.
εὐθέως	aussitôt.
ὡς	comme.
πάντοτε	toujours, en tout temps.
ὅπως + subj.	afin que.

Noms

ὁ φόνος, ου	le meurtre.
ὁ μαθητής, ου	le disciple. Dérivé de :

---

2. Le verbe « craindre » a ici deux objets : d'une part, « le peuple », et, d'autre part, le fait d'être lapidés. En français, on subordonne le premier objet au deuxième : « d'être lapidés par le peuple ».

μανθάνω — apprendre.

ὁ ἀρχιερεύς, εως — le grand prêtre.
ἡ ἐπιστολή, ῆς — la lettre.
ἡ συναγωγή, ῆς — la synagogue.
ἡ γυνή, αικός — la femme.
ὁ οὐρανός, οῦ — le ciel.
ἡ τροφή, ῆς — la nourriture.

τὸ ὅραμα, ατος — la vision, le spectacle, l'apparition.
Formé sur la racine de ὁράω, voir.

ἡ οἰκία, ας — la maison.
'Ιούδας, α — Judas.
ἡ χείρ, χειρός — la main.
ὁ ὀφθαλμός, οῦ — l'œil.

τὸ σκεῦος, ους — l'instrument.
Traduit habituellement l'hébreu *keli*, l'objet, l'ustensile.
À noter parmi les dérivés :

παρασκευάζω — préparer.
ἡ παρασκευή — la préparation, qui, chez les Juifs, désigne le jour qui précède le sabbat (cf. en grec moderne : vendredi).

τὸ ἔθνος, ους — la nation.
Le terme désigne un groupe à peu près stable d'individus, d'où : la nation, la caste, en particulier : un peuple étranger, « barbare ».
Dans la Septante, τὸ ἔθνος se spécifie progressivement pour traduire *goy* ou *goyyim* (les nations, les païens), en face de ὁ λαός, le peuple de Dieu (hébreu : 'am).
Dans le NT, τὰ ἔθνη reprend le sens de « nations païennes ».

ὁ βασιλεύς, έως — le roi.
ὁ ἀδελφός, οῦ — le frère.
ὁ καιρός, οῦ — le temps favorable, fixé, l'occasion.
ὁ ὑποκριτής, οῦ — l'hypocrite.
ὁ προφήτης, ου — le prophète.

Verbes

διώκω	poursuivre, persécuter.
ὁ διωγμός	la persécution (dans le NT).
αἰτέω	demander.
δέω	lier, enchaîner (aoriste : ἔδησα).
ὁ δεσμός	le lien, au plur. : chaînes, prison.
τὸ ὑπόδημα	la sandale.
δέω	manquer (aoriste : ἐδέησα).
δεῖ	il faut.
δέομαι (moyen)	prier, demander.
ἡ δέησις	la demande, la supplication.
ἐγγίζω	s'approcher.
ἐγγύς	proche
	(adv. et prép., en parlant de temps et de lieu).
ἀπέρχομαι	s'en aller.
ἀνίστημι	lever.

Ce verbe sert de façon très générale à traduire l'hébreu *qûm*, se lever. Dans le NT, il est l'un des deux verbes utilisés pour dire la résurrection (ἡ ἀνάστασις). Il est formé sur ἵστημι qui a d'autres composés fréquents :

ἐφίστημι	se tenir sur, se présenter être préposé à.
καθίστημι	établir, instituer.

L'aspiration des préverbes ἐπί- et κατά- est provoquée par l'esprit rude de ἵστημι.

παρίστημι	placer à côté, amener, s'avancer auprès, assister, aider.
ἐγείρω	se dresser, réveiller.

C'est le second verbe pour dire la résurrection : se réveiller du sommeil de la mort. Sur le radical du parfait (ἐγρήγορα) a été formé le verbe :

γρηγορέω	veiller.
πίνω	boire.

ζητέω   chercher.

   συζητέω   faire des recherches avec, discuter avec.
                    (Le préverbe συν devient συ devant ζ ou
                    devant un σ suivi d'une consonne.)

προσεύχομαι   prier.
   ἡ προσευχή   la prière.

ἐπιτίθημι   poser sur, imposer, infliger.
                    Deux emplois particuliers :
  + τὰς χεῖρας   imposer les mains.
  + ὄνομα   donner un nom.

Le verbe τίθημι se rencontre avec d'autres préverbes :

   παρατίθημι   placer auprès, d'où offrir, présenter;
   κατατίθημι   déposer, κατατίθεμαι (moyen), déposer
                    pour soi (d'où χάριν τινί
                    κατατίθεμαι : se faire une réserve de
                    reconnaissance auprès de quelqu'un, lui
                    accorder un bienfait).

   ἡ διαθήκη   disposition, en particulier disposition
                    testamentaire. La Septante utilise ce terme
                    de façon constante pour traduire le mot
                    berit, alliance.

ἐπικαλέω   invoquer, appeler au secours, (nommer).

βαστάζω   porter, soulever, soupeser.
                    Dans la *Koinè* : porter, porter un fardeau,
                    emporter ; distinct de φέρω, porter et αἴρω,
                    lever, soulever.

(ἐν)ισχύω   se fortifier.
   ἰσχυρός, ά, όν   fort.

πάσχω   souffrir (à l'origine : subir un traitement bon
                    ou mauvais).
                    Sur le radical παθ- du présent (παθ +
                    σκω) et de l'aoriste (ἔπαθον), on trouve :
  τὸ πάθημα, ατος   ce qui arrive à quelqu'un, souffrance,
                    malheur.

| | Sur le radical πενθ- du futur second (πείσομαι < *πενθσομαι) : |
| πενθέω | être en deuil, pleurer. |

βαπτίζω	baptiser.
βάπτω	plonger (utilisé surtout pour la trempe du fer ou la teinture des étoffes).
	βαπτίζω prend un sens technique dans le vocabulaire chrétien avec plusieurs dérivés :
τὸ βάπτισμα	le baptême.
ὁ βαπτισμός (rare)	l'immersion, l'ablution ou le baptême.
ὁ βαπτιστής	celui qui baptise, surnom de Jean.

| ἀσπάζομαι | saluer. |
| ὁ ἀσπασμός, οῦ | la salutation. |

παραγίνομαι	arriver, se présenter.
συνέρχομαι	se réunir, se rassembler.
θεραπεύω	soigner, guérir.
μετανοέω	changer d'avis, se repentir.
εὐλογέω	bénir.
πλανάω	égarer, tromper, abuser.
πληρόω	remplir, accomplir.

Adjectifs- pronoms

μηδείς, μηδεμία, μηδέν	personne, aucun.
τρεῖς, τρία	trois.
ἀλλήλους	les uns les autres (pronom réciproque) ; n'existe pas au nominatif. Ici acc. plur. (2ᵉ décl.). En français le pronom réfléchi (ils *se* lavent) et le pronom réciproque (ils *se* battent) doivent être distingués.

ἀκάθαρτος, ος, ον	impur.
ἀγαπητός, ός, όν	bien-aimé.
ἐλεύθερος, α, ον	libre.

Exercice 25

Analyser les formes des verbes en -μι et traduire.

1. Ὁ δὲ Ἰησοῦς λέγει αὐτῷ· Ἀκολούθει μοι καὶ ἄφες τοὺς νεκροὺς θάψαι τοὺς ἑαυτῶν νεκρούς.

2. Τότε οἱ μαθηταὶ πάντες ἀφέντες αὐτὸν ἔφυγον.

3. Ἐπετίμησεν τῷ πυρετῷ καὶ ἀφῆκεν αὐτήν.

4. Ὁ υἱὸς τοῦ ἀνθρώπου ἐξουσίαν ἔχει ἐπὶ τῆς γῆς ἀφιέναι ἁμαρτίας.

5. Καὶ ἰδὼν τὴν πίστιν αὐτῶν εἶπεν· Ἄνθρωπε, ἀφέωνται αἱ ἁμαρτίαι σου.

6. Θήσω τὸ πνεῦμά μου ἐπ' αὐτόν.

7. Καὶ ἔθηκεν αὐτὸ ἐν τῷ καινῷ αὐτοῦ μνημείῳ ὃ ἐλατόμησεν ἐν τῇ πέτρᾳ.

8. Θέσθε ὑμεῖς εἰς τὰ ὦτα ὑμῶν τοὺς λόγους τούτους· ὁ γὰρ υἱὸς τοῦ ἀνθρώπου μέλλει παραδίδοσθαι εἰς χεῖρας ἀνθρώπων.

9. Καὶ θεὶς τὰ γόνατα προσηύχετο.

27

Les adjectifs, le comparatif et le superlatif

Le texte : 1 Corinthiens 15, 1-11

1 Γνωρίζω δὲ ὑμῖν, ἀδελφοί, τὸ εὐαγγέλιον ὃ **εὐηγγελισάμην** ὑμῖν, ὃ καὶ παρελάβετε, ἐν ᾧ καὶ ἑστήκατε, 2 δι' οὗ καὶ σῴζεσθε, τίνι λόγῳ εὐηγγελισάμην ὑμῖν εἰ κατέχετε, ἐκτὸς εἰ μὴ εἰκῇ ἐπιστεύσατε. 3 **παρέδωκα** γὰρ ὑμῖν ἐν πρώτοις, ὃ καὶ παρέλαβον, ὅτι Χριστὸς ἀπέθανεν ὑπὲρ τῶν ἁμαρτιῶν ἡμῶν κατὰ τὰς γραφὰς 4 καὶ ὅτι ἐτάφη καὶ ὅτι ἐγήγερται *τῇ ἡμέρᾳ τῇ τρίτῃ* κατὰ τὰς γραφὰς 5 καὶ ὅτι ὤφθη Κηφᾷ εἶτα τοῖς δώδεκα· 6 ἔπειτα **ὤφθη** ἐπάνω πεντακοσίοις ἀδελφοῖς ἐφάπαξ, ἐξ ὧν οἱ πλείονες μένουσιν ἕως ἄρτι, τινὲς δὲ **ἐκοιμήθησαν**· 7 ἔπειτα ὤφθη Ἰακώβῳ εἶτα τοῖς ἀποστόλοις πᾶσιν· 8 ἔσχατον δὲ πάντων ὡσπερεὶ τῷ ἐκτρώματι ὤφθη κἀμοί. 9 Ἐγὼ γὰρ εἰμι ὁ ἐλάχιστος τῶν ἀποστόλων ὃς οὐκ εἰμὶ ἱκανὸς **καλεῖσθαι** ἀπόστολος, διότι **ἐδίωξα** τὴν ἐκκλησίαν τοῦ θεοῦ· 10 χάριτι δὲ θεοῦ εἰμι ὃ εἰμι, καὶ ἡ χάρις αὐτοῦ ἡ εἰς ἐμὲ οὐ κενὴ **ἐγενήθη**, ἀλλὰ περισσότερον αὐτῶν πάντων ἐκοπίασα, οὐκ ἐγὼ δὲ ἀλλὰ ἡ χάρις τοῦ θεοῦ ἡ σὺν ἐμοί. 11 εἴτε οὖν ἐγὼ εἴτε ἐκεῖνοι, οὕτως κηρύσσομεν καὶ οὕτως ἐπιστεύσατε.

Exercice de préparation
– Analyser les formes verbales (en gras) et les pronoms (soulignés).
– Au v. 4, justifier l'emploi du datif (expression en italique).

Traduction littérale

1 Γνωρίζω δὲ ὑμῖν, ἀδελφοί, τὸ εὐαγγέλιον
Je vous rappelle,   frères,   la bonne nouvelle

ὃ εὐηγγελισάμην ὑμῖν,
que je vous ai annoncée,

ὃ καὶ παρελάβετε,   ἐν ᾧ καὶ ἑστήκατε,
que vous avez aussi acceptée,   dans laquelle aussi vous vous tenez,

2 δι' οὗ καὶ σῴζεσθε,
par laquelle aussi vous êtes sauvés,

τίνι λόγῳ[1] εὐηγγελισάμην ὑμῖν εἰ κατέχετε,
si le discours par lequel je vous l'ai annoncé, vous (le) retenez

ἐκτὸς εἰ μη[2] εἰκῇ ἐπιστεύσατε.
sinon,   en vain vous avez cru

3 παρέδωκα γὰρ ὑμῖν ἐν πρώτοις, ὃ καὶ παρέλαβον,
Je vous ai transmis en effet en premier   ce que j'ai aussi accepté,

ὅτι Χριστὸς ἀπέθανεν ὑπὲρ τῶν ἁμαρτιῶν ἡμῶν
à savoir que le Christ mourut   pour nos fautes

κατὰ τὰς γραφὰς 4 καὶ ὅτι ἐτάφη
selon les Écritures   et qu'il fut enterré

καὶ ὅτι ἐγήγερται τῇ ἡμέρᾳ τῇ τρίτῃ
et qu'il a été réveillé le troisième jour

---

1. Texte difficile dont la traduction est controversée. Une ponctuation différente peut être envisagée : σῴζεσθε. Τίνι λόγῳ εὐηγγελισάμην ὑμῖν ; εἰ κατέχετε ; « Vous êtes sauvés. Par quel discours vous l'ai-je annoncé ? Est-ce que vous (le) retenez ? »
– τίνι λόγῳ : cette forme brutalement interrogative est un procédé stylistique fréquent chez Paul lorsqu'il touche à des points doctrinaux essentiels ;
– l'emploi de εἰ pour introduire une question directe est attesté dans la Septante (où εἰ traduit l'hébreu *ha* ou *'im*) et dans le NT (cf. par ex. Mt 12,10) ; εἰ κατέχετε : il s'agit très probablement d'une glose expliquant la fin du verset, ce que confirment plusieurs manuscrits, dont le Codex Claromontanus (D), qui ont ὀφείλετε κατέχειν, vous devez (le) retenir, au lieu de εἰ κατέχετε.
    Cette solution nous paraît grammaticalement la moins mauvaise. On pourrait cependant raccrocher τίνι λόγῳ à γνωρίζω : je vous fais connaître… avec quel discours je vous l'ai annoncée ; les traductions courantes qui font dépendre τίνι λόγῳ de κατέχετε (cf. ci-dessus) nous paraissent grammaticalement forcer le texte.
2. ἐκτὸς εἰ μή : renforcement par le grec de la *Koinè* du simple εἰ μή du grec classique.

κατὰ τὰς γραφὰς 5 καὶ ὅτι ὤφθη³ Κηφᾷ
selon les Écritures et qu'il apparut à Képhas,

εἶτα τοῖς δώδεκα·
puis aux Douze ;

6 ἔπειτα ὤφθη ἐπάνω πεντακοσίοις ἀδελφοῖς ἐφάπαξ,
ensuite il apparut en plus à cinq cents frères en une seule fois

ἐξ ὧν οἱ πλείονες μένουσιν ἕως ἄρτι,
dont la plupart restent jusqu'à aujourd'hui,

τινὲς δὲ ἐκοιμήθησαν·
mais certains se sont endormis.

7 ἔπειτα ὤφθη Ἰακώβῳ εἶτα τοῖς ἀποστόλοις πᾶσιν·
Ensuite il apparut à Jacques, puis à tous les apôtres ;

8 ἔσχατον δὲ πάντων ὡσπερεὶ τῷ ἐκτρώματι
et à la fin de tout, comme à l'avorton,

ὤφθη κἀμοί.
il apparut à moi aussi.

9 Ἐγὼ γὰρ εἰμι ὁ ἐλάχιστος τῶν ἀποστόλων
Moi en effet je suis le plus petit des apôtres

ὃς οὐκ εἰμὶ ἱκανὸς καλεῖσθαι ἀπόστολος,
qui ne suis pas digne d'être appelé apôtre

διότι ἐδίωξα τὴν ἐκκλησίαν τοῦ θεοῦ·
parce que j'ai persécuté l'église de Dieu ;

10 χάριτι δὲ θεοῦ εἰμι ὃ εἰμι,
mais par la grâce de Dieu je suis ce que je suis

καὶ ἡ χάρις αὐτοῦ ἡ εἰς ἐμὲ οὐ κενὴ ἐγενήθη,
et sa grâce, celle (qui est) envers moi ne fut pas vaine,

---

3. Dans la Septante, ce verbe est employé pour dire que Dieu se manifeste, se fait voir ;
dans le NT, il fait référence aux apparitions du Ressuscité.

ἀλλὰ περισσότερον αὐτῶν παντων ἐκοπίασα,
mais   plus   qu'eux tous   j'ai peiné

οὐκ ἐγὼ δὲ ἀλλὰ ἡ χάρις τοῦ θεοῦ ἡ σὺν ἐμοί.
non pas moi   mais la grâce de Dieu qui (est) avec moi .

11 εἴτε οὖν ἐγὼ εἴτε ἐκεῖνοι
   Donc soit moi   soit ceux-là

οὕτως κηρύσσομεν καὶ οὕτως ἐπιστεύσατε.
ainsi   nous proclamons   et ainsi   vous avez cru.

Repérage des adjectifs

1 Γνωρίζω δὲ ὑμῖν, ἀδελφοί, τὸ εὐαγγέλιον ὃ εὐηγγελισάμην
ὑμῖν, ὃ καὶ παρελάβετε, ἐν ᾧ καὶ ἑστήκατε, 2 δι' οὗ καὶ
σῴζεσθε, τίνι λόγῳ εὐηγγελισάμην ὑμῖν εἰ κατέχετε, ἐκτὸς
εἰ μὴ εἰκῇ ἐπιστεύσατε. 3 παρέδωκα γὰρ ὑμῖν ἐν **πρώτοις**,
ὃ καὶ παρέλαβον, ὅτι Χριστὸς ἀπέθανεν ὑπὲρ τῶν ἁμαρτιῶν
ἡμῶν κατὰ τὰς γραφὰς 4 καὶ ὅτι ἐτάφη καὶ ὅτι ἐγήγερται
τῇ ἡμέρᾳ τῇ **τρίτῃ** κατὰ τὰς γραφὰς 5 καὶ ὅτι ὤφθη Κηφᾷ
εἶτα τοῖς δώδεκα· 6 ἔπειτα ὤφθη ἐπάνω πεντακοσίοις
ἀδελφοῖς ἐφάπαξ, ἐξ ὧν οἱ **πλείονες** μένουσιν ἕως ἄρτι,
τινὲς δὲ ἐκοιμήθησαν· 7 ἔπειτα ὤφθη Ἰακώβῳ εἶτα τοῖς
ἀποστόλοις **πᾶσιν**· 8 ἔσχατον δὲ **πάντων** ὡσπερεὶ τῷ
ἐκτρώματι ὤφθη κἀμοί. 9 Ἐγὼ γάρ εἰμι ὁ **ἐλάχιστος** τῶν
ἀποστόλων ὃς οὐκ εἰμὶ **ἱκανὸς** καλεῖσθαι ἀπόστολος, διότι
ἐδίωξα τὴν ἐκκλησίαν τοῦ θεοῦ· 10 χάριτι δὲ θεοῦ εἰμι
ὃ εἰμι, καὶ ἡ χάρις αὐτοῦ ἡ εἰς ἐμὲ οὐ **κενὴ** ἐγενήθη, ἀλλὰ
περισσότερον αὐτῶν **παντων** ἐκοπίασα, οὐκ ἐγὼ δὲ ἀλλὰ
ἡ χάρις τοῦ θεοῦ ἡ σὺν ἐμοί. 11 εἴτε οὖν ἐγὼ εἴτε ἐκεῖνοι
οὕτως κηρύσσομεν καὶ οὕτως ἐπιστεύσατε.

Analyse et classement

1re classe d'adjectifs

v. 2	πρώτοις :	datif masc. plur. de πρῶτος, η, ον.
v. 4	τρίτῃ :	datif fém. sing. de τρίτος, η, ον.
v. 6	πεντακοσίοις :	datif masc. plur. de πεντακόσιοι, αι, α.
v. 9	ἐλάχιστος :	nominatif masc. sing. de ἐλάχιστος, η, ον (superlatif utilisé pour μικρός).
v. 9	ἱκανός :	nominatif masc. sing. de ἱκανός, ή, όν.
v. 10	κενή :	nominatif fém. sing. de κενός, ή, όν.

2e et 3e classes d'adjectifs

v. 5. 6	πλείονες :	nominatif masc. plur. de πλείων, πλείονος (comparatif de πολύς), 2e classe d'adjectifs.
v. 7	πᾶσιν :	datif masc. plur. de πᾶς, παντός, 3e classe.
v. 8. 10	πάντων :	génitif masc. plur. de πᾶς, παντός.

Adjectifs rencontrés dans les textes précédents :

1re classe (liste non exhaustive) :

Jn 10, 4	ἴδιος, α, ον.
Jn 10, 11	καλός, ά, όν.
Mc 4, 1	πλεῖστος, η, ον.

2e classe :

Jn 8, 13.14.17	ἀληθής.
Jn 3, 16.18	μονογενής.
Mc 4, 5.16	πετρώδης.

3e classe :

Jn 10, 16	εἷς, μία, ἕν.

Deux adjectifs ont une déclinaison particulière qui les situe dans la 3e classe :

πολύς, πολλή, πολύ.
μέγας, μεγάλη, μέγα.

Ils présentent en effet une variation de radical au masculin et au neutre sing. :

en Mc 4,5   πολλήν, accusatif fém. sing.

Mc 4,2   πολλά, accusatif neutre plur.

Lc 1,32   μέγας, nominatif masc. sing.

Les degrés de l'adjectif

Il faut encore signaler que le texte de 1 Co 15,1-15 contient :

– un comparatif d'adjectif, avec son complément :

v. 6   ἐξ ὧν οἱ πλείονες, dont la plupart...

– un comparatif d'adverbe, avec son complément :

v. 10   περισσότερον αὐτῶν πάντων, plus qu'eux tous.

– un adjectif au superlatif, avec son complément :

v. 9   ὁ ἐλάχιστος τῶν ἀποστόλων,
le plus petit des apôtres.

Dans les trois cas, le complément est au génitif.

Grammaire

Déclinaison des adjectifs

Pour la déclinaison des adjectifs de la 1re classe, cf. p. 103-104.

La 2e classe d'adjectifs

Les adjectifs de la 2e classe ont les mêmes désinences que la 3e déclinaison ; le masculin et le féminin ont les mêmes formes.

1.   Quelques adjectifs (au comparatif) ont un radical en -ν :
ex. : πλείων, comparatif de πολύς.

N-A neutre sing.	πλεῖον ou πλέον
A masc. fém. sing.	πλείονα
G plur.	πλειόνων
D plur.	πλείοσιν

À côté de ces formes usuelles, survivent quelques formes contractes héritées du grec classique :

N-A masc. plur.	πλείους
N-A neutre plur.	πλείω

2.   Dans le type ἀληθής, le σ qui termine le radical ἀληθεσ- tombe entre deux voyelles et il se produit une contraction (cf. p. 151 le modèle du nom neutre).

	Singulier		Pluriel	
	Masc. /Fém.	Neutre	Masc. / Fém.	Neutre
N	ἀληθής	ἀληθές	ἀληθεῖς	ἀληθῆ
V	ἀληθές	ἀληθές	ἀληθεῖς	ἀληθῆ
A	ἀληθῆ	ἀληθές	ἀληθεῖς	ἀληθῆ
G	ἀληθοῦς	ἀληθοῦς	ἀληθῶν	ἀληθῶν
D	ἀληθεῖ	ἀληθεῖ	ἀληθέσιν	ἀληθέσιν

La 3ᵉ classe d'adjectifs

Les adjectifs de la 3ᵉ classe se distinguent des précédents par le féminin différencié. C'est le cas de πᾶς et des participes actifs ainsi que de l'aoriste passif (cf. p. 153).

Appartiennent également à la 3ᵉ classe quelques adjectifs dont le radical est en -υ : type ὀξύς, ὀξεῖα, ὀξύ.

Au masc. et au neutre, outre le N sing., sont attestées les formes suivantes :

G sing.	πραέως	(de πραΰς).
N plur. (masc.)	ὀξεῖς, βραδεῖς	(de βραδύς),
	πραεῖς, παχεῖς	(de παχύς).
G plur.	βραχέων	(de βραχύς).

On trouve enfin les adjectifs πολύς et μέγας :

– πολύς

	Singulier		
	Masc.	Fém.	Neutre
N	πολύς	πολλή	πολύ
A	πολύν	πολλήν	πολύ
G	πολλοῦ	πολλῆς	πολλοῦ
D	πολλῷ	πολλῇ	πολλῷ

– μέγας

	Singulier		
	Masc.	Fém.	Neutre
N	μέγας	μεγάλη	μέγα
A	μέγαν	μεγάλην	μέγα
G	μεγάλου	μεγάλης	μεγάλου
D	μεγάλῳ	μεγάλη	μεγάλῳ

Le pluriel de ces adjectifs suit le modèle de la 1re classe :

πολλοί	πολλαί	πολλά
μεγάλοι	μεγάλαι	μεγάλα

Le comparatif et le superlatif d'adjectifs et d'adverbes

Pour l'*adjectif*, le comparatif et le superlatif de supériorité se forment à l'aide des terminaisons :

Comparatif	-τερος, -α, -ον (ou -ίων, -ιον)
Superlatif	-τατος, -η, -ον, (ou -ιστος, -η, -ον)
	(rare dans le NT)

ex. :	Jn 21,18	ὅτε ἦς νεώτερος, quand tu étais plus jeune ; comparatif de l'adjectif νέος (le o précédé d'une voyelle brève s'allonge) ;
	Mt 11,11	ὁ μικρότερος ἐν τῇ βασιλείᾳ τῶν οὐρανῶν, le plus petit dans le royaume des cieux ; comparatif de l'adjectif μικρός (le o précédé de deux consonnes reste bref) ;
	1 Co 15,6	οἱ πλείονες, la plupart ; comparatif de πολύς ;
	1 Co 15,9	ὁ ἐλάχιστος τῶν ἀποστόλων, le plus petit des apôtres. ἐλάχιστος sert de superlatif à l'adjectif μικρός ;
	Mc 4,1	ὄχλος πλεῖστος, Une foule très nombreuse. πλεῖστος est le superlatif de πολύς.

Le comparatif de l'*adverbe* a une terminaison en -τερον (terminaison de neutre sing.) :
ex. : 1 Co 15,6   περισσότερον, plus.

Le superlatif a presque totalement disparu. Il survit dans quelques expressions stéréotypées :
ex. :   2 Co 12,9   ἐγὼ δὲ ἥδιστα δαπανήσω, moi je dépenserai très volontiers.

Ac 17,15   ἵνα ὡς τάχιστα ἔλθωσιν, Afin de venir le plus vite possible.

Dans ces deux exemples, la terminaison en -ιστα est la terminaison de neutre pluriel.

Comme nous l'avons vu, *les compléments du comparatif et du superlatif* se mettent au génitif :
1 Co 15,10   περισσότερον **αὐτῶν πάντων**, plus qu'eux tous.

Le complément du comparatif peut aussi s'exprimer par μᾶλλον... ἤ, plus... que :

ex. : Jn 3, 19 ἠγάπησαν οἱ ἄνθρωποι **μᾶλλον** τὸν κόσμον ἢ τὸ φῶς,

les hommes aimèrent le monde plus que la lumière.

28

Le verbe ἵστημι
les temps seconds

Le texte : 1 Corinthiens 15, 1-11

*Repérage de la forme du verbe ἵστημι (en italique) et des formes
verbales à un temps dit « second » (en gras)*

1 Γνωρίζω δὲ ὑμῖν, ἀδελφοί, τὸ εὐαγγέλιον ὃ εὐηγγελισάμην
ὑμῖν, ὃ καὶ **παρελάβετε**, ἐν ᾧ καὶ *ἑστήκατε*, 2 δι' οὗ καὶ
σῴζεσθε, τίνι λόγῳ εὐηγγελισάμην ὑμῖν εἰ κατέχετε, ἐκτὸς
εἰ μὴ εἰκῇ ἐπιστεύσατε. 3 παρέδωκα γὰρ ὑμῖν ἐν πρώτοις, ὃ
καὶ **παρέλαβον**, ὅτι Χριστὸς **ἀπέθανεν** ὑπὲρ τῶν ἁμαρτιῶν
ἡμῶν κατὰ τὰς γραφὰς 4 καὶ ὅτι **ἐτάφη** καὶ ὅτι ἐγήγερται
τῇ ἡμέρᾳ τῇ τρίτῃ κατὰ τὰς γραφὰς 5 καὶ ὅτι ὤφθη Κηφᾷ
εἶτα τοῖς δώδεκα· 6 ἔπειτα ὤφθη ἐπάνω πεντακοσίοις
ἀδελφοῖς ἐφάπαξ, ἐξ ὧν οἱ πλείονες μένουσιν ἕως ἄρτι,
τινὲς δὲ ἐκοιμήθησαν· 7 ἔπειτα ὤφθη Ἰακώβῳ εἶτα τοῖς
ἀποστόλοις πᾶσιν· 8 ἔσχατον δὲ πάντων ὡσπερεὶ τῷ
ἐκτρώματι ὤφθη κἀμοί. 9 Ἐγὼ γὰρ εἰμι ὁ ἐλάχιστος τῶν
ἀποστόλων ὃς οὐκ εἰμὶ ἱκανὸς καλεῖσθαι ἀπόστολος, διότι
ἐδίωξα τὴν ἐκκλησίαν τοῦ θεοῦ· 10 χάριτι δὲ θεοῦ εἰμι ὃ
εἰμι, καὶ ἡ χάρις αὐτοῦ ἡ εἰς ἐμὲ οὐ κενὴ ἐγενήθη, ἀλλὰ
περισσότερον αὐτῶν πάντων ἐκοπίασα, οὐκ ἐγὼ δὲ ἀλλὰ ἡ
χάρις τοῦ θεοῦ ἡ σὺν ἐμοί. 11 εἴτε οὖν ἐγὼ εἴτε ἐκεῖνοι
οὕτως κηρύσσομεν καὶ οὕτως ἐπιστεύσατε.

Analyse de ces formes

v. 1   ἑστήκατε indicatif parfait actif 2ᵉ plur. de ἵστημι.

        -ἑ   redoublement du parfait. L'esprit rude est lié à la chute du sigma initial,

        -στη- radical long de ἵστημι,

        -κα- syllabe caractéristique du parfait actif,

        -τε   désinence 2ᵉ plur.

v. 1.3 παρελάβετε, παρέλαβον

        indicatif aoriste actif , 2ᵉ plur. et 1ʳᵉ sing. de παραλαμβάνω.

v. 3   ἀπέθανεν indicatif aoriste actif, 3ᵉ sing. de ἀποθνήσκω.

Ces trois dernières formes sont des aoristes seconds (cf. p. 57) :

  – l'aoriste est formé directement sur le radical tandis que le présent lui ajoute un suffixe ;

  – l'indicatif aoriste se conjugue comme l'imparfait (voyelle de liaison ο/ε et désinences secondaires).

v. 4   ἐτάφη   indicatif aoriste passif, 3ᵉ sing. de θάπτω.

        ἐ-   augment,

        -ταφ- radical θαφ devenu ταφ à l'aoriste passif (pour éviter deux aspirées successives),

        -η   caractéristique de l'aoriste second passif (pas de désinence).

Cet aoriste est dit second car il n'a pas de -θ-.

Grammaire

Le verbe ἵστημι

    C'est un verbe à redoublement, ancien *σι-στη-μι dont la racine est alternativement στη (ancien -α long) / στα (-α bref).

Les temps primitifs

	Présent	Futur	Aoriste	Parfait
transitif : placer	ἵστημι	στήσω	ἔστησα	
Actif				
intransitif : se placer			ἔστην	ἔστηκα
Moyen	ἵσταμαι	στήσομαι	ἐστησάμην	ἔσταμαι
Passif	ἵσταμαι	σταθήσομαι	ἐστάθην	ἔσταμαι

Le présent actif

	Indicatif	Subjonctif	Impératif
S1	ἵστημι	ἱστῶ	
2	ἵστης	ἱστῇς	ἵστη
3	ἵστησι(ν)	ἱστῇ	ἱστάτω
P1	ἵσταμεν	ἱστῶμεν	
2	ἵστατε	ἱστῆτε	ἵστατε
3	ἱστᾶσι(ν)	ἱστῶσι(ν)	ἱστάτωσαν

Infinitif	Participe	
ἱστάναι	Masc.	ἱστάς, -άντος
	Fém.	ἱστᾶσα, -άσης
	Neutre	ἱστάν, -άντος

L'aoriste actif (à voyelle longue, cf. ἔβην)

	Indicatif	Subjonctif	Impératif
S1	ἔστην	στῶ	
2	ἔστης	στῇς	στῆθι (στᾶ)
3	ἔστη	στῇ	στήτω
P1	ἔστημεν	στῶμεν	
2	ἔστητε	στῆτε	στήτε
3	ἔστησαν	στῶσι(ν)	στήτωσαν

Infinitif	Participe	
στῆναι	Masc.	στάς, -άντος
	Fém.	στᾶσα, -άσης
	Neutre	στάν, -άντος

Le parfait (un parfait second est attesté au plur. de l'indicatif, à l'infinitif et au participe)

	Indicatif	Infinitif et participe
S 1	ἕστηκα	ἑστάναι
2	ἕστηκας	
3	ἕστηκε(ν)	ἑστηκώς ou ἑστώς
P 1	ἑστήκαμεν ou ἕσταμεν	ἑστηκυῖα ou ἑστυῖα
2	ἑστήκατε ou ἕστατε	ἑστηκός ou ἑστός
3	ἑστήκασι(ν) ou ἑστᾶσι(ν)	

Quelques verbes se conjuguent comme ἵστημι :

πίμπλημι, remplir   aoriste actif :   ἔπλησα.
                      aoriste passif :   ἐπλήσθην.
πίμπρημι, brûler   aoriste actif :   ἔπρησα.
une forme d'infinitif présent attestée en Ac 28, 6 :
πίμπρασθαι.

Exercice

Identifier les formes suivantes :

ἔστησεν	ἑστηκότων	ἑστῶτες
στῆθι	ἑστάναι	ἀναστάντες
ἀνέστη	σταθείς	στήσει
ἔστησαν	εἱστήκεισαν	ἀναστῇ
στᾶσα	ἀνιστάναι	ἀνάστα
ἑστήκασιν	ἀναστήσεται	

Les temps seconds

On regroupe sous le terme de temps « seconds » des formes appartenant à d'anciennes conjugaisons qui ne suivent pas la conjugaison régulière (ou « première ») de λύω.

– Au *futur actif et moyen*, pas de -σ-,
d'où un futur contracté en -ῶ et -οῦμαι : βαλῶ, κρινῶ.

– À l'*aoriste actif et moyen*, pas de -σ- et désinences d'imparfait ou de présent. Ce temps peut être formé :

    - soit sur le radical du verbe :

    ex. : **ἔλαβ**ον (au présent λαμβάνω mais le radical est λαβ-).

         ἔστην de ἵστημι (radical στη-).

    - soit sur une autre racine :

    ex. : εἶπον (radical εἰπ-) aoriste de λέγω.

    Pour les radicaux terminés par une voyelle longue, les désinences sont placées directement sur le radical :

    ἔ-βη-ν de βαίνω.

    ἔ-γνω-ν de γίνωσκω.

– À l'*aoriste et* au *futur passifs*, pas de θ (mais les mêmes terminaisons) :

γράφω	ἐγράφην	futur
γραφήσομαι		
στρέφω	ἐστράφην	στραφήσομαι
θάπτω	ἐτάφην	

– Au *parfait actif*, pas de κ :

    ἔρχομαι   ⇒ ἐλήλυθα.

    οἶδα.

Vocabulaire

Invariants

ἐπάνω	en haut, en plus. Dans la langue populaire (cf. 1 Co 15, 5) se substitue à πλέον.
ἔως	jusqu'à ce que.
ἄρτι	récemment (par rapport au passé), maintenant, à cette heure (par rapport au présent).

ὥσπερ (ὡσπερεί)   comme.

εἴτε... εἴτε   soit... soit.

Noms

ὁ ἀδελφός, οῦ   le frère.
Désigne aussi bien le frère que le cousin, dans une conception large de la famille, propre au contexte culturel.

τὸ εὐαγγέλιον, ου   la bonne nouvelle, l'évangile.

ἡ ἁμαρτία, ας   la faute, le péché.
Dans le NT, c'est le mot le plus fréquent pour désigner la faute à côté de :

ἡ κακία   la méchanceté.

   ἡ ἀδικία   l'injustice.

   ἡ ἀνομία   l'iniquité.

   ἡ ἄγνοια,   la faute par ignorance.
Comme le verbe ἁμαρτάνω et l'hébreu *hatah*, manquer le but, se tromper, commettre une faute, le nom ἡ ἁμαρτία n'appartient pas au vocabulaire religieux mais désigne une erreur dans le jugement ou le comportement. Le dérivé ὁ ἁμαρτωλός désigne, dès le IIIe siècle av. J.-C., le pécheur.

ἡ γραφή, ῆς   l'écriture, le document écrit (dérive du verbe γράφω, tracer, écrire, dessiner).

   αἱ γραφαί   les Écritures.

   ἡ ἀπογραφή   inscription sur un registre, recensement.

   ὁ γραμματεύς   le scribe.

   τὸ γράμμα   la lettre, soit caractère d'écriture, soit épître.

ὁ ἀπόστολος, ου   l'apôtre.

ἡ ἐκκλησία, ας   l'assemblée, l'église.

Adjectifs

πρῶτος, η, ον   premier.

τρίτος, η, ον   troisième.

πλείων, ων, ον	plus nombreux.
οἱ πλείονες	la plupart.
ἔσχατος, η, ον	dernier.
ἔσχατον (adverbe)	en dernier.
ἐλάχιστος, η, ον	le plus petit.
ἱκανός, ή, όν	suffisant, capable.

Verbes

εὐαγγελίζομαι	annoncer la bonne nouvelle.
παραδίδωμι	livrer, remettre, transmettre.

Autres mots de la même racine fréquents dans le NT :

ἡ παράδοσις	la tradition.
ἀποδίδωμι	rendre.
ὁ προδότης	le traître.
τὸ δῶρον	le don.
ἡ δωρεά	le don.
τὸ δόμα	le don.
(ἀπο)θνήσκω	mourir.
aoriste ἀπέθανον	

Les radicaux θνη et θαν se retrouvent dans les dérivés :

ὁ θάνατος	la mort.
θανατόω	faire mourir, condamner à mort.
θνητός	mortel.
μένω	rester, tenir bon, attendre.
ἐπιμένω	persévérer, attendre.
ἡ μονή	le fait de rester, la demeure (d'où en grec chrétien : le monastère).
ἡ ὑπομονή	la résistance, la persévérance.
κηρύσσω	être crieur public, proclamer.
τὸ κήρυγμα	la proclamation.

Exercice 26

Anayser les verbes en -μι et les temps seconds puis traduire.

1.   Εἷς δέ τις τῶν παρεστηκότων σπασάμενος τὴν μάχαιραν ἔπαισεν τὸν δοῦλον τοῦ ἀρχιερέως καὶ ἀφεῖλεν αὐτοῦ τὸ ὠτάριον.

2.   Ἰησοῦς οὖν ἰδὼν τὴν μητέρα καὶ τὸν μαθητὴν παρεστῶτα ὃν ἠγάπα, λέγει τῇ μητρί· Γύναι, ἴδε ὁ υἱός σου.

3.   Καὶ βαλοῦσιν αὐτοὺς εἰς τὴν κάμινον τοῦ πυρός.

4.   Αἱ γὰρ μωραὶ λαβοῦσαι τὰς λαμπάδας αὐτῶν οὐκ ἔλαβον μεθ' ἑαυτῶν ἔλαιον.

5.   Ἰδὼν δὲ τοὺς ὄχλους ἀνέβη εἰς τὸ ὄρος.

6.   Ὁ δὲ εἶπεν· Ἐλθέ καὶ καταβὰς ἀπὸ τοῦ πλοίου ὁ Πέτρος περιεπάτησεν ἐπὶ τὰ ὕδατα.

7.   Ἄνδρες ἀδελφοί, ἐξὸν εἰπεῖν μετὰ παρρησίας πρὸς ὑμᾶς περὶ τοῦ πατριάρχου Δαυίδ ὅτι καὶ ἐτελεύτησεν καὶ ἐτάφη.

8.   Εἰ ᾔδει ὁ οἰκοδεσπότης ποίᾳ ὥρᾳ ὁ κλέπτης ἔρχεται, οὐκ ἂν ἀφῆκεν διορυχθῆναι τὴν οἶκον αὐτοῦ.

9.   Πρὸ δὲ τῆς ἑορτῆς τοῦ πάσχα εἰδὼς ὁ Ἰησοῦς ὅτι ἦλθεν αὐτοῦ ἡ ὥρα ἵνα μεταβῇ ἐκ τοῦ κόσμου τούτου πρὸς τὸν πατέρα, ἀγαπήσας τοὺς ἰδίους τοὺς ἐν τῷ κόσμῳ εἰς τέλος ἠγάπησεν αὐτούς.

Annexes

1

Quelques rappels
de syntaxe française

Les différents types de phrase

1. <u>Je mange</u>   un verbe, un sujet ;
                                        phrase simple, proposition indépendante.

2. <u>Je mange</u> et <u>je bois</u>   deux verbes, donc deux propositions ;
                                        chacune peut exister sans l'autre : il s'agit
                                        de deux propositions indépendantes,
                                        coordonnées par « et ».

3. <u>Je mange</u> | parce que | <u>j'ai faim</u>
                                        deux verbes, donc deux propositions ;

                                        « parce que j'ai faim » : phrase qui ne peut
                                        pas exister seule et dépend d'une autre.
                                        C'est donc une proposition subordonnée ;

                                        « je mange » : phrase qui peut exister seule.
                                        C'est une proposition principale.

Proposition principale + proposition subordonnée = phrase complexe
« parce que » = conjonction de subordination.

Les conjonctions de coordination

En français :						
mais	ou	et	donc	or	ni	car,
En grec :						
ἀλλά	ἤ	καί	οὖν	δέ	οὔτε	γάρ.

Nous avons vu aussi : μέν… δέ, d'une part… d'autre part.

Les différentes propositions subordonnées

1. relatives (elles complètent un nom).

J'entends	le chien	*qui*	aboie
J'aime	la ville	*où*	je suis né
	antécédent	*pronom relatif*	

2. complétives (elles complètent un verbe)

a. COD

J'espère que vous viendrez.   ὅτι

b. interrogative indirecte

Je me demande qui frappe à la porte.τίς

c. proposition infinitive

J'entends le coq chanter.

En grec :   sujet à l'accusatif et verbe à l'infinitif.

3 . circonstancielles (pour la proposition principale, elles sont l'équivalent d'un complément circonstanciel).

a. cause	Je mange parce que j'ai faim.	ὅτι
b. temps	Je mange quand j'ai faim.	ὅτε
	toutes les fois que…	ὅταν
c. condition	Je mange si j'ai faim.	εἰ
d. concession	Je mange bien que je n'aie pas faim.	κἄν
	même si je n'ai pas faim	
e. but	Je mange pour être en bonne santé.	ἵνα
f. conséquence	J'ai trop mangé de sorte que je suis malade.	ὥστε
g. comparaison	J'ai mangé comme (le fait) un ogre.	καθῶς

Tableaux récapitulatifs

Récapitulatif des diverses désinences

modèles	1ère déclinaison — féminin			1ère déclinaison — masculin		2e déclin. ἄνθρωπος (M ou F)	2e déclin. ἱερόν (N)	3e décl. guttural (γκχ)	3e décl. labiale (βπφ)	3e décl. dentale + ν (δθ + ν)	3e décl. ντ	3e décl. αὐτήρ (ρ)	3e décl. noms neutres (divers)	3e décl. ἰχθύς (M ou F)	3e décl. κρίσις (F)	3e décl. βασιλεύς (M)
	ἀκοτία	δόξα	ἀρχή	κλέπτης	νεανίας											
Singulier N	α	α	η	ης	ας	ος	ον	ξ	ψ	ς ou ν	ν	ρ	(ον)	υς	ις	εύς
V	ᾰ	ᾰ	η	ᾰ	ᾰ	ε	ον						(ον)	υ	ι	εῦ
A	αν	αν	ην	ην	αν	ον	ον	α	α	α	α	α	(ον)	υν	ιν	έα
G	ας	ης	ης	ου	ου	ου	ου	ος	ος	ος	ος	ος	(ι)	ος	εως	έως
D	ᾳ	ῃ	ῃ	ῃ	ᾳ	ῳ	ῳ	ι	ι	ι	ι	ι		ι	ει	εῖ
Pluriel N	αι	αι	αι	αι	αι	οι	α	ες	ες	ες	ες	ες	α	ες	εις	εις
V	αι	αι	αι	αι	αι	οι	α	ες	ες	ες	ες	ες	α	ες	εις	εις
A	ας	ας	ας	ας	ας	ους	α	ας	ας	ας	ας	ας	α	ας	εις	εις
G	ων	ων	ων	ων	ων	ων	ων	ων	ων	ων	ων	ων	ων	ων	εων	εων
D	αις	αις	αις	αις	αις	οις	οις	ξι(ν)	ψι(ν)	σι(ν)	σι(ν)	σι(ν)	σι(ν)	σι	εσι	εῦσι

Les verbes en -ω

Les verbes en -ω : actif

		Indicatif	Subjonctif	Impératif	Infinitif et Participe
Présent	S 1	λύω	λύω		λύειν
	2	λύεις	λύῃς	λῦε	
	3	λύει	λύῃ	λυέτω	
	P 1	λύομεν	λύωμεν		λύων, -οντος
	2	λύετε	λύητε	λύετε	λύουσα, -ης
	3	λύουσι(ν)	λύωσι(ν)	λυέτωσαν	λῦον, -οντος
Imparfait	S 1	ἔλυον			
	2	ἔλυες			
	3	ἔλυε(ν)			
	P 1	ἐλύομεν			
	2	ἐλύετε			
	3	ἔλυον			
Futur	S 1	λύσω			λύσειν
	2	λύσεις			
	3	λύσει			
	P 1	λύσομεν			λύσων, -οντος
	2	λύσετε			λύσουσα, -ης
	3	λύσουσι(ν)			λῦσον, -οντος
Aoriste	S 1	ἔλυσα	λύσω		λῦσαι
	2	ἔλυσας	λύσῃς	λῦσον	
	3	ἔλυσε(ν)	λύσῃ	λυσάτω	
	P 1	ἐλύσαμεν	λύσωμεν		λύσας, -αντος
	2	ἐλύσατε	λύσητε	λύσατε	λύσασα, -ης
	3	ἔλυσαν	λύσωσι(ν)	λυσάτωσαν	λῦσαν, -αντος
Parfait	S 1	λέλυκα			
	2	λέλυκας			
	3	λέλυκε(ν)			
	P 1	λελύκαμεν			λελυκέναι
	2	λελύκατε			
	3	λελύκασι(ν)			
Plus-que-parfait	S 1	ἐλελύκειν			
	2	ἐλελύκεις			
	3	ἐλελύκει(ν)			
	P 1	ἐλελύκειμεν			λελυκώς, -κότος
	2	ἐλελύκειτε			λελυκυῖα, -κυίας
	3	ἐλελύκεισαν			λελυκός, -κότος

Les verbes en -ω : moyen

		Indicatif	Subjonctif	Impératif	Infinitif et Participe
Présent					
	S 1	λύομαι	λύωμαι		λύεσθαι
	2	λύῃ	λύῃ	λύου	
	3	λύεται	λύηται	λυέσθω	
	P 1	λυόμεθα	λυώμεθα		λυόμενος, -ου
	2	λύεσθε	λύησθε	λύεσθε	λυομένη, -ης
	3	λύονται	λύωνται	λυέσθωσαν	λυόμενον, -ου
Imparfait					
	S 1	ἐλυόμην			
	2	ἐλύου			
	3	ἐλύετο			
	P 1	ἐλυόμεθα			
	2	ἐλύεσθε			
	3	ἐλύοντο			
Futur					
	S 1	λύσομαι			λύσεσθαι
	2	λύσῃ			
	3	λύσεται			
	P 1	λυσόμεθα			λυσόμενος, -ου
	2	λύσεσθε			λυσομένη, -ης
	3	λύσονται			λυσόμενον, -ον
Aoriste					
	S 1	ἐλυσάμην	λύσωμαι		λύσασθαι
	2	ἐλύσω	λύσῃ	λῦσαι	
	3	ἐλύσατο	λύσηται	λυσάσθω	
	P 1	ἐλυσάμεθα	λυσώμεθα		λυσάμενος, -ου
	2	ἐλύσασθε	λύσησθε	λύσασθε	λυσαμένη, -ης
	3	ἐλύσαντο	λύσωνται	λυσάσθωσαν	λυσάμενον, -ου
Parfait					
	S 1	λέλυμαι			λελῦσθαι
	2	λέλυσαι		λέλυσο	
	3	λέλυται		λελύσθω	
	P 1	λελύκαμεν			λελυμένος, -ου
	2	λέλυσθε		λέλυσθε	λελυμένη, -ης
	3	λέλυνται		λελύσθωσαν	λελυμένον, -ου
Plus-que-parfait					
	S 1	ἐλελύμην			
	2	ἐλέλυσο			
	3	ἐλέλυτο			
	P 1	ἐλελύμεθα			
	2	ἐλέλυσθε			
	3	ἐλέλυντο			

Les verbes en -ω : passif

		Indicatif	Subjonctif	Impératif	Infinitif et Participe
Présent					
	S 1	λύομαι	λύωμαι		λύεσθαι
	2	λύῃ	λύῃ	λύου	
	3	λύεται	λύηται	λυέσθω	
	P 1	λυόμεθα	λυώμεθα		λυόμενος, -ου
	2	λύεσθε	λύησθε	λύεσθε	λυομένη, -ης
	3	λύονται	λύωνται	λυέσθωσαν	λυόμενον, -ου
Imparfait					
	S 1	ἐλυόμην			
	2	ἐλύου			
	3	ἐλύετο			
	P 1	ἐλυόμεθα			
	2	ἐλύεσθε			
	3	ἐλύοντο			
Futur					
	S 1	λυθήσομαι			λυθήσεσθαι
	2	λυθήσῃ			
	3	λυθήσεται			
	P 1	λυθησόμεθα			λυθησόμενος, -ου
	2	λυθήσεσθε			λυθησομένη, -ης
	3	λυθήσονται			λυθησόμενον, -ου
Aoriste					
	S 1	ἐλύθην	λυθῶ		λυθῆναι
	2	ἐλύθης	λυθῇς	λύθητι	
	3	ἐλύθη	λυθῇ	λυθήτω	
	P 1	ἐλύθημεν	λυθῶμεν		λυθείς, -θέντος
	2	ἐλύθητε	λυθῆτε	λυθήτε	λυθεῖσα, -θείσης
	3	ἐλύθησαν	λυθῶσι(ν)	λυθήτωσαν	λυθέν, -θέντος
Parfait					
	S 1	λέλυμαι			λελῦσθαι
	2	λέλυσαι		λέλυσο	
	3	λέλυται		λελύσθω	
	P 1	λελύμεθα			λελυμένος, -ου
	2	λέλυσθε		λέλυσθε	λελυμένη, -ης
	3	λέλυνται		λελύσθωσαν	λελυμένον, -ου
Plus-que-parfait					
	S 1	ἐλελύμην			
	2	ἐλέλυσο			
	3	ἐλέλυτο			
	P 1	ἐλελύμεθα			
	2	ἐλέλυσθε			
	3	ἐλέλυντο			

Les temps primitifs des verbes irréguliers

Présent	Futur	Aoriste	Parfait	Parf passif	Aor. passif
ἄγω	ἄξω	ἤγαγον		ἦγμαι	ἤχθην
αἱρέω-ῶ	αἱρήσω	εἷλον			ἡρέθην
αἴρω	ἀρῶ	ἦρα	ἦρκα	ἦρμαι	ἤρθην
ἀκούω	ἀκούσω	ἤκουσα	ἀκήκοα		ἠκούσθην
ἁμαρτάνω	ἁμαρτήσω	ἥμαρτον	ἡμάρτηκα		
ἀνοίγω	ἀνοίξω	ἤνοιξα ἠνέῳξα	ἀνέῳγα	ἀνέῳγμαι	ἠνοίχθην ἠνοίγην ἠνεῴχθην
ἀποθνήσκω	ἀποθανοῦμαι	ἀπέθανον	ἀποτέθνηκα		
ἀποκτείνω	ἀποκτενῶ	ἀπέκτεινα			ἀπεκτάνθην
αὐξάνω	αὐξήσω	ηὔξησα			ηὐξήθην
βαίνω	βήσομαι	ἔβην	βέβηκα		
βάλλω	βαλῶ	ἔβαλον	βέβληκα	βέβλημαι	ἐβλήθην
βούλομαι					ἐβουλήθην
γίνομαι	γενήσομαι	ἐγενόμην	γέγονα	γεγένημαι	ἐγενήθην
γινώσκω	γνώσομαι	ἔγνων	ἔγνωκα	ἔγνωσμαι	ἐγνώσθην
γράφω	γράψω	ἔγραψα	γέγραφα	γέγραμμαι	ἐγράφην
δείκνυμι	δείξω	ἔδειξα			
δέρω	δαρήσομαι (pass.)	ἔδειρα			
δέχομαι	δέξομαι	ἐδεξάμην		δέδεγμαι	ἐδέχθην
δέω		ἔδησα	δέδεκα	δέδεμαι	ἐδέθην
διδάσκω	διδάξω	ἐδίδαξα			ἐδιδάχθην
δίδωμι	δώσω	ἔδωκα	δέδωκα	δέδομαι	ἐδόθην
διώκω	διώξω	ἐδίωξα		δεδίωγμαι	
δοκέω		ἐδόξα			
ἐάω	ἐάσω	εἴασα			
ἔρχομαι	ἐλεύσομαι	ἦλθον	ἐλήλυθα		
ἐσθίω	φάγομαι	ἔφαγον			
εὑρίσκω	εὑρήσω	εὗρον	εὕρηκα		εὑρέθην
ἔχω	ἕξω	ἔσχον	ἔσχηκα		
θάπτω		ἔθαψα			ἐτάφην
θύω		ἔθυσα			ἐτύθην
ἵημι	ἥσω	ἧκα			
ἵστημι	στήσω	ἔστησα ἔστην	ἕστηκα		ἐστάθην
καίω		ἔκαυσα			ἐκαύθην
καλέω	καλέσω	ἐκάλεσα	κέκληκα	κέκλημαι	ἐκλήθην
κλαίω	κλαύσω				
κλείω	κλείσω	ἔκλεισα		κέκλεισμαι	ἐκλείσθην
κλίνω		ἔκλινα		κέκλικα	ἐκλίθην
κρίνω	κρινῶ	ἔκρινα	κέκρικα	κέκριμαι	ἐκρίθην
κρεμάννυμι		ἐκρέμασα		κέκραμαι	ἐκρεμάσθην
κτάομαι		ἐκτησάμην		κέκτημαι	
λαγχάνω		ἔλαχον			
λαμβάνω	λήμψομαι	ἔλαβον	εἴληφα	εἴλημμαι	ἐλήμφθην
λέγω	ἐρῶ	εἶπον	εἴρηκα	εἴρημαι	ἐρρήθην

Présent	Futur	Aoriste	Parfait	Parf passif	Aor. passif
λείπω	λείψω	ἔλιπον		λέλειμμαι	ἐλείφθην
μανθάνω		ἔμαθον	μεμάθηκα		
μένω	μενῶ	ἔμεινα			
μιμνήσκομαι	μνησθήσομαι			μέμνημαι	ἐμνήσθην
ὄλλυμι	ὀλέσω	ὤλεσα			
ὄλλυμαι	ὀλοῦμαι	ὠλόμην	ὄλωλα		
ὄμνυμι/ὀμνύω		ὤμοσα			
ὁράω	ὄψομαι	εἶδον	ἑώρακα		ὤφθην
πάσχω		ἔπαθον	πέπονθα		
πείθω	πείσω	ἔπεισα	πέποιθα	πέπεισμαι	ἐπείσθην
πέμπω		ἔπεμψα			ἐπέμφθην
πίμπλημι		ἔπλησα			ἐπλήσθην
πίνω	πίομαι	ἔπιον	πέπωκα		ἐπόθην
πιπράσκω			πέπρακα		ἐπράθην
πίπτω	πεσοῦμαι	ἔπεσον	πέπτωκα		
πλάσσω		ἔπλασα			ἐπλάσθην
πνέω		ἔπνευσα			
πράσσω	πράξω	ἔπραξα	πέπραχα		ἐπράχθην
πυνθάνομαι		ἐπυθόμην			
ῥώννυμι				ἔρρωμαι	
σπείρω	σπερῶ	ἔσπειρα		ἔσπαρμαι	ἐσπάρην
στέλλω	στελῶ	ἔστειλα	ἔσταλκα	ἔσταλμαι	ἐστάλην
στρέφω	στρέψω	ἔστρεψα		ἔστραμμαι	ἐστράφην
σῴζω	σώσω	ἔσωσα	σέσωκα	σέσωσμαι	ἐσώθην
τάσσω		ἔταξα	τέταχα	τέταγμαι	
τίκτω	τέξομαι	ἔτεκον			ἐτέχθην
τρέπω	τρέψω	ἔτρεψα ἔτραπον	τέτροφα		ἐτράπην
τρέφω		ἔθρεψα			
τρέχω		ἔδραμον			
τυγχάνω	τεύξομαι	ἔτυχον	τέτυχα		
φαίνω	φανοῦμαι	ἔφανα			ἐφάνην
φέρω	οἴσω	ἤνεγκον	ἐνήνοκα		ἠνέχθην
φεύγω	φεύξομαι	ἔφυγον			
φθάνω		ἔφθασα			
χράομαι		ἐχρησάμην		κέχρημαι	

Recherche des verbes irréguliers

Cette liste alphabétique des racines permet de remonter à l'indicatif présent. Elle n'a de sens qu'une fois le radical dégagé. S'il y a un préverbe, il faut l'ajouter au verbe simple, une fois celui-ci déterminé.

αγ, ακ, αχ ⇒ ἄγω
ακου(σ) ⇒ ἀκούω
αμαρτ(η) ⇒ ἁμαρτάνω
αρ ⇒ αἴρω
αυξη ⇒ αὐξάνω

βα, βη ⇒ βαίνω
βλη ⇒ βάλλω

γν, γεν(η), γον ⇒ γίνομαι
γνω(σ) ⇒ γινώσκω

δαρ ⇒ δέρω
δε ⇒ δέω
δεγ, δεκ, δεχ ⇒ δέχομαι
δεη ⇒ δέω
δειγ, δεικ, δειχ ⇒ δείκνυμι
δο ⇒ δίδωμι
δραμ ⇒ τρέχω

ε ⇒ ἵημι
εα, εια ⇒ ἐάω
εδ, εδεσ ⇒ ἐσθίω
ειδ (indicatif) ⇒ ὁράω
ειδ (autres modes) ⇒ οἶδα
ειλη (β, μ, π, φ) ⇒ λαμβάνω
ειπ ⇒ λέγω
ειρη ⇒ λέγω
ελ ⇒ αἱρέω
ελ(υ)θ ⇒ ἔρχομαι
ενεγκ, ενεχ, ενοχ ⇒ φέρω

ερε ⇒ λέγω
ευρ(ε, η) ⇒ εὑρίσκω
ἐξ ⇒ ἔχω

η ⇒ ἵημι

θαν ⇒ (ἀπο)θνῄσκω
θε, θη, θει ⇒ τίθημι
θνη ⇒ ἀποθνῄσκω

ιδ ⇒ ὁράω

καυ ⇒ καίω
κλασ ⇒ κλάω
κλαυ ⇒ κλαίω
κλει(σ) ⇒ κλείω
κλη ⇒ καλέω
κλι ⇒ κλίνω
κρεμα(σ), κρεμη ⇒ κρεμάννυμι
κτέ, κτον ⇒ (ἀπο)κτείνω
κτη ⇒ κτάομαι

λαβ ⇒ λαμβάνω
λαθ ⇒ λανθάνω
λαχ ⇒ λαγχάνω
λει(β, μ, π, φ) ⇒ λείπω
λη(β, μ, π, φ) ⇒ λαμβάνω
λιπ, λοπ ⇒ λείπω

μαθ, μαθη ⇒ μανθάνω
μεν, μενε, μενη ⇒ μένω

ολ, ολε ⇒ ὄλλυμι

ομο ⇒ ὄμνυμι/ὀμνύω

οπ ⇒ ὁράω

παθ ⇒ πάσχω

πει ⇒ πείθομαι

πει ⇒ πάσχω

πεσ, πεσε ⇒ πίπτω

πι ⇒ πίνω

πιθ ⇒ πείθομαι

πλα, πλασ ⇒ πλάσσω

πλη, πλησ ⇒ πίμπλημι

πνευ ⇒ πνέω

πο ⇒ πίνω

ποιθ ⇒ πείθω

πονθ ⇒ πάσχω

πρα ⇒ πιπράσκω

πρα(γ, κ, χ) ⇒ πράσσω

πτ, πτω ⇒ πίπτω

πυθ, πυσ ⇒ πυνθάνομαι

πω ⇒ πίνω

ρη ⇒ λέγω

ρω, ρωσ ⇒ ῥώννυμι

σπαρ ⇒ σπείρω

στα ⇒ ἵστημι

σταλ ⇒ στέλλω

στρα(μ, π, φ) ⇒ στρέφω

σχ, σχε, σχη ⇒ ἔχω

σω ⇒ σῴζω

τα(γ, κ, χ) ⇒ τάσσω

ταφ ⇒ θάπτω

τεκ ⇒ τίκτω

τραπ ⇒ τρέπω

τραφ ⇒ τρέφω

τυ ⇒ θύω

τυχ ⇒ τυγχάνω

φαγ ⇒ ἐσθίω

φαν, φην ⇒ φαίνω

φθα ⇒ φθάνω

χρη ⇒ χράομαι

4

L'accentuation

L'accent grec n'était pas un accent d'intensité, comme en anglais et en allemand où la syllabe accentuée est prononcée plus fort que les autres ; ce n'était pas non plus un accent de phrase, comme en français, mais un **accent de tonalité**, de hauteur de son qui affectait en principe chaque mot individuellement.

La notation de l'accent

L'accent aigu peut frapper une des trois dernières syllabes du mot, que cette voyelle soit longue ou brève : ἀγαθός, ἐλύου, λύωμαι.

L'accent circonflexe peut frapper une des deux dernières voyelles à condition que cette voyelle soit longue : λιπεῖν, ἀγγεῖλαι.

Note : **l'accent grave** n'est qu'une variante de l'accent aigu et non un troisième accent. Lorsqu'un mot est accentué d'un aigu sur la finale et que ce mot est suivi d'un autre mot, l'accent aigu devient grave : ἀγαθός mais ἀγαθὸς ἄνθρωπος.

L'accent aigu se maintient en finale devant un signe de ponctuation et devant certains mots sans accent.

La place de l'accent

La place de l'accent est liée à la quantité brève ou longue des voyelles et à trois règles principales :

La quantité des voyelles

– sont toujours	brèves : ε ο
– sont toujours	longues : η ω ᾳ
– sont soit	brèves soit longues : α ι υ
	(le dictionnaire indique la quantité de la voyelle).
– sont toujours	longues : les diphtongues, **sauf αι et οι en finale absolue** : ἡμέραι (brève), ἡμέραις (longue) ; λύεται, λυόμενοι (brève), λυομένοις (longue).

Les trois règles principales

Première règle : loi de limitation

L'accent se trouve sur une des trois dernières syllabes et ne remonte pas au-delà de la troisième. Si la voyelle finale est brève, l'accent aigu peut remonter jusqu'à la troisième syllabe : λύομεν.

Si la voyelle finale est longue, l'accent ne peut remonter que jusqu'à la deuxième syllabe : λύω, ἐλυόμην.

Cette règle permet d'accentuer la plupart des formes verbales : λύεις, λύῃ, ἐλύσατε, λύσωμαι, λυσάσθω.

Cas de la pénultième (avant-dernière syllabe) longue accentuée : toutefois, dans un mot de deux syllabes, si la dernière voyelle est brève et l'avant-dernière longue, l'accent est circonflexe : λῦε, λῦσαι.

Deuxième règle : l'accentuation des formes contractes

Il faut partir de la forme non contractée, car la forme contracte porte l'accent qu'elle avait avant la contraction : ἐφίλεον ⇒ ἐφίλουν. Si l'accent frappe la première des deux voyelles qui se contractent, il devient circonflexe : φιλέω ⇒ φιλῶ   φιλέομεν ⇒ φιλοῦμεν.

Troisième règle : la priorité de l'accent premier

Pour les noms et les formes nominales, il faut tenir compte de la place de l'accent premier (l'accent propre du mot, généralement donné par le nominatif singulier). On essaie autant que possible de le respecter. En aucun cas, l'accent ne peut remonter au-delà :

cf. la déclinaison de λόγος : l'accent reste sur le o.

Pour ἄνθρωπος : ἀνθρώπου, ἄνθρωποι, ἀνθρώποις.

Pour ὄνομα : ὀνόματος, ὀνομάτων.

Deux cas particuliers d'accents premiers

Dans la première et la deuxième déclinaison, si l'accent premier est sur la finale, il est aigu aux nom., voc., acc., et circonflexe aux gén., dat. : ἀρχή, ἀρχήν, ἀρχῆς.

Dans la troisième déclinaison, les noms monosyllabiques au nominatif ont l'accent sur le radical aux nom., voc., acc., et sur la désinence aux gén., dat. : σάρξ, σαρκός.

L'extension de la pénultième longue accentuée

L'accent premier permet à un mot de plus de deux syllabes d'avoir l'accent sur la pénultième quand la finale est brève ; dans ce cas, si la pénultième est longue, l'accent est circonflexe : προφῆται (nom. plur.), βασιλεῦσαι (inf. aor.).

Les règles d'enclise

Quelques mots n'ont pas d'accent propre, mais ont par leur présence un effet sur l'accent du mot précédent : ce sont les *enclitiques*, c'est-à-dire ceux qui s'inclinent vers le mot précédent.

Les principaux enclitiques sont :
- des pronoms (les formes personnelles με, μου, μοι, σε, σου, σοι et τις indéfini) ;
- quelques formes verbales (indicatif présent de εἰμί, sauf 2ᵉ sing.) ;
- quelques particules (τε, γε…) peu employées dans le NT.

Ces mots ne se confondent pas avec les *proclitiques*, également sans accent, mais s'inclinant vers le début du mot suivant ; ainsi, certaines formes de l'article (ὁ, ἡ, οἱ, αἱ), certaines prépositions (ἐκ, εἰς, ἐν) et la négation οὐ.

Première règle

Si un mot accentué d'un aigu sur l'antépénultième ou d'un circonflexe sur la pénultième est suivi d'un enclitique, il prend en plus un aigu sur la finale.
ex. : ἄνθρωπός τις, γλῶσσά τις.

Deuxième règle

Si un mot accentué d'un aigu sur la pénultième est suivi d'un enclitique de deux syllabes, ce dernier prend un aigu sur sa finale .
ex. : λόγος ἐστίν, ἀνθρώπου τινός.

Troisième règle

Si un mot accentué d'un aigu sur la finale est suivi d'un enclitique, l'accent reste aigu (au lieu de devenir grave).
ex. :   ὁ πατήρ μου (mais ὁ πατὴρ αὐτοῦ) ;
          πατήρ ἐστιν.

Quatrième règle

Si plusieurs enclitiques se suivent, tous sauf le dernier prennent un accent aigu sur la finale ; il en est de même pour un proclitique suivi d'un enclitique.

ex. : πατήρ μού ἐστιν ; ὅ τε πατήρ.

Cas particulier de ἐστιν : après un proclitique, il devient tonique et s'accentue sur la première syllabe : οὐκ ἔστιν.

4

Quelques remarques
sur le grec biblique

On appelle *grec biblique* la langue grecque employée dans la Septante (LXX) et dans le Nouveau Testament. Ces livres, rédigés sur une période d'environ quatre siècles, utilisent la langue grecque de leur temps, appelé grec de la *Koinè*. L'influence de l'hébreu et de l'araméen y est plus marquée que dans la littérature profane.

Nous proposons ici quelques précisions concernant les principales différences entre ce grec de la *Koinè* et le dialecte attique, connu sous le nom de grec classique. Nous indiquons également les principaux sémitismes (généralement reconnus comme tels).

Grec classique, grec biblique[1]

Le système vocalique connaît d'importantes modifications qui intéressent surtout le lecteur de manuscrits. Ainsi en est-il de la confusion graphique de ι, ει, η, υ, υι, οι, voyelles ou diphtongues qui servent à noter le son /i/ (phénomène dit de iotacisme). De la même façon, la distinction des brèves (ε, ο) et des longues (η, ω) disparaît.

Pour les consonnes, il convient de signaler que le double σσ remplace le double ττ de l'attique.

La morphologie se simplifie. Certaines déclinaisons disparaissent ; la conjugaison thématique (verbes en ω) se développe aux dépens des verbes en -μι (nombreux doublets, comme δεικνύω à côté de δείκνυμι).

Quelques évolutions :
– disparition, à l'aoriste et au parfait, des alternances de radical entre le singulier et le pluriel. Ainsi :

S	οἶδα	P	οἴδαμεν	et non plus	ἴστε
	ἔδωκα		ἐδώκαμεν		ἔδομεν

1.Pour aller plus loin, consulter les grammaires spécialisées, en anglais ou en allemand, en particulier : M. ZERWICK, *Biblical Greek illustrated by Examples*, Rome, 1963 ; C. B. AMPHOUX, « Qu'est-ce que le grec biblique ? », *Cratyle* 3, université de Nice, 1985, p. 10-25.

– apparition d'aoristes seconds en α : εἶπα à côté de εἶπον ;
– multiplication des aoristes en-θην, de forme intransitive et de sens actif : ἀπεκρίθη, il répondit ;
– développement de la syllabe –σαν à la 3ᵉ personne du pluriel, employée pour : l'impératif actif -τωσαν et moyen -σθωσαν ; l'optatif (exceptionnel) ; certains imparfaits : εἴχοσαν.
– la place ou la forme de l'augment est parfois surprenante : ἐκάθισα, διηκόνουν, ἠδύνατο.

Au niveau de la syntaxe, il est plus difficile de distinguer les caractéristiques du grec de la *Koinè* des particularités propres au grec biblique (les nombreux sémitismes et aramaïsmes).

Signalons pourtant pour les noms et l'emploi des cas :
– la disparition du duel ;
– la confusion du nominatif et du vocatif :
     πατὴρ δίκαιε ; Κύριε ὁ θεος
– la multiplication des emplois de l'accusatif, par exemple avec des verbes intransitifs, à la place du génitif partitif : πίνειν τὸ αἷμα, ou en usage adverbial : τὸ τέλος, à la fin. À l'inverse, un simple accusatif (de temps ou d'espace) peut être précédé d'une préposition.
– le développement du génitif avec de nouvelles prépositions (ὀπίσω, ἔμπροσθεν, ἐνώπιον etc.), mais aussi en remplacement de l'adjectif : ὁ κύριος τῆς δόξης. Il en résulte un affaiblissement du datif qui finira par disparaître.
– le délitement du démonstratif ὅδε, l'emploi de αὐτός comme démonstratif et comme réfléchi.

Le système verbal connaît de nombreuses transformations. Nous n'en donnons ici que quelques-unes, conseillant, pour une première approche, de consulter les fiches récapitulatives de syntaxe contenues à l'intérieur de ce manuel. Ainsi :
– l'effacement de la valeur propre du moyen (insistance sur le sujet). Dans certains cas, cependant, l'opposition entre l'actif et le moyen s'est radicalisée : ἄρχω, commander / ἄρχομαι, commencer.
– le renforcement de la valeur aspectuelle du présent et de l'aoriste ; la tendance du parfait à devenir un simple temps narratif.
– la quasi-disparition de l'optatif ;

- l'emploi multiplié de l'infinitif comme nom verbal, précédé d'une préposition et à valeur circonstancielle (διὰ τό + infinitif = parce que ; ἐν τῷ + infinitif = pendant que, etc.) ;
- le développement de ὅτι et de ἵνα, y compris dans des emplois non subordonnants. Par exemple, ὅτι peut introduire le style direct et correspondre simplement à nos « deux-points, ouvrez les guillemets ».
- la simplification du système des conditionnelles ;
- la simplification dans l'usage des négations : οὐ s'emploie (en principe) devant les verbes à l'indicatif, et μή devant les verbes à un autre mode. En grec classique, οὐ s'emploie dans les phrases qui expriment un fait, μή dans celles qui expriment une supposition, un désir, une crainte ;
- la réduction du nombre et des nuances des conjonctions de coordination et l'augmentation de fréquence de καί.

La tendance générale à une plus grande simplicité est liée à l'universalisation de la langue grecque qu'entraînèrent les conquêtes d'Alexandre le Grand. Cette langue « commune » à tout le bassin méditerranéen jouera un rôle essentiel dans l'expansion rapide du christianisme.

Grec biblique et sémitismes syntaxiques

Il faut noter tout d'abord le décalque en grec de tours propres à l'hébreu ou à l'araméen.

– L'ordre des mots : verbe–sujet–objet
En grec, cela est correct mais l'accumulation de cette construction produit un effet de texte non grec.

– La parataxe ou succession de propositions coordonnées (cf. en particulier la multiplicité des καί) au lieu, éventuellement, de subordonnées.

ex. :   Jn 6, 50

οὗτός ἐστιν ὁ ἄρτος ὁ ἐκ τοῦ οὐρανοῦ καταβαίνων, ἵνα τις ἐξ αὐτοῦ φάγῃ καὶ μὴ ἀποθάνῃ.

Ceci est le pain qui descend du ciel (litt. le descendant),
à savoir que quelqu'un mange de lui et ne meurt pas
= à savoir que, si quelqu'un en mange, il ne meurt pas.

Mt 18, 21

ὁ Πέτρος εἶπεν αὐτῷ· Κύριε, ποσάκις ἁμαρτήσει εἰς ἐμὲ
ὁ ἀδελφός μου καὶ ἀφήσω αὐτῷ ;

Pierre lui dit : « Seigneur, combien de fois mon frère péchera-t-il envers
moi et je lui pardonnerai ? » = combien de fois, quand mon frère péchera
envers moi, lui pardonnerai-je ?

De ce fait, le grec biblique :
– emploie peu de subordonnées conjonctives et de génitifs absolus,
– utilise aisément des phrases nominales coordonnées.

Pour la syntaxe des propositions, il convient de signaler :
– les emplois de ἐγένετο (cf. p. 166).
– la multiplication des emplois de l'infinitif (cf. p. 171).
– les formules de serment introduites par εἰ au sens de : (jurer de) ne... pas :
ex. :   Mc 8, 12

ἀμὴν λέγω ὑμῖν, εἰ δοθήσεται τῇ γενεᾷ ταύτῃ σημεῖον,

en vérité je vous dis qu'il ne sera pas donné de signe à cette génération ;
– la reprise pléonastique du pronom de rappel à la fin d'une relative :
ex. :   Lc 3,16b

ἔρχεται δὲ ὁ ἰσχυρότερός μου, οὗ οὐκ εἰμὶ ἱκανὸς λῦσαι
τὸν ἱμάντα τῶν ὑποδημάτων **αὐτοῦ**,

vient celui qui est plus fort que moi, et (litt. : dont) je ne suis pas digne de
délier la courroie de ses sandales.

Pour l'emploi des cas, on peut relever :
– la construction des verbes intransitifs avec un COD (cf. plus haut) ;
– le génitif de qualité au lieu de l'adjectif :
ex. :   Lc 16, 8

τὸν οἰκονόμον τῆς ἀδικίας,

l'économe d'injustice (=injuste)
– l'emploi de « fils de » pour marquer l'appartenance à un groupe :
ex. : Lc 16, 8

οἱ υἱοὶ τοῦ αἰῶνος τούτου, les fils de ce monde,
τοὺς υἱοὺς τοῦ φωτός, les fils de la lumière.

– le génitif explicatif d'apposition :
ex. :   Mt 16, 4   τὸ σημεῖον Ἰωνα
                 = le signe que fut Jonas.
         Ac 2, 38   τὴν δωρεὰν τοῦ ἁγίου πνεύματος,
                 = le don qu'est l'Esprit.

L'emploi des prépositions est également marqué par l'hébreu ou l'araméen.

On notera :
– la multiplication des emplois de ἐν (= *be*), en particulier :
   (1) le ἐν instrumental :
   ex. : Mt 26, 52
   οἱ λαβόντες μάχαιραν ἐν μαχαίρῃ ἀπολοῦνται,
   ceux qui prennent l'épée périront par l'épée.
     Jn 1, 26
   Ἐγὼ βαπτίζω ἐν ὕδατι,
   moi, je baptise dans l'eau.
   (2) ἐν pour εἰς :
   ex. :   Lc 4, 1
   καὶ ἤγετο ἐν τῇ ἐρήμῳ,
   il fut conduit dans le désert.

– εἰς + un nom après des verbes de type γίνεσθαι, εἶναι, pour marquer une transformation, au lieu d'un nominatif attribut :
ex. :   2 Co 6, 18
καὶ ἔσομαι ὑμῖν εἰς πατέρα καὶ ὑμεῖς ἔσεσθε μοι εἰς υἱοὺς καὶ θυγατέρας,
Je deviendrai pour vous un père et vous deviendrez pour moi des fils et des filles.

– l'emploi de ἀπό, loin de, avec tous les sens de *min*, en particulier pour :
     le complément du comparatif (dans la Septante)
     un groupe partitif
ex :   Mt 27, 21
τίνα ἀπὸ τῶν δύο ἀπολύσω ὑμῖν ;
qui des deux vous relâcherai-je ?

À noter que ἀπὸ προσώπου ne signifie pas « loin du visage de » mais « devant sa face ».

– La multiplication des prépositions décalquées de l'hébreu ou de l'araméen : par la main de, sous les yeux de, à l'oreille de (avec disparition du datif au profit du génitif) :
ἐνώπιον, ἔμπροσθεν, ἐναντίον pour *liphney, be'eyney*
ἀνὰ μέσον pour *betokh,* etc.

Il resterait à voir (et c'est là le plus gros travail) comment les rédacteurs du NT ont réussi, à partir d'un enracinement sémitique tant linguistique que culturel, à façonner un nouveau langage théologique pour dire, au judaïsme hellénistique puis au monde païen de langue grecque, la nouveauté de la foi chrétienne. Mais cela dépasse le cadre de cet ouvrage.

Index grammatical

Index du vocabulaire

Index des principaux tableaux

Bibliographie succincte

Pour le grec classique

E. RAGON, *Grammaire grecque*, entièrement refondue par A. DAIN, J.-A. DE FOUCAULT et P. POULAIN, Paris, 1964[10].

M. BIZOS, *Syntaxe grecque*, Paris, 1981[7].

Pour le grec de la Koinè

J. W. WENHAM, *Initiation au grec du Nouveau Testament. Grammaire, exercices, vocabulaire,* trad. et adapt. de l'anglais par C. B. AMPHOUX, A. DESREUMAUX, J. C. INGELAERE, sous la direction de P. PRIGENT et J. DUPLACY (« Les Classiques bibliques »), 3ᵉ éd. (collab. F. FRAIZY), Paris, Beauchesne, 1994 (1973[1]).

F. W. BLASS et A. DEBRUNNER, *A Greek Grammar of the New Testament and Other Early Christian Literature*, a transl. and revision of the nineteenth german ed. incorporating suppl. notes of A. Debrunner by Robert W. FUNK, Chicago-Londres, 1961, 1986.

Dictionnaires

A. BAILLY, *Dictionnaire grec-français*, rééd. avec le concours de E. EGGER, revu par L. SÉCHAN et P. CHANTRAINE, avec appendice, de nouvelles notices de mythologie et de religion par L. SÉCHAN, Paris, 1996[48].

W. BAUER, *A Greek-English Lexicon of the New Testament and Other Early Christian Literature,* trans. and adaptation by F. ARNDT and F. W. GINGRICH from the 4th ed, Cambridge et Chicago, 1957.

Instruments de travail

E. HATCH et H. A. REDPATH, *A Concordance to the Septuagint and the Other Greek Versions of the Old Testament (Including the Apocryphal Books)*, Oxford, 1897-1906, réimpression : Graz, 1975.

W. F. MOULTON et A. S. GEDEN, *A Concordance to the Greek Testament According to the Texts of Wescott and Hort, Tischendorf and the English Revisers*, Edimbourg, 1978.

La Bible d'Alexandrie. Traduction du texte grec de la Septante, Paris, 1986ss. (traduction, introduction et notes sous la direction de M. HARL).

Logiciels

Pour PC   *Bible Works for Windows*
                           Ed. Clé, 2 impasse Morel, 69003 Lyon
                           edcle@editionscle.com

Pour Macintosh   *Accordance*, The Gramcord Institute,
                           http://www.GRAMCORD.org

Corrigé des exercices

Exercice 1

Les invariants

’**Ἐν** ἀρχῇ ἦν ὁ λόγος, **καὶ** ὁ λόγος ἦν **πρὸς** τὸν θεόν,
préposition   mot de   préposition
+ datif   coordination   + acc.
dans   **et**   **vers**

καὶ θεὸς ἦν ὁ λόγος. 2 οὗτος ἦν **ἐν** ἀρχῇ **πρὸς** τὸν

θεόν. 3 πάντα **δι’** αὐτοῦ ἐγένετο, **καὶ χωρὶς** αὐτοῦ
          préposition διά   préposition
          + génitif   + génitif
          à travers   **sans**

ἐγένετο **οὐδὲ** ἕν ὃ γέγονεν. 4 **ἐν** αὐτῷ ζωὴ ἦν, **καὶ** ἡ
          négation

ζωὴ ἦν τὸ φῶς τῶν ἀνθρώπων· 5 **καὶ** τὸ φῶς **ἐν** τῇ

σκοτίᾳ φαίνει, **καὶ** ἡ σκοτία αὐτὸ **οὐ** κατέλαβεν.
                                  négation
                                  ne... pas

Les pronoms personnels

’Ἐν ἀρχῇ ἦν ὁ λόγος, καὶ ὁ λόγος ἦν πρὸς τὸν θεόν, καὶ
θεὸς ἦν ὁ λόγος. 2 οὗτος ἦν ἐν ἀρχῇ πρὸς τὸν θεόν. 3
πάντα δι’ **αὐτοῦ** ἐγένετο, καὶ χωρὶς **αὐτοῦ**
               3e pers. M (ou N)
               génitif sing.

ἐγένετο οὐδὲ ἕν ὃ γέγονεν. 4 ἐν **αὐτῷ** ζωὴ ἦν, καὶ ἡ
                           3e pers. M (ou N)

datif sing.
(attention au iota souscrit)

ζωὴ ἦν τὸ φῶς τῶν ἀνθρώπων· 5 καὶ τὸ φῶς ἐν τῇ σκοτίᾳ
φαίνει, καὶ ἡ σκοτία **αὐτὸ** οὐ κατέλαβεν.
3ᵉ pers. N
acc. (ou nom. sing.)

Les articles

Ἐν ἀρχῇ ἦν **ὁ** λόγος, καὶ **ὁ** λόγος ἦν πρὸς **τὸν** θεόν,
         Nom. M. S.   Acc. M. S.
καὶ θεὸς ἦν **ὁ** λόγος. 2 οὗτος ἦν ἐν ἀρχῇ πρὸς **τὸν** θεόν.
3 πάντα δι᾽ αὐτοῦ ἐγένετο, καὶ χωρὶς αὐτοῦ ἐγένετο
οὐδὲ ἕν ὃ γέγονεν. 4 ἐν αὐτῷ ζωὴ ἦν,
καὶ **ἡ** ζωὴ ἦν **τὸ** φῶς **τῶν** ἀνθρώπων· 5 καὶ **τὸ** φῶς ἐν
 Nom. F. S.   Nom. N. S.   Gén. P.
τῇ σκοτίᾳ φαίνει, καὶ **ἡ** σκοτία αὐτὸ οὐ κατέλαβεν.
Dat. F S
(iota souscrit)

Les mots de la deuxième déclinaison

Ἐν ἀρχῇ ἦν ὁ **λόγος**, καὶ ὁ **λόγος** ἦν πρὸς τὸν **θεόν**,
         Nom. M S.   Acc. M S
                                                  de ὁ θεός

καὶ **θεὸς** ἦν ὁ **λόγος**. 2 οὗτος ἦν ἐν ἀρχῇ πρὸς τὸν **θεόν**.
3 πάντα δι᾽ αὐτοῦ ἐγένετο, καὶ χωρὶς αὐτοῦ ἐγένετο
οὐδὲ ἕν ὃ γέγονεν. 4 ἐν αὐτῷ ζωὴ ἦν, καὶ ἡ ζωὴ ἦν τὸ
φῶς τῶν **ἀνθρώπων**· 5 καὶ τὸ φῶς ἐν τῇ
                        Gén. P.
                    de ὁ ἄνθρωπος
σκοτίᾳ φαίνει, καὶ ἡ σκοτία αὐτὸ οὐ κατέλαβεν.

Exercice 2

1. ἦλθεν	aoriste second	3ᵉ S	ἔρχομαι
ἐπιστεύσατε	aoriste sigmatique	2ᵉ P	πιστεύω
2. ἐθεραπεύθη	aoriste passif	3ᵉ S	θεραπεύω
3. ὡμολόγησεν	aoriste sigmatique	3ᵉ S	ὡμολογέω
4. περιεπάτησεν	aoriste sigmatique	3ᵉ S	περιπατέω

Exercice 3

1.	εἰμι	présent indicatif	1ʳᵉ S	εἰμι
	γινώσκω	présent indicatif	1ʳᵉ S	γινώσκω
	γινώσκουσι	présent indicatif	3ᵉ P	γινώσκω
	γινώσκει	présent indicatif	3ᵉ S	γινώσκω
2.	εἶ	présent indicatif	2ᵉ S	εἰμι
	εἶπον	aoriste second	1ʳᵉ S ou 3ᵉ P	λέγω
	πιστεύετε	présent indicatif	2ᵉ P	πιστεύω
3.	εὐχαριστοῦμεν	présent indicatif	1ʳᵉ P	εὐχαριστέω

Exercice 4

1. Γάμος **ἐγένετο** ἐν Κανὰ τῆς Γαλιλαίας.
ἐγένετο : aoriste second moyen 3ᵉ S de γίνομαι, *il fut*.
Un mariage eut lieu à Cana de Galilée.

2. Καὶ **ἐνέδυσαν** αὐτὸν τὰ ἱμάτια αὐτοῦ.
ἐνέδυσαν : aoriste sigmatique, actif, 3ᵉ P de ἐνδύω, *ils revêtirent*.
Et ils le revêtirent de ses vêtements.

3. Καὶ χρόνῳ ἱκανῷ οὐκ **ἐνεδύσατο** ἱμάτιον.
ἐνεδύσατο : aoriste sigmatique, moyen, 3ᵉ P de ἐνδύω, *il se vêtit*.
Et pendant un temps suffisant (= pendant longtemps) il (= le possédé) ne
se vêtit pas de vêtement.

Exercice 5

1. Lc 7, 9   Jésus dit à la foule qui le suivait...
εἶπεν   Aoriste second de λέγω
                         Indicatif actif.
ἀκολουθοῦντι   Participe présent actif de
                         ἀκολουθέω-ῶ
                         Datif masculin singulier.

2. Lc 7, 20   Toi, es-tu celui qui vient ?
εἶ   Verbe εἰμι, 2ᵉ S
                         Présent de l'indicatif.

3. Mt 10, 40 Celui qui vous reçoit me reçoit.
δεχόμενος   Participe présent moyen de
                         δέχομαι, nom. masc. sing.
δέχεται   Présent indicatif moyen,
                         3ᵉ S de δέχομαι.

4. Mt 3, 14   Toi, tu viens vers moi ?
ἔρχῃ   Présent indicatif moyen,
                         2ᵉ S de ἔρχομαι.

Exercice 6

1. Mt 28, 16   Les onze disciples (μαθηταί) firent route vers la
               Galiléee.
               ἐπορεύθησαν   Aoriste indicatif passif de
                              πορεύομαι.

2. Mt 26, 55   À cette heure (ce moment), Jésus dit aux foules :
               vous êtes venus comme vers un brigand (λῃστήν)
               avec des couteaux et des bâtons.
               ἐξήλθατε   Aoriste second indicatif actif
                              2ᵉ P de ἐξέρχομαι.

3. Mt 2, 15   Et il était là jusqu'à la mort d'Hérode ('Ηρῴδου).

Exercice 7

1. Ac 20, 21   ἐπικαλέσηται   subj. aoriste moyen,
                                    3ᵉ S de ἐπικαλέω.

                  σωθήσεται   Indicatif futur passif
                                    3ᵉ S de σῴζω.

S'il invoque le nom du Seigneur, il sera sauvé.

2. Mt 19, 18   εἶπεν   Indicatif aoriste actif,
                                    3ᵉ S de λέγω.

                  φονεύσεις   Indicatif futur actif,
                                    2ᵉ S de φονεύω.

                  κλέψεις   Indicatif futur actif,
                                    2ᵉ S de κλέπτω.

                  ψευδομαρτυρήσεις   Indicatif futur actif,
                                    2ᵉ S de ψευδομαρτυρέω.

Jésus dit : tu ne commettras pas de meurtre, tu ne voleras pas, tu ne rendras pas de faux témoignage.

Exercice 8

1. Ac 10, 21   ὅν   M S antécédent sous entendu = οὗτος,
                         Acc. = COD de ζητεῖτε.

Voici, moi je suis (celui) que vous cherchez.

2. Mt 12, 2   ὅ   N S antécédent sous-entendu = τοῦτο,
                         Acc. = COD de ποιεῖν.

Ils font ce qu'il n'est pas permis de faire pendant le sabbat.

3. (divers)   ὧν   N P antécédent sous-entendu = τούτων,
                         Génitif au lieu de l'accusatif en raison de
                         l'attraction du relatif (ἅ COD de βλέπει
                         et ἀκούει).

Il est témoin (de ce) qu'il voit et entend.

Exercice 9

1. Mt 21, 13   γέγραπται   Indicatif parfait passif,
                                              3ᵉ S. de γράφω.
Il est écrit : ma maison sera appelée maison de prière.

2. Mc 11, 17   πεποιήκατε   Indicatif parfait actif,
                                                  2ᵉ P. de ποιέω.
Mais vous avez fait de ma maison une caverne de brigands.

Exercice 10

1. Mt 26, 61   καταλῦσαι Infinitif aoriste actif de καταλύω.
                   οἰκοδομῆσαι Infinitif aoriste actif de οἰκοδομέω.
Je peux détruire le temple de Dieu et en trois jours (le) reconstruire.

2. Lc 10, 24   ἰδεῖν   Infinitif aoriste actif de ὁράω.
Car je vous dis que beaucoup de prophètes ont voulu voir ce que vous regardez.

Exercice 11

1. Lc 10, 13   Irréel du passé.
                         Εἰ + indicatif aoriste dans la subordonnée
                         Indicatif aoriste + ἄν dans la principale
Si les miracles qui ont eu lieu chez vous avaient eu lieu à Tyr et à Sidon, il y a longtemps qu'elles se seraient converties, vêtues de sac et assises dans la cendre.

2. Jn 15, 20   Réel.
                         Εἰ + indicatif (ici aoriste) dans la subordonnée
                         Indicatif futur dans la principale
S'ils m'ont persécuté, ils vous persécuteront aussi.

3. Jn 8, 36   Éventuel.
                         'Εάν + subjonctif dans la subordonnée
                         Indicatif futur dans la principale
Si donc le fils vous libère, vous serez réellement libres.

Exercice 12

1. Mt. 5, 4   Bienheureux les endeuillés parce qu'ils seront consolés.
   ὅτι : subordination de cause.

2. Mt 12, 22   Il le guérit de telle sorte que le muet voyait et parlait.
   ὥστε : conséquence.

3. Mt 21, 4   Cela est arrivé afin que s'accomplisse ce qui a été dit par le
                prophète.
   ἵνα : but.

4. Mc 1, 37   Et ils le trouvèrent et lui disent : « Tous te cherchent. »
   ὅτι : équivaut à deux points.

5. Jn 15, 12   Ceci est mon commandement, à savoir que vous vous
                aimiez les uns les autres comme je vous ai aimés.
   ἵνα : explicite αὕτη.

Exercice 13

	Nom. S	Gén. S et Dat. P
1. Jn 8,12	τὸ φῶς	τοῦ φωτός, τοῖς φωσίν.

Moi, je suis la lumière du monde.

2. Jn 8, 18	ὁ μαρτυρῶν	τοῦ μαρτυροῦντος, τοῖς μαρτυροῦσιν.

Moi, je suis celui qui témoigne à mon propre sujet.

3. Jn 10, 11	ὁ ποιμήν	τοῦ ποιμένος, τοῖς ποιμέσιν.

Moi, je suis le bon berger.

4. Jn 11, 25	ἡ ἀνάστασις	τῆς ἀναστάσεως, ταῖς ἀναστάσεσιν.

Moi, je suis la résurrection et la vie.

N P

5. Jn 19, 21   οἱ ἀρχιερεῖς   τοῦ ἀρχιερέως,
                                    τοῖς ἀρχιερεῦσιν.
                ὁ βασιλεύς   τοῦ βασιλέως
                                    τοῖς βασιλεῦσιν

Les grands prêtres des Juifs disaient donc à Pilate : (...) « celui-ci a dit :
je suis le roi des juifs. »

D P

6. Lc 5,8   τοῖς γόνασιν   N S τὸ γόνυ,
                                    G S τοῦ γόνατος.
                ὁ ἀνήρ   N S τοῦ ἀνδρός,
                                    D P τοῖς ἀνδράσιν.

Pierre tomba aux genoux de Jésus disant : (...) « Je suis un homme
pécheur, Seigneur. »

Exercice 14

1. Mc 2, 23   Et <u>il arriva que</u> lui, pendant le sabbat, marcha à travers les
               champs de blé.

2. Mc 11, 19   Et quand <u>il fut</u> tard, ils faisaient route hors de la ville.

3. Lc 8, 22   <u>Or</u>, un jour, lui, il monta dans une barque.

4. Mt 11, 1   <u>Or</u>, quand Jésus eut fini de donner des instructions à ses
               douze disciples, il partit de là.

Exercice 15

1. Mt 13, 41   Le Fils de l'homme enverra ses anges.
               ἀποστελεῖ : indicatif futur, 3ᵉ S. de ἀποστέλλω ;
               κέκριται : indicatif parfait passif 3ᵉ S. de κρίνω.

2. Mt 1, 20   Un ange du Seigneur lui apparut en songe.
               ἐφάνη : indicatif aoriste passif, 3ᵉ S. de φαίνω.

3. Ac 3, 24   Tous les prophètes ont annoncé ces jours.
               κατήγγειλαν : indicatif aoriste actif,
                            3ᵉ P de καταγγέλλω.

4. Mt 25, 24   Je savais que tu es un homme dur.

ἔγνων : indicatif aoriste actif, 1ʳᵉ S de γινώσκω.

Cet exemple présente un emploi un peu particulier de l'aoriste, ici utilisé pour exprimer un fait d'expérience (en grec classique, on parlerait d'aoriste « gnomique »). Seul le contexte nous invite à le traduire par un imparfait et non par un présent.

Exercice 16

1. 1Th 3, 5   J'ai envoyé pour connaître votre foi.
(= j'ai envoyé prendre des nouvelles de votre foi).

2. Lc 22, 15   J'ai vraiment désiré (*litt.* : j'ai désiré de désir) manger cette pâque avec vous, avant de souffrir.

3. Mt 5, 17   Je ne suis pas venu abolir mais accomplir.

Exercice 17

1. Mt 9, 33   Καὶ ἐκβληθέντος τοῦ δαιμονίου,
Et le démon ayant été expulsé,
Quand le démon fut expulsé (temps),
Parce que le démon avait été expulsé (cause),
ἐλάλησεν ὁ κωφός.
le muet parla.

2. Jn 8, 30   Ταῦτα αὐτοῦ λαλοῦντος,
Lui disant cela,
Parce qu'il disait cela (cause)
πολλοὶ ἐπίστευσαν εἰς αὐτόν.
beaucoup crurent en lui.

Exercice 18

1.   σαροῖ   Indicatif présent actif,
                              3ᵉ S de σαρόω.
Une femme (…) balaie la maison.

2.   συγκαλεῖ   Indicatif présent actif,

3ᵉ S de συγκαλέω.

Elle convoque ses amies et ses voisines.

3.   μετανοοῦντι   Participe présent actif,
                                 D M S de μετανοέω.

Ainsi, je vous (le) dis, il y a de la joie en face des anges de Dieu à propos d'un seul pécheur qui se convertit.

Exercice 19

1. Mt 23, 22 ὀμόσας   participe aoriste actif,
                              N P S de ὄμνυμι.

            ὀμνύει   Indicatif présent actif,
                              3ᵉ S de ὄμνυμι,
                              forme imitée des verbes en -ω.

Celui qui jure par le ciel jure par le trône de Dieu.

2. Mt 26, 52 ἀπολοῦνται   Indicatif futur moyen,
                              3ᵉ P de ἀπόλλυμι.

En effet tous ceux qui ont pris l'épée périront par l'épée.

3. Lc 24, 40 ἔδειξεν   Indicatif aoriste actif,
                              3ᵉ S. de δείκνυμι.

Et ayant dit cela, il leur montra ses pieds et ses mains.

Exercice 20

1. Lc 22, 23 εἴη   Optatif présent,
                              3ᵉ S de εἰμι.

Et eux se mirent à chercher les uns avec les autres (le) qui donc parmi eux serait (= pouvait être) celui qui allait faire cela.

2. Ph 4, 19 πληρώσαι   Optatif aoriste,
                             3ᵉ S de πληρόω.

Puisse mon Dieu combler tous vos besoins selon sa richesse en gloire en Jésus-Christ.

Exercice 21

1. Jn 13, 21   παραδώσει   Indicatif futur actif, 3ᵉ S.
En vérité, en vérité, je vous dis que l'un d'entre vous me livrera.

2. Jn 18, 35   παρέδωκαν   Indicatif aoriste actif, 3ᵉ P.
Pilate répondit : « ta nation et les grands prêtres t'ont livré à moi. »

3. Jn 1, 17   ἐδόθη   Indicatif aoriste passif, 3ᵉ S.
La loi fut donnée par l'intermédiaire de Moïse, la grâce et la vérité advinrent par l'intermédiaire de Jésus-Christ

4. Jn 4, 15   δός   Impératif aoriste actif, 2ᵉ S.
La femme lui dit : « Seigneur, donne-moi de cette eau. »

5. Jn 6, 33   διδούς   Participe présent actif, N M S
En effet, le pain de Dieu, c'est celui qui descend du ciel et donne vie au monde.

Exercice 22

1. Mt 12, 48   Qui est ma mère et qui sont mes frères ?

2. Ac 10, 23   Quelques-uns des frères de Joppé allèrent avec lui.

Exercice 23

1. Mt 5, 42   À (celui) qui te demande, donne (impératif aoriste) et de (celui) qui veut t'emprunter, ne te détourne pas (μή + subj. aoriste).

2.Lc 8, 52   Lui, il dit : « Cessez de pleurer (μή + impératif présent) ; en effet, elle n'est pas morte (ne mourut pas) mais elle dort. »

3. Lc 22, 40   Priez (impératif présent) pour ne pas entrer en tentation.

Exercice 24

1. Mt 1, 24   Es-tu venu pour nous perdre ? (ἀπόλλυμι)

2. Mt 3, 13   Alors paraît Jésus (...) vers Jean pour être baptisé
                             par lui.

3.Mt 26, 59   Ils cherchaient un faux-témoignage contre Jésus
                             afin de le mettre à mort.

Exercice 25

1. Mt 8, 22   ἄφες   Impératif aoriste actif, 2ᵉ S. de ἀφίημι.
   Jésus lui dit : « Suis-moi et laisse les morts enterrer les morts. »

2. Mt 26, 56   ἀφέντες   Participe aoriste actif de ἀφίημι, N M P
   Alors tous les disciples le laissant s'enfuirent.

3. Lc 4, 39   ἀφῆκεν   Indicatif aoriste actif, 3ᵉ S de ἀφίημι.
   Il menaça la fièvre et elle la laissa.

4. Lc 5, 24   ἀφιέναι   Infinitif présent actif de ἀφίημι.
   Le Fils de l'homme a autorité sur la terre de remettre les péchés.

5. Lc 5, 20   ἀφέωνται   Indicatif parfait passif, 3ᵉ P de ἀφίημι.
   Voyant leur foi, il dit : « Homme, tes péchés te sont remis. »

6. Mt 12, 18   θήσω   Indicatif futur actif, 1ᵉʳᵉ S de τίθημι.
   Je mettrai mon esprit sur lui.

7. Mt 27, 60   ἔθηκεν   Indicatif aoriste actif, 3ᵉ S de τίθημι.
   Il le mit dans son tombeau neuf qu'il avait creusé dans le rocher.

8. Lc 9, 44   θέσθε   Impératif aoriste moyen, 2ᵉ P de τίθημι.
   παραδίδοσθαι   Infinitif présent passif de παραδίδωμι.
   Vous, mettez dans vos oreilles ces paroles ; en effet, le Fils de
   l'homme va être livré aux mains des hommes

9. Lc 22, 41   θείς   Participe aoriste actif de τίθημι, N M S
   Et ayant posé les genoux, il priait.

Exercice 26

1. Mt 14, 47   παρεστηκότων   Participe parfait actif,
                               G M P de παρίστημι.

            ἀφεῖλεν   Indicatif aoriste second actif,
                               3ᵉ S de ἀφαιρέω.

L'un de ceux qui étaient présents ayant tiré son couteau frappa le serviteur du grand prêtre et enleva une part de son oreille.

2. Jn 19, 26   ἰδών   Participe aoriste second actif,
                               N M S de ὁράω.

            παρεστῶτα   Participe parfait second actif,
                               A M S de παρίστημι

            ἴδε   Impératif aoriste second actif de ὁράω.

Jésus donc ayant vu sa mère et, présent, le disciple qu'il aimait, dit à sa mère : « Femme, vois ton fils. »

3. Mt 13, 42   βαλοῦσιν   Indicatif futur second actif,
                                 3ᵉ P de βάλλω.

Ils les jetteront dans la fournaise du feu.

4. Mt 25, 3   λαβοῦσαι   Participe aoriste second actif,
                               N F P de λαμβάνω.

            ἔλαβον   Indicatif aoriste second actif,
                                 3ᵉ P de λαμβάνω.

En effet, les folles ayant pris leurs lampes ne prirent pas avec elles de l'huile.

5. Mt 5, 1   ἰδών   Participe aoriste second actif,
                               N M S de ὁράω.

            ἀνέβη   Indicatif aoriste second actif,
                               3ᵉ S de ἀναβαίνω.

Voyant les foules, il monta sur la montagne.

6. Mt 14, 29   εἶπεν   Indicatif aoriste second actif,
                               3ᵉ S de λέγω.

            ἐλθέ   Impératif aoriste second actif,
                               2ᵉ S de ἔρχομαι.

            καταβάς   Participe aoriste second actif,

N M S de καταβαίνω.

Lui dit : « Viens » et étant descendu de la barque, Pierre marcha sur les eaux.

7. Ac 2, 29   εἰπεῖν   Infinitif aoriste second actif
                                       de λέγω.

               ἐτάφη   Indicatif aoriste second passif
                                       de θάπτω.

Hommes frères, il est possible de vous parler avec franchise au sujet du patriarche David, à savoir qu'il mourut et fut enseveli.

8. Lc 12, 39   ᾔδει   Indicatif plus-que-parfait actif,
                                       3ᵉ S de οἶδα.

               ἀφῆκεν   Indicatif aoriste actif,
                                       3ᵉ S de ἀφίημι.

Si le maître de maison avait su à quelle heure le voleur vient, il n'aurait pas laissé sa maison être percée.

9. Jn 13, 1   εἰδώς   Participe parfait second actif,
                                       N M S de οἶδα.

               ἦλθεν   Indicatif aoriste second actif,
                                       3ᵉ S. de ἔρχομαι.

               μεταβῇ   Subjonctif aoriste second actif,
                                       3ᵉ S. de μεταβαίνω.

Avant la fête de la Pâque, Jésus, sachant que son heure est venue de monter de ce monde vers son père, ayant aimé les siens qui sont dans le monde les aima jusqu'à la fin.

Table des matières

Troisième partie
LECTURE DE QUELQUES TEXTES SYNOPTIQUES
Marc 4, 1-20 ; Matthieu 4, 1-11 ; Luc 1, 26-38

Quatrième partie
LECTURE D'UN TEXTE DES ACTES DES APÔTRES
ET D'UNE LETTRE DE PAUL
Actes 9, 1-9 ; 1 Co 15, 1-11

Annexes